直道相思
了无益

李商隐诗传

● 苏缨
◖ 毛晓雯
◖ 著

湖南文艺出版社
HUNAN LITERATURE AND ART PUBLISHING HOUSE

博集天卷
CS-BOOKY

这是他一个人的诗篇，

也是中国最美典故大全；

这是他一个人的悲喜，

也是一个时代的沉浮；

这是他一个人的故事，

也是中国式文人的集体背影。

直 道 相 思 了 无 益

李 商 隐 诗 传

目 录

第一章
大时代的荣耀与颓唐 —— 001

若你是一个单纯、善良的人，一个对爱与美有着狂热执念的人，一个头顶着理想主义光环的人，在这样的一个大时代里，究竟该怎样幸存下去呢？

第二章
少年时，忆江南 —— 017

别了，江南。别了，莲蓬、桂花、莼菜、蛙声。别了，乌溜溜的小船、怎么走也走不完的石板桥和如水般流泻的阳光。

天生敏感细腻、情感异常充沛的李商隐，不愿忘情，也无法忘情。
在玉阳山的那段日子里，他从那个本该忘情而无情的世界里偏
偏看到了无限的多情。

当他信心满满地追随令狐楚踏上东行之路的时候，不知道可还
记得老子"祸兮福之所倚，福兮祸之所伏"的教诲？

世上道路万千，回头路从来都是最难走的，所以这世上有多少
人就算明知走错，也要咬紧牙关一错到底。

李商隐如同分水岭上的一叶扁舟，会被风与水推上哪一条岔路
呢？每个人的人生都会遇到这样的时候，而最后的抉择往往不
是来自理智的审慎，而是来自天性的好恶。李商隐的抉择，是
一开始便注定了的。

第七章

他以为爱情可以超越门第，爱情的确也可以超越门第，然而这种超越只发生在两个有情人心里；在世人的目光里，他注定会被当作一个攀龙附凤的投机分子。

第八章

他曾一次次想要和现实有商有量，达成某种妥协，他也从来都不是一个高调的人，但偏偏每到是非的关节，无论怎样世故的道理都说不服他那颗诗人的心。

第九章

李商隐去世的十六年后，王仙芝、黄巢起义，"内库烧为锦绣灰，天街踏尽公卿骨"。在这日薄西山的大唐帝国里，不知还有谁忆起"夕阳无限好，只是近黄昏"？

前言 痴情司

从前读《红楼梦》，对"太虚幻境"一节印象最深：懵懵懂懂的贾宝玉跟随警幻仙姑在离恨天之上、灌愁海之中参观。仙姑的工作是"司人间之风情月债，掌尘世之女怨男痴"，太虚幻境便是仙姑工作的地方，分门别类储藏着普天之下所有女子感情与命运的簿册。一人一生中几时叹息几时快慰、几时长歌几时落泪，都历历在册。

要掌管这许多世间情，太虚幻境机构庞大，下面分设有各司来掌管不同人的不同故事，有痴情司、结怨司、朝啼司、夜怨司、春感司、秋悲司等，而《红楼梦》中众女儿的故事尽收在薄命司之中。黛玉吐血而亡，晴雯备受毁谤，探春孑然远嫁，湘云孤独终老，真真都当得起"薄命"二字。

若各司不仅掌管女子的感情与命运，连男子的也一并掌管在内呢？古往今来芸芸众生的故事，都应在什么司中？

唐代诗人的归属想来大致如下：李白为人放荡不羁，虽时有"大道如青天，我独不得出"之类的埋怨，但总体来说，他的人生潇洒多、憋屈少，应属于纵情司；元稹一生辜负女子无数，从《莺莺传》的女主角到薛涛笺的发明者，尽被他虚伪却精心的誓言所诓骗，薄情司中必有他一席之地；李贺整天与鬼、梦为伍，歌舞楼台对他的吸引力远不及鬼灯秋坟、老枭碧火，比起现实中华茂春松的红颜，他更爱传说与梦境里千年不死的山妖狐仙，故夜梦司于他再合适不过；王维应在怡情司，在山翠拂人衣的辋川别业中消磨了大半生，除却晚年赶上安史之乱，其余时间他一直有幸运女神照拂；孟郊应在秋悲司，慈母手中线是他穷愁寒酸的人生中屈指可数的暖色，最大的好运便是进士及第，之后再没得到谁的眷顾……那么李商隐的故事，该到哪个司去寻找呢？

你说是朝啼司？李商隐生于帝国摇摇欲坠的晚唐，日渐凋敝的大环境为每人的生活都准备了一块极富悲剧色彩的背景板。幼年丧父、家道衰微、经济困难，使他背景板中的悲剧色彩比旁人更浓。而他的一生，挣扎于牛李党争的夹缝，在恩主家与岳父家的对立关系中进退维谷，灵魂撕裂成两半，直至潦倒而死。多舛的人生，自然少不了眼泪。

再或者，是夜怨司？他才华盖世，笔力堪补造化，但他的恩主们只要求他用这盖世才华来包装狗血剧或鸡毛蒜皮；他人品高尚，出淤泥而不染，高尚却成了他与同僚最深的隔阂。想了一辈子，求了一辈子，最终也没能实现光宗耀祖的夙愿。他的夜晚，多半都裹挟着怨叹。

然而，在了解世界给予李商隐的一切之后，再来读李商隐写给世界的诗，你就会明白，李商隐的命运册只可能属于痴情司。因为即使他看过善变的嘴脸，听过浮夸的宣言，闻过人海腐臭的气息，遭遇过种种不公与欺骗，世界在他笔下依然那么美。那么美，无论是写情人的眼泪，还是写名利场上的虚伪，他都有用不完的真心真意。

我不知道他要多么痴情，才能在经历那么多残酷后仍坚信善不只是空话，幸福并不只是梦想；但我知道，他的坚信是对这世界以及所有人最大的恭维。

毛晓雯

2012 年 12 月 14 日　重庆

楔子

大人物与小人物的

太和九年

1

唐文宗太和九年（835年）是一个山雨欲来的年份，从春明景和的日子开始，敏感的人便总能从都城长安飘满牡丹花粉的空气中，嗅到阴谋的气息。

在这个王纲解纽、天理沦丧的时代，越来越多的人毫无悬念地沦为禽兽，在仁义道德的旗帜下秉持着丛林法则，众暴寡、强凌弱，尔虞我诈、机关算尽。都说学如逆水行舟，不进则退，这道理其实更适合如此喧嚣污浊的权力场；而最悲哀的是，有时候你仅仅为了自保，便不得不去害人，没有任何明哲可以保身。

这是一场所有人对所有人的战争，一切人在算计着一切人。皇帝密谋着诛除当权的宦官，宦官密谋着诛除碍眼的朝臣，朝臣密谋着将政敌排挤出中央政府，中央政府密谋着瓦解那些拥兵自重的节度使，节度使们则彼此暗通款曲，秘密地缔结同盟与中央对抗……

于是，就是在这一年里，李德裕，中晚唐历史上最有才干的宰相，被诬谋逆，虽然侥幸保住了性命，却被愤怒的唐文宗贬出长安，到东都洛阳去任闲职。

长安的喧腾并未随李德裕的东行而结束，市井中忽然风传：唐文宗服食以求长生的金丹，竟是用小孩子娇嫩的心肝炼成的。这样的金丹配方岂止残忍，简直邪恶，整个城市转瞬陷入空前的恐慌中。

当然，明眼人都能看出金丹用儿童心肝之说过于荒唐，如此谣言一定是某个阴谋家的手笔，只是暂时还不能确定这桩阴谋究竟针对谁，以及有什么样的目的。但这就是长安，唐帝国的政治中心，无论你是否愿意，或是否参与其中，总会有一个又一个阴谋盘旋在你头顶，或明或暗地影响甚至操控你的生活。但是，长安的锦绣繁华也好，阴谋诡计也罢，都与李德裕暂时无关了。

2

洛阳，李德裕东行的目的地，是一个兼具清心寡欲与纸醉金迷两种相矛盾特质的城市。

在洛阳，一个闲官可以赏花，可以醉酒，可以呼朋唤友，可以吟诗作赋，可以在余生里挥霍着国家俸禄，尽拥任何与政治无关的享乐。政治理想被消磨殆尽的白居易，不就正在这洛阳城里用"处处花相引，时时酒一倾"的方式乐享着晚年吗？与诗友刘禹锡诗酒逍遥，不亦快哉。对此种生活，白居易深深慨叹："月俸百千官二品，朝廷雇我作闲人。"有闲适，更有隐痛。

洛阳的闲官生活，被白居易笑称为中隐。中隐介于大隐、小隐之间，所谓"大隐住朝市，小隐入丘樊。丘樊太冷落，朝市太嚣喧。不如作中隐，隐在留司官。似出复似处，非忙亦非闲。不劳心与力，又免饥与寒。终岁无公事，随月有俸钱"。名利场中人，若能甘心放弃政治上的追求与理想，大可优哉游哉地享受余生：朝廷愿意花钱买你的不做事，政敌也愿意花钱买你的不生事。不必问钱从何处来，根本无人在意这等琐事，你的退出，才是他们最关心的事。

但从来鲜有人会像白居易这般领情，李德裕也不例外。对于那些满怀政治理想抑或恋栈权力的人而言，烦恼即菩提，乱局即机遇。西都长安波浪滔天，东都洛阳古井不波，李德裕渴慕的是前者。渴慕前者却不得不背西面东而行，一路春草萋萋，渐行渐远。

3

早在唐高宗和武则天的时代，东都洛阳曾经烜赫一时，太和年间的洛阳人依然津津乐道着往昔的浩荡仪仗。

那时候，整个中央官署都会随着翠华羽盖下的帝王一起，从长安来到洛阳，把洛阳当作帝国的第二座都城，同行的甚至还有御用乐团。和今天一样，艺术圈中人总是潮流先锋，正是御用乐团，将最前卫的娱乐、最璀璨的歌舞以及最大胆的衣饰带到了古老的洛阳。再因着洛阳人的嬉游天性与开放精神，这里简直取代长安，一时间成为无可争议的时尚之都。当时的洛阳城之于东方，相当于今天的米兰、巴黎之于全世界。

但这绚烂光景终于还是散了，吹在风里，变作尘埃。皇帝换了一个又一个，却谁也没了东巡的兴致。安史之乱以后，泱泱帝国蹒跚着走向没落，这是每一位官僚、每一个百姓都看在眼里的事。洛阳的官署一年年闲置着，就像被抛弃在这里的失意政客们一样，在一年年的希望中一年年地耗尽希望，最终老态龙钟，不堪再用。

李德裕策马东行，是否也在担忧着自己的命运与唐王朝的国运呢，是否在盘算着什么重返长安、重夺权柄的计划呢？

对于这位失势名相即将到来的消息，洛阳人波澜不惊。这里早已不是政治的舞台、权力的中心，唯有城中名满天下的牡丹，能调动洛阳人灵魂深处的热情。所谓升沉荣辱，对洛阳人来说，尽可以消解在"年年岁岁花相似，岁岁年年人不同"这样极尽伤感却不失豁达的诗句里。

泯灭了政治锋芒的洛阳已是一座市井趣味过度充盈的城市——富商大贾们在这里置宅安家，闲官们也抛洒着半世积攒下来的或合法或非法的收入，关注着最新的房产交易信息。"求田问舍"这种平民百姓一辈子最大的梦想，对于真正的梦想家来说却是最可鄙的，野心家同样也不屑于这般行径；但是，一旦你身陷洛阳，就不妨让那些未曾烧尽的梦想与野心都消歇了吧。

购一所赏得见清风朗月的宅邸，买几名红颜绿鬓的歌姬，去白马寺烧烧香，用金泥工工整整地抄写几部佛经，尝一尝上菜如行云流水的洛阳水席，淘几株珍稀牡丹，便是东都洛阳城里标准的富贵闲人的日子了。

李德裕接到贬往洛阳的任命时，正值牡丹的花期。满城花开欲燃，不是不美的，只是，洛阳以鲜花盛开的姿态迎接这位失势颓丧的名相，想来多少有点讽刺。

4

唐代以前，牡丹寂寂无闻，不见于史册经传。桃李梅兰纷纷入诗书，唯有牡丹，人们似乎对其视而不见。多么不可思议：与雍容富丽的牡丹比起来，桃李梅兰像极了怯生生的小丫鬟，但在唐代之前，牡丹得到的关注不及这帮小丫鬟的百分之一。

任何审美观都不是永恒真理，将随时代精神速速流变。恢宏的时代喜欢恢宏的建筑、服饰、绘画以及恢宏的一切，如同法国太阳王路易十四的时代举国迷恋气势磅礴的巴洛克风格，大气雄伟的唐王朝怎会欣赏色薄花小的桃李梅兰？浓墨重彩的牡丹，注定成为唐人的心头好。

唐玄宗开元末年，郎官裴士淹在汾州众香寺取得了一棵白牡丹，移植于长安家中。就是从这个小小的契机开始，唐帝国上上下下掀起了对牡丹的迷狂。

牡丹仿佛也昭示着世道人心的奇幻与诡谲。自裴士淹那株白牡丹一枝独秀之后，仿佛只在弹指间，便姹紫嫣红开遍，奇花异朵各擅胜场。在达官显贵的宅邸里，异种牡丹压倒字画古玩，成为第一风雅与时尚炫富佳品。每到花季，在纯洁的花前本该自惭形秽的龌龊政客们，纷纷以赏花的名义将公卿将相们邀集私邸，在吟诗作赋的闲情逸致中暗暗进行着拉拢感情、结党营私的勾当。在政治的中心地带，一切都是政治，哪怕是无心、无事亦无辜的花朵。

上流社会的污浊习气不断改变人们对牡丹的审美趣味，白牡丹渐渐乏人问津，原因是如此简单：白色在唐朝是低贱的颜色，是平民的颜色，那些渴望赢得功名的人多么想脱掉身上这一袭不得不穿的素衣啊！而黄色和紫色的牡丹，尤其是深紫色，毫无悬念地成为世俗新宠。因为黄色是皇家的颜色，而深紫色是高级官员的规定服色，达不到相应品级的人再如何富有也不能穿这种颜色的衣服，否则便是僭礼，是对皇权秩序的大不敬。黄与紫的得宠，正是人心向往权贵的明证。

及至皇帝由玄宗换到代宗，年号由天宝换到大历，裴士淹宅中的白牡丹虽然冷艳不改往昔，赏花者的车马却再也不会于此停驻了。诗人卢纶写诗吟咏其事："长安豪贵惜春残，争玩街西紫牡丹。别有玉盘承露冷，无人起就月中看。"那白牡丹纵然是牡丹狂潮的渊薮，纵然如盛着露水的玉盘一般晶莹而高洁，但时代毕竟不属于它了。从一花中见一世界，抚今追昔，不由得令人生出世态炎凉的感喟。

在李德裕被贬洛阳的六年之前，他的政敌令狐楚也曾从长安被逐至洛阳。当时令狐楚辞家东行，最舍不得的正是家中的牡丹："十年不见小庭花，紫萼临开又别家。上马出门回首望，何时更得到京华。"但细细玩味诗意，可知诗人舍不得的并非牡丹。"洛阳地脉花最宜，牡丹尤为天下奇"，洛阳的土壤比长安的土壤更适合牡丹生长，洛阳的牡丹远比长安的牡丹硕大鲜亮，若令狐楚犯的果真是牡丹痴，那他应火速赶往牡丹天堂洛阳。真真让令狐楚舍不得的，是长安，能实现光荣与梦想的长安。

洛阳的牡丹纵然比长安的更蓬勃张扬，但看在政客的眼里，终归乏味。在云谲波诡的名利场上，怎能出现一个可与鸥盟、与鸟兽同群的天真烂漫的赏花人呢？

5

在平民百姓里其实也找不出几个真正的赏花人来，他们每天挣扎在柴米油盐里，他们浑浑噩噩，寡有主见。当他们在花季里向着牡丹花丛蜂拥而去的时候，他们中的大多数何尝是真心诚意的？不过是不由自主地追逐上流社会的审美风潮罢了。在时代的浪潮里，他们是泥沙、落叶、浮萍，是上流社会眼中的群氓。

真正的赏花人或许会是某个与众不同的少女，她可能出身于富家，在溺爱中长大。她从不曾见过污秽，眷恋书本里的幻象，却看不透世界的真如实相；她只听过高高围墙里的丝竹与管弦，却听不到围墙外的嘶吼与刀兵。当她望着一株牡丹的时候，这株牡丹与令狐楚、李德裕眼里的牡丹一定不属于同一个物种。

在太和九年的洛阳城里，她和牡丹正处于同样的花季。她叫柳枝——或者只是被无心泄露她芳名的诗人称作柳枝罢了，是洛阳一名富商的女儿。她就是那样无知无觉、无忧无虑地生活在洛阳的花香月色里，对这里络绎往来的迁客骚人们无动于衷，不了解长安宫廷的龃龉，亦没想过有多少藩镇已经与中央政府貌合神离。这些与她有何相干呢？她每天挂念的，不过是诗读到了哪一卷、点心够不够甜、未完成的信以及花开的时间。

她全不曾感觉到大唐帝国此时此刻的风雨飘摇。这个男权社会里的小女子，这个大时代里的小人物，幸或不幸地，她的世界里除了风花雪月之外，别无其他。

就这样，在东都洛阳太和九年的花季里，美丽的柳枝心无旁骛。

6

柳枝的父亲死于经商旅途中的风波，母亲在所有子女中独独关爱柳枝。也许是母亲的溺爱造就了柳枝任性的脾气，在这太和九年的洛阳花季里，十七岁的柳枝依然不知道婚嫁为何事。她常常等不及梳洗完毕便不耐烦地离开妆台，吹叶嚼蕊，用自己的音乐让自己着迷。那不是小女子的悠悠乐歌，而是天海风涛之曲、幽忆怨断之音，非世俗的耳朵所能领会。

邻居们的耳朵恰恰从不曾超出世俗，这正是任何社会里的标准格局。他们疑惑柳枝为何迟迟还不谈婚论嫁，为何活得疯疯癫癫的如同醉梦一般？除了一桩及时而体面的婚姻之外，碌碌的大多数人从不晓得对一名适婚年龄的少女还有哪些方面值得议论。

柳枝浑然不以为意，毕竟她不是为他们活着，这条里巷中能引她动心的事情并不很多。直到这一天，当一位近邻，年轻的李让山，在柳枝家旁吟诵诗句的时候，那悠扬的音律与幻彩的意象竟然令一向都无忧无虑的柳枝陷入了忧伤。

"风光冉冉东西陌，几日娇魂寻不得"，在流溢并闪动着的春光里，在春天的阡陌上，是谁在连日里追寻着一个娇柔的魂魄呢？"蜜房羽客类芳心，冶叶倡条遍相识"，只是一只蜜蜂，或蜜蜂一般执拗的人，寻遍了每一朵花、每一片叶，然后仿佛看见"暖蔼辉迟桃树西，高鬟立共桃鬟齐"。那是一直寻到黄昏了，当黄昏的光影暖暖地笼在桃树的西边时，朦胧中她就立在桃树之下，不知是桃花遮在了她的发上，还是她的发髻上缀满了桃花。

但她是可望而不可即的，"雄龙雌凤杳何许，絮乱丝繁天亦迷"，他终归寻不到她，她亦终归寻不到他。路途山一程、水一程，愁绪剪不断，理还乱，索性到醉乡里暂避好了。而醉乡里他就能忘记她吗，我就能忘记你吗？

"醉起微阳若初曙，映帘梦断闻残语"，醉梦中微微欠身，恍惚那夕阳的余光正是清晨的曙光，带来一个新的开始、一个新的希望，而那帘上的光影是你刚刚离去的身影吗？抑或只是梦境的残余，我的耳边还依稀残留着你方才的话语？

这样的诗句，交杂着迷狂的爱与沉滞的痛，尤其是痛到如斯的地步："愁将铁网罥珊瑚，海阔天翻迷处所"，你知道怎样从海底捞取珊瑚吗？海边的人会先打造一张铁网，将它沉入海底，等待珊瑚慢慢地从铁网的空隙里生长出来，然后将铁网绞出水面，珊瑚便被完整地打捞出来了。是的，这是怎样一种耗时耗力的工程啊。如果你就是海中的珊瑚，我又何惜这区区的气力与时日。悲哀的是，纵使我持着一张铁网，这茫茫无际的海面啊，我不知该将铁网抛向哪里。

于是"衣带无情有宽窄，春烟自碧秋霜白"，我只有在无望的相思里日渐消瘦，而渐宽的衣带为何这般无情，分明在每一刻里提醒着我的孱懦，任我在春天的烟景里、在秋天的霜寒里、在一季季的刻骨无望里思念你。

"研丹擘石天不知，愿得天牢锁冤魄"，你可知道丹砂与石，丹砂可以被研磨成粉，终归不失其赤；岩石纵然被利斧劈开，终归不改其坚。你可知道我的心亦如丹砂，在追寻你的日子里被研磨成齑粉；你可知我的心亦如坚石，在追寻你的日子里被劈裂成碎块？我只余这一缕魂魄，愿上天将它锁入牢狱吧，其实除了你的身边，哪里不是暗无天日的监牢呢？

季节流转，光阴荏苒，又一个由春入夏的时候了，"夹罗委箧单绡起，香肌冷衬玎玎佩"，你把春天的夹衣收拾起来，换上了夏天的单衣，玎玎作响的玉佩衬得你的肌肤那般的美。而始终不曾寻到你的我，在你的世界里仿佛不曾存在过一般，看那"今日东风自不胜，化作幽光入西海"，春尽了，春风弱了，化作幽光沉入海面，一如我的幽恨被锁入了天帝的牢狱里。

从没人写过这样的诗，诗句里有光怪陆离的意象，有扑朔迷离的意韵，有缠绵悱恻而一往无前的爱。也许以前那位李贺，那位早夭的鬼才，也可以写得如此斑斓，但这定不是李贺的诗，因为李贺从不曾把爱写得这样深、这样狠。其他人呢，早年间的李杜也好，晚近的大历十才子也罢，都不是，这样的诗从来没有任何人写过，从来没有。

7

李让山在南柳之下吟咏的诗句惊动了柳枝，她沉睡十七年的青春猛然苏醒，轻问："谁人有此？谁人为是？"那种激动，好似某个穷其一生皆在寻访知音的人，不经意中觅到了知音雪泥鸿爪的消息。李让山答道："这是我同里中一个叔辈的少年写的。"

诗人居然近在咫尺，柳枝当即拜托李让山回去向这位叔辈的少年乞诗。许是怕他应许得不由衷，柳枝匆忙中扯断自己的衣带，紧紧结在李让山的臂上。"请你务必记得我的嘱托"，这就是那半截衣带要说的话。

第二天，那位"叔辈少年"，二十三岁的诗人李商隐，与李让山并马而行，行过柳枝家所在的里巷。他或许并不在意自己创作的《燕台四首》是否将在中国诗歌史上成为朦胧诗的真正滥觞，倒是眼下一名少女表现出的欣赏和理解更加令他狂喜。

柳枝正在原地等候。她环抱双臂立于树下，一脸骄傲，但精致纤巧的双鬟泄露了她的秘密，她显然认真打扮过。远远瞥见李商隐，她抬起手来指向诗人，故作漫不经心："写诗的那个人就是你吗？"

年轻时，我们总爱扮演漫不经心，来掩饰自己的殷切与在意。等到年岁增长、激情退去，对大多数人与事失却兴趣，又爱扮演殷切与在意，来掩饰自己的漫不经心。

少女俏皮又傲慢的神情令李商隐忍俊不禁，笑过，他点头称是，长长的一揖既有谦恭，亦有对知音柳枝的感激。

那一刻，春风沿着柳枝抬起的手指灌满她的衣袖，一股突如其来的热切一下子鼓足了她的勇气。柳枝稍为犹豫，旋即发出大胆的邀请，说自己将于三天之后涮裙水上，以博山香相待。

这是唐朝开放风气下特有的浪漫，而柳枝芬芳饱满的面颊，与唇边似有还无的笑意，令诗人再无拒绝之理。

渑裙水上，顾名思义是在水边浣洗衣裙，这是三月初三上巳节的特殊风俗，家家户户的女人们齐聚水边洗衣，认为这可以祓除全年的晦气。其实到了唐代，祓除的意味几乎已消隐无迹，上巳节紧接清明，所有接连起来的这些日子全被用来释放人们游春踏青的热情。那一天里"长堤十里转香车，两岸烟花锦不如"，会有"垂柳金堤合，平沙翠幕连"，会有各种杂耍、美食、竞技和歌舞，会有少年男女的一见钟情，会有九州豪客的一醉方休。除了烦恼和孤独，那一天的水滨定是应有尽有。

上巳那天，在水滨的踏青盛事上，在东都洛阳所有的嬉游者中间，柳枝将要持着博山香炉，与那个写出了令她心荡神驰的句子的男子，完成一场蓄谋不久的约会。李商隐已经以绝世的才华展示过自己，柳枝亦将以刻意而为的妆容来展示自己。无论她听到他，抑或他看到她，都会在一瞬间惊觉，知晓对方就是知己，彼此能够毫无阻碍地窥见对方的灵魂，正如能够毫无阻碍地窥知自己心底最深处的隐秘。

博山炉对于柳枝，正是这样一个灵魂的符号。

除此之外，博山炉，亦是一句示爱的密语。

8

博山，是道教传说中的一座东海仙山。汉朝的能工巧匠想象出了博山的奇幻与瑰丽，以山势铸于铜炉，夹杂以镏金或错金的工艺。当香料在山形的炉体中缓慢而恣意地燃烧，烟雾便从铜铸的层峦叠嶂、奇峰怪石间氤氲而出，仿佛云蒸霞蔚。

博山炉的出现甚至改变了汉代上流社会的生活方式。人们大爱博山炉，熏香便因此而大行其道。置一尊博山炉在卧室闺阁间，在熏染被褥与衣物的同时看着并嗅着弥蒙的烟霭，怎让人不生出飘飘欲仙的幻觉呢？

但柳枝持以相待李商隐的应该不是这样的博山炉，而是它的一种变体，一种可以随身携带的变体。汉成帝年间，名匠丁缓发明出了球形的转轴熏炉，将博山图案镂刻在大、中、小三只或铜质或银质的空心圆球上，三只圆球依次套在一起，每一只球都悬在外面那只球的转轴上，最里边的小球里挂着焚香的钵盂。这样一来，当钵盂里的香点燃之后，无论这个球形的博山炉如何转动，钵盂始终能够保持水平，使火星和香灰不致外溢。如此博山炉，既可以放在被褥里，也可以随身携带。

这种特殊款式的博山炉不仅精巧、便捷，更有特殊的寓意。南朝民歌里有这样的句子："欢作沉水香，侬作博山炉"，"欢"是"你"的昵称，"侬"是"我"的昵称，这是情人间的密约，一如沉水香燃烧在博山炉里，你燃烧在我深深的心底。熏香与香炉，生来就是彼此不可或缺的一体。

寓意还不仅限于此。元稹有诗说："顺俗唯团转，居中莫动摇。爱君心不惕，犹讶火长烧。"这球形的博山炉仿佛是一个理想中的士人，外圆内方，一颗心永远不会敧侧，心中的热情亦终久长燃而不熄；又仿佛是一个理想中的恋人，温柔却坚贞，一颗心永远不会动摇，炽热的恋火亦生生死死陪伴着你。

只可惜诗人的话从来出自激情，未可尽信。写出这般诗句的元稹，其品格——无论爱情的品格还是政治的品格，都配不上自己的诗，更配不上诗句里那只如君子或淑女一般的博山炉。在当时的朋党之争里，元稹作为李德裕一党的干将，对政敌令狐楚极尽倾轧之能事，这纷纷扰扰的高层政坛的斗争余波，将给李商隐的一生带来无尽的磨难。而这一切，都不是此时这位欲赴柳枝上巳之约、年仅二十三岁的天真诗人所能逆料的。

柳枝更无法逆料。十七岁的她尚不能想象诗与人其实未必如一，她笃信李商隐真如"愁将铁网罥珊瑚，海阔天翻迷处所"那般是一个深情至死的人。这个笃信兴许没有错，但柳枝永远不会知道，她失去了了解李商隐的最初及最后的机会。

只因诗人并未赴约，留她一个人在喧闹的渭裙水岸，在漫长的等候中冷掉了博山香炉。

三月三，河水共春风悠长，杂花生树，葳蕤摇扬，再加上一炉沉香，本是一段好时光。本是一段好时光啊，柳枝深深叹息。长河的清波在柳枝的脚边不断涌动，柳枝的心情却从巨浪变成死水。当最后一缕香消散在空气里，这段故事尚未开始，便已走到了结局。

9

唐文宗太和九年，二十三岁的李商隐赴京都长安参加科举考试，途经东都洛阳，因为一个偶然的机缘邂逅了十七岁的洛阳女子柳枝，定下了一个渭裙水岸的约会。

但约会在此戛然而止，因为同赴长安应试的同伴恶作剧地窃走了李商隐的行装先行西去，逼得他无法在洛阳逗留。三日后的邀约再美丽，他也不能等，只能匆忙地追赴长安去了。

春去秋来不相待，转眼间秋天也逝去了。这一年冬天，长安大雪，李让山从雪中带来了柳枝的消息：她已被一名节度使聘为姬妾。

那位有着柳枝般柔嫩青春的姑娘，此时在雪海的哪个方向？她唇边温软的笑意，是否依然如初见时那样，稍一晃神便不可琢磨？罢了，罢了，前尘旧事总是幽寒，唯有酒能暖肠。

翌年，李让山返回洛阳。李商隐恋恋不舍，直送他到戏水驿上。末了，写下一组五言短诗，总题为《柳枝》，托他将诗带回洛阳，带回自己与柳枝相遇的地方。

那相遇的地方花开依旧，但早已没有爱情在等待或游荡。往事不可追，很多时候我们可以做的，不过是纪念。李商隐也一样，也没有能力做纪念之外的事。

"花房与蜜脾，蜂雄蛱蝶雌。同时不同类，那复更相思。"花房形容花苞，蜜脾形容花粉，在鲜花盛开的季节，一只雄蜂与一只雌蝶被同一朵花吸引了过来。它们有同样的性情与喜好，同样能够欣赏花苞的美与花粉的香，但它们不是同类，命中注定不能相属。这是命运的必然，微不足道的人力又能奈何，彼此的思念又能带来怎样的结果？

"本是丁香树，春条结始生。玉作弹棋局，中心亦不平。"柳枝一如春天刚刚生花的丁香，心如束缚的花苞郁结着懵懂不明的情愫，而那珍贵的、本该得到珍重的第一次期待、第一次恋爱，却无疾而终，且不给对方，亦不给自己以第二次机会。看那玉石雕琢的弹棋的棋枰，中心处为何要有覆盂状的隆起呢？那不是棋枰，分明是一颗不平的心。

"柳枝井上蟠，莲叶浦中干。锦鳞与绣羽，水陆有伤残。"井口上盘曲的柳枝枯萎了，水泽中断折的莲叶干枯了，世间美丽的事物莫不如此，无论天上的鸟还是水底的鱼，秀丽的羽毛会被北风、烈日和弓箭所伤，绚烂的鳞片会被激流、水草和泥沙所毁，而那个被节度使娶为姬妾的少女，她那明媚的心和容颜，正在那片锦绣淖泹里以流星坠落的速度熄灭了熠熠的光彩吧？

10

年轻的李商隐尚不曾想到，当他以哀怨的诗句伤怀柳枝的时候，其实也是为自己今后的人生写下谶语。他自己即将变成柳枝的化身，体验一次又一次的失遇之苦，依附一位又一位的节度使，而那副歌咏过天海风涛之曲、幽忆怨断之音的歌喉终归只能用来或歌功颂德，或迎来送往，在繁缛的政府文牍里，将毕生的热情与才华耗费殆尽。

于是，《柳枝》组诗中的意象还将在李商隐的诗歌中不停映现，仿佛是命运之神镌在诗人灵魂上的烙印一般。譬如"红露花房白蜜脾，黄蜂紫蝶两参差。春窗一觉风流梦，却是同袍不得知"，这首七绝题为《闺情》，实则是以闺情暗示僚属生涯，蜜蜂与蝴蝶不再象征着两情相悦的男女，却象征着同僚们各自奔忙，在同一屋檐下同床异梦。

再如一首《无题》："照梁初有情，出水旧知名。裙衩芙蓉小，钗茸翡翠轻。锦长书郑重，眉细恨分明。莫近弹棋局，中心最不平。"诗句以美人初嫁比喻自己初入仕途，说自己早负才名却因才见妒，以至于寥落不偶，心中愤懑难平。

诗句里用到的意象还是原来的意象，只是当意象背后的爱情隐喻随着柳枝的远去而消隐，那些意象便只余忧愤，甜蜜消失殆尽。

11

李商隐错失柳枝，赶赴长安应考，却只迎来再次落第。设若他在洛阳的春季便预知这样的结果，不知道会否留在东都，赴那个湔裙水上的美丽邀约呢？

这是唐文宗太和九年，是李商隐功名挫折、恋情不偶的一年，但这只是大事件里一个微不足道的插曲，是远在九重宫阙里的权力斗争在动荡着唐帝国的国运之余，毫无怜惜地左右着他这样一个小小诗人的小小命运罢了。

事情仍要从李德裕说起。名相李德裕被贬出长安，赴洛阳任闲官，这并非什么孤立的事件，而是某个大阴谋里的必要一环。贬谪李德裕的唐文宗是一个胸怀大志的皇帝，他处心积虑地想在自己的任上解决困扰唐王朝已久的三大难题：宦官干政、藩镇割据和朋党之争。

三者之中，宦官干政是当之无愧的头号难题。宦官干预朝政，历朝历代都有这种现象。以现代人的眼光来看觉得这不可思议，国家大事，岂容几个没文化的阉人插嘴？但细细分析起来，这种现象的产生极为自然，毕竟宦官是皇帝的身边人，皇帝的饮食起居皆由他们照顾料理，朝夕相处，天长日久，皇帝怎能不亲近宦官？因此，宦官对内便于蒙蔽皇帝，对外便于狐假虎威。但是，一旦皇帝觉悟过来，除掉宦官一般都不是什么难事。譬如明朝最著名的权阉魏忠贤，以九千岁之尊呼风唤雨，不可一世，但崇祯帝才一即位便轻易地除掉了他，他的毕生经营也随之毁于一旦。魏忠贤其实就是这么脆弱，因为他所有的威权都是狐假虎威的结果，一旦老虎不肯再给狐狸机会，狐狸的下场便可想而知了。

但是，唐朝的宦官不同，在京都长安，他们掌握着卫戍部队神策军的军权；在京城之外，他们因为常常以监军或使者的身份与节度使往来，与后者或多或少地形成了某种勾结。他们并不仰赖皇帝的信任，恰恰相反，他们因掌握着军权，不仅操控着一众朝臣的升沉荣辱，甚至可以谋杀或废立皇帝。彼时的长安城中，人们宁可得罪皇帝，也不愿得罪宦官。

而对于皇帝来说，藩镇割据不过是减损了帝国的领土和财政收入，至少在可预见的将来尚看不到哪个藩镇有谋朝篡位的企图与能力。至于朋党之争，虽然朝臣们拉帮结派、钩心斗角，使得朝廷内外遍布倾轧与阴谋，但毕竟都是一些手无缚鸡之力的文官，不致有翻天之虞。所以，相较藩镇与朋党的腠理之疾，宦官之痛才是真正意义上的心腹大患。

而诛除宦官，就仿佛在虎狼环伺之下图谋诛除虎狼，稍有不慎便会反受其噬，所以唐文宗不动声色地起用了两个地位卑贱的人——李训和郑注，他们都是被宦官集团引介上来的，若用这二人秘密地对付宦官，当不致引起后者的警觉。

于是，李训和郑注虽然不属于任何一个朋党，得不到党派力量的任何支持，但因为取得了唐文宗的信任而一路飞升，很快成为朝廷上两大朋党之外的第三股势力。

中晚唐的朋党之争史称"牛李党争"，绵延四十年。牛党以牛僧孺、李宗闵为党魁，李党以李德裕为领袖，从政治方针到派系利益，每每斗得水火不容。而当李训、郑注异军突起之后，就在太和九年这一年里，不惮以雷霆手段整肃异己。两位新贵打着清除朋党的旗号，先是将两党领袖贬出长安，继而将自己厌恶的朝官纷纷指斥为牛党或李党，以至于每天都有人遭到贬逐，百官朝列几乎为之一空。

这一年的十一月二十一，唐文宗御临紫宸殿视朝，左金吾卫大将军韩约上奏，称左金吾厅后的石榴树上夜降甘露，是上天赐予的祥瑞。唐文宗派仇士良和鱼志弘——两名执掌神策军兵权的宦官，前往验查甘露的真伪。仇、鱼二人才到左金吾厅，就发现早有伏兵相候，惊骇之下迅疾奔出，并劫夺了唐文宗退还宫中。李训带兵追击，但良机转瞬即逝，仇士良立即知会神策军将领统兵一千人冲进宫中，逢人辄杀，死者逾千。

血的漩涡迅速扩大，在随之而来的日子里，主谋李训、郑注先后被捕杀，参与其事的舒元舆、韩约等人亦无一人逃脱。对此事茫然不知的宰相王涯等一干朝廷重臣也被强诬以谋逆之罪，游街之后惨遭腰斩，家属不论亲疏老幼一并处死，妻女没为官婢。只有极少数人成功地逃过了追捕。

这场事变，史称"甘露之变"，长安城里先后有上万人死于宦官爪牙或刻意或随意的屠杀。自此之后，宦官集团气焰益盛，唐文宗的生活形同软禁，甚至常常遭到宦官喝骂。

无人胆敢关怀帝王的幽独，唐文宗似一名无辜而被远贬的文学小臣一般，在规行矩步中题诗以抒写寂寞："辇路生春草，上林花发时。凭高何限意，无复侍臣知。"这怎会是一位帝王的诗作呢？帝王坐拥天下，威武尊贵，而诗中人连一个可倾诉的对象都无法找到。

帝王也会在花前月下伤春悲秋吗？那御花园里的牡丹曾见证过天宝年间的大唐盛世，但此时此刻，盛放的牡丹也好，含苞的牡丹也好，低垂的牡丹也好，仰首的牡丹也好，每一种姿态分明都表达着同一种忧愁。行走在牡丹丛中，唐文宗不觉低吟出声："坼者如语，含者如咽，俯者如愁，仰者如悦。"才一吟罢，恍然省得这是舒元舆所作，这位与李训、郑注一道谋诛权宦的臣子如今可得到真正的安息了？一念及此，不觉叹息，泣下沾衣。

帝王形同幽禁，宰相更只有仰承宦官的鼻息小心度日。胜负已成定局，但杀戮远未结束，宦官们因痛恨李训、郑注，不断扩大株连范围，无论是与二人沾亲带故者，还是受过二人推荐、提拔的人，纷纷遭到诛戮和贬逐。

12

祸兮福所倚，福兮祸所伏。政治舞台上的翻云覆雨往往不是人们能够轻易看懂的。牛李二党的核心成员先后被李训、郑注排挤出朝，那时候的冤屈与失意而今反倒成为一种莫大的侥幸。他们逃过了"甘露之变"这致命一劫，随着事变的结束，两党骨干还会陆续返回朝廷，继续他们未竟的斗争。

牛李二党因祸得福，也有人因福得祸，其中最可悲亦可笑者莫过于宰相王涯的远房弟弟王沐。王沐家住江南，年老家贫，听说王涯当了宰相，便骑着瘦驴千里迢迢进京求见，想求一个主簿或县尉一类的小官。王沐在长安足足等了两年才见到王涯，但王涯对他十分冷淡。

王沐并不气馁，找一切能找的机会恳求自己这位显赫的远房兄长。王涯实在被折磨得不行，勉强同意给他安排一个小官。从此以后，王沐经常到王涯的家里等待自己的任命消息。等王涯被抄家的时候，王沐恰恰又在王涯的家里，任命始终不曾等到，却被神策军不分青红皂白地捕去，和王涯一同腰斩。

这就是政治斗争，没人在意你是否罪有应得，甚至没人在意你是否无辜罹祸。在那场快速而巨大的杀戮中，谁听得见底层人物的哀鸣？他们顶多算这场悲剧的群众演员，他们中的绝大多数连演员表都登不上。

胜利者需要迅速巩固胜局，需要趁局面未稳的时候以霹雳手段借题发挥，最大化自家的战果。上行下效的是，神策军的兵士们也会在完成政治任务之余或抄家或勒索，逆党的头衔可以被随意安置在任何一个他们想要盘剥的富户头上。甚至连长安城里的市井无赖也纷纷弯弓持刀，趁火打劫，借着政治高层以铁与血完成政治目标的机会，完成自己卑微的经济目标。

就这样，在并无一骑敌军的长安城里，整日有硝烟弥漫。

有的人如坐针毡、度日如年，有的人恨不得用一根长绳将时间系住，有的人在掠食中发迹，有的人从云上跌落到食物链的底端。

十二月初九，唐文宗忧心忡忡地询问新任宰相李石和郑覃，不知京城里的街坊和市集是否已经安定下来。李石回答说："渐渐安定了些，只是近日里天气异常冷冽，恐怕是杀人太多的缘故。"

13

正是在这个因杀人太多而变得异常冷冽的冬天里，在这个冷冽冬天的一场大雪里，落第的李商隐在戏水驿上送别李让山，写诗缅怀那一段未曾开始便匆匆结束的爱情。

命运是多么讽刺，他错过柳枝之约以奔前程，却被前程抛弃；他抛弃了东都洛阳的繁花似锦，得到的却是西京长安的血雨腥风。而那座血雨腥风的修罗场，不正是他以及每个寒窗苦读的书生毕生追求的舞台吗？

在小径交错的命运花园里，接下来的路该往哪边走呢？那在不经意中错失了的天海风涛之曲、幽忆怨断之音，不知道还有没有第二次机会聆听，亦不知她在另一座小径交错的命运花园里，能否找到第二个可以听懂的人？

【小考据】中隐

大隐住朝市，小隐入丘樊。依照这个最传统的标准，商山四皓便是小隐的代表，东方朔则是大隐的代表。小隐最难解决的是生计问题，就连陶渊明原本对隐居的构想都是"聊欲弦歌，以为三径之资（想做地方官来储备将来隐居的本钱）"，但他做了八十多天县令，还是不忍心向百姓搜刮钱财，以至于在真正隐居之后，日子过得相当拮据。大隐最难解决的是仕与隐的界限问题，毕竟置身于名利场的中心，真要做到身仕而心隐，实在是一件难上加难的事情。

中晚唐时期，政治形势风云莫测，就算闭门家中坐，也难免祸从天上来，譬如"甘露之变"的受害者里绝不乏明哲保身的朝中大隐。大隐难做，小隐也不易。一个人过惯了锦衣玉食的日子，如何还能平淡地退回渔樵耕读里去呢？所以才出现所谓中隐的说法，避开权力中心，任闲官领干俸，在市区或近郊构筑园林，兼享城市生活的繁华便利与田园生活的悠闲适意，晚年的白居易就是中隐的典范代表。

当中隐成为一个时代里精英阶层并不小众的一种追求时，就意味着社会结构里的赏罚机制已经变得与从前不同了。锐意进取，为人正直，这些在一切好时代里会受到社会赏罚体制嘉奖的品质忽然变得不合时宜，所以无论是显赫者如李德裕，还是卑微者如李商隐，都是不晓得自己是在逆水行舟的人。他们的人生悲剧，是一早就注定了的。

附：李商隐《燕台四首》并注

风光冉冉东西陌，几日娇魂寻不得。

蜜房羽客类芳心，冶叶倡条遍相识。[1]

暖蔼辉迟桃树西，高鬟立共桃鬟齐。[2]

雄龙雌凤杳何许，絮乱丝繁天亦迷。

醉起微阳若初曙，映帘梦断闻残语。

愁将铁网胃珊瑚，海阔天翻迷处所。[3]

衣带无情有宽窄，春烟自碧秋霜白。

研丹擘石天不知，愿得天牢锁冤魄。[4]

夹罗委箧单绡起，香肌冷衬琤琤佩。[5]

今日东风自不胜，化作幽光入西海。

——《燕台四首》之《春》

[1]蜜房羽客：蜜蜂。冶叶倡条：柔嫩的叶子，繁茂的枝条。

[2]桃鬟：盛放的桃花。

[3]胃（juàn）：原指捕取鸟兽的网，这里做动词，指用绳索套取。

[4]研丹擘（bò）石：语出《吕氏春秋》："石可破也，而不可夺坚；丹可磨也，而不可夺赤。"

[5]箧（qiè）：小箱子。

前阁雨帘愁不卷，后堂芳树阴阴见。

石城景物类黄泉，夜半行郎空柘弹。[1]

绫扇唤风阊阖天，轻帷翠幕波渊旋。[2]

蜀魂寂寞有伴未，几夜瘴花开木棉。[3]

桂宫流影光难取，嫣薰兰破轻轻语。[4]

直教银汉堕怀中，未遣星妃镇来去。[5]

浊水清波何异源，济河水清黄河浑。

安得薄雾起缃裙，手接云軿呼太君。[6]

——《燕台四首》之《夏》

[1] 柘弹：语出《西京杂记》："长安五陵人以柘木为弹，真珠为丸，以弹鸟雀。"何逊《拟轻薄篇》："城东美少年，重身轻万亿。柘弹隋珠丸，白马黄金饰。"

[2] 阊阖（chāng hé）：天门。

[3] 蜀魂：古蜀国的国君名叫杜宇，后来国破身死，魂魄化为杜鹃鸟，啼声悲切。

[4] 桂宫：月宫。

[5] 星妃：织女。镇：常。

[6] 軿（píng）：四面以帷幕屏蔽的车子，为女子所乘。太君：女仙。

月浪冲天天宇湿，凉蟾落尽疏星入。[1]

云屏不动掩孤颦，西楼一夜风筝急。[2]

欲织相思花寄远，终日相思却相怨。

但闻北斗声回环，不见长河水清浅。

金鱼锁断红桂春，古时尘满鸳鸯茵。[3]

堪悲小苑作长道，玉树未怜亡国人。[4]

瑶琴愔愔藏楚弄，越罗冷薄金泥重。[5]

帘钩鹦鹉夜惊霜，唤起南云绕云梦。

双珰丁丁联尺素，内记湘川相识处。[6]

歌唇一世衔雨看，可惜馨香手中故。[7]

————《燕台四首》之《秋》

[1] 凉蟾：秋月。

[2] 云屏：云母屏风。风筝：悬挂在屋檐下的金属片，风起时会叮当作响。

[3] 金鱼：鱼钥，一种鱼形锁具。

[4] 玉树：陈后主《玉树后庭花》，历史上最著名的亡国之音。

[5] **愔愔**（yīn）：安静，悄寂。弄：奏。

[6] 尺素：书信。

[7] 衔雨：含泪。

天东日出天西下，雌凤孤飞女龙寡。

青溪白石不相望，堂中远甚苍梧野。[1]

冻壁霜华交隐起，芳根中断香心死。

浪乘画舸忆蟾蜍，月娥未必婵娟子。[2]

楚管蛮弦愁一概，空城罢舞腰支在。

当时欢向掌中销，桃叶桃根双姊妹。[3]

破鬟矮堕凌朝寒，白玉燕钗黄金蝉。[4]

风车雨马不持去，蜡烛啼红怨天曙。

——《燕台四首》之《冬》

[1]青溪：清溪小姑，代指女子。白石：白石郎，代指男子。

[2]蟾蜍：月亮。月娥：嫦娥。

[3]掌中：赵飞燕曾于力士掌中起舞，这里代指轻盈的舞姿。桃叶桃根双姊妹：古乐府有诗"桃叶复桃叶，桃叶连桃根。相怜两乐事，独使我殷勤"，后人附会为桃叶、桃根姊妹。

[4]破鬟矮堕：头发的一种梳法。黄金蝉：一种首饰。

第一章

大时代的荣耀与颓唐

向晚意不适，驱车登古原。

夕阳无限好，只是近黄昏。

1

一支一百人的军队，为什么可以控制一座拥有一万人口的城市？这个看似简单的问题，实则暴露了人类历史上全部政治技术里最核心的秘密，即高度组织化的少数人有能力控制住无组织的多数人，组织化的程度越高，控制能力也就越强。谁说人多力量大？只要是个人单干，只要没组织，人再多也是徒劳。

所以，统治者们的统治技术归根结底就两条：第一，加强核心统治团队的组织化程度；第二，弱化被统治阶层的组织化程度。

历史上纷纷杂杂的制度变迁，无论是政治、军事还是法律、财务，所有治象与乱象的背后莫不有着这两条原则在或隐或现、或明或暗。鲁迅先生曾经痛惜中国人是一盘散沙，其实这正是历朝历代的统治者刻意打造的"理想局面"。

自汉武帝罢黜百家、独尊儒术以来，儒家学说成为历朝历代的官方意识形态，而儒学对政府结构有一个一以贯之的理想，可以概括为虚君贤相。也就是说，皇帝不需要亲自处理政务。那么皇帝该做什么呢？他应当修身齐家，为天下人做表率，身修家齐的流风所及，自然会国治而天下平。宰相统领政府百官，是大政方针的真正决策人，百官臣僚去做具体而微的工作，对宰相负责。在法理上，皇帝对政府的唯一重任，就是选拔一名称职而优秀的宰相。

这种政治结构有一个很现实的好处：人非完人，做事难免出错，一旦出错就难免损害自己的威信。皇帝只要不做事，就永远不会出错，威信就永远不会受到损害，而皇帝的威信实在是维护天下臣民向心力的第一要素。那么，在虚君贤相的格局里，当政策出错，不需要皇帝退位或者以死谢天下，永远会有具体的某个大臣负责，只要处罚了相关的责任人，很容易就可以安定人心。

但这只是一种理想状态，是建立在儒家性善学说的基础上的。然而人性未必本善，权力的滋味总可以轻而易举地腐化人心，使一个人建构多年的良知防线一溃千里。"权力导致腐败，绝对权力导致绝对腐败"，对于政治学里的这一条金科玉律，儒家学者们一直缺乏足够的认识。但是，只要是才智超过中人的皇帝，没有谁不明白这个道理。他们更加清楚的是，权力不仅会带来腐败，更重要的是，它会迅速鼓励一个人的野心。

所以在皇帝看来，虚君贤相是行不得的，相权一旦过重，宰相难免会生出不臣之心，贤相会腐化为奸相，相权必定危及皇权。既然宰相的工作必须有人来做，宰相的权力必须有人来掌握，那么唯一的可行之计就是将宰相的职能和权力分解成几份，交给不同的人，谁也不能独揽大权，彼此形成制衡。

大唐王朝的政府结构正是秉持着这一思路，以三省六部制取代了汉朝的三公九卿制。三省即中书省、门下省、尚书省，中书省主管拟定和发布皇帝诏令，最高长官为中书令；门下省负责审核诏令，审核通过则交由尚书省发布执行，审核不通过则批注后退还中书省；尚书省只有执行权，并不参与决策。这三省长官的职权合起来，约略相当于汉代一个宰相。

每有朝政大事，中书省和门下省的正副职长官都在政事堂召开联席会议，这几位长官都被唐人俗称为宰相。所以唐代的宰相经常同时有五六个人，而人数一多，难免会分出亲疏轻重，于是与皇帝最亲、决策能力最强的那位宰相，就成为当之无愧的首相——这就是"首相"一词的来历。

在常态运转下，三省六部制的确可以使大政决策保持相当程度的稳健：不但三省之间彼此制约，任一部门都不能随心所欲；三省与皇权之间也存在制约，最高统治者不能恣意发布诏令，皇帝们并不是想干吗就能干吗的。

这听上去很美，但人事总比制度复杂多变。举例而言，就在唐文宗太和八年，即"甘露之变"的前一年，皇帝想要提升李训，而李训和郑注作为当时最引人注目的政治新星，品格之低劣在朝野上下"有口皆碑"。所以当任命诏书从中书省送达门下省审核的时候，门下省的两名给事中郑肃、韩佽决定封还诏书，驳回对李训的任命。这时候，首相李德裕刚要离开政事堂，对另一位宰相王涯说："给事中封还诏令，真是令人欣慰啊。"谁知李德裕刚走，王涯赶忙召来那两位给事中说："李德裕刚刚留下话来，让两位不要封还诏书。"李德裕是郑肃、韩佽素来敬重的顶头上司，二人对王涯的话信以为真，便署名通过了对李训的任命。直到第二天，当郑肃和韩佽向李德裕汇报此事时，才知晓受了王涯的欺骗，但木已成舟，后悔莫及。

王涯之所以这么做，是因为李训背后既有宦官的支持，又有皇帝和牛党的支持。在私利大于公利的计较下，他不惜得罪李德裕而卖给李训一个人情，为此获得宦官、皇帝和牛党的支持，这当然是再划算不过的事情。

追本溯源的话，三省六部制虽然避免不了朋党的出现，却不会与宦官发生任何关系。三省六部为皇帝处理国家大事，皇帝的家事则交由宦官打理，内务与外务泾渭分明。

三省六部的官署位于皇城南部，称为南衙；宦官的官署位于皇城北部，称为北司。宦官再如何得到皇帝的宠信，归根结底也只是皇帝的家奴，所以，在初唐的政治建制里，可以说完全没有宦官的位置。

而到了李商隐生活的时代，北司已有与南衙相争之力，北司从家奴跃升为国家大政的真正决策者。"甘露之变"中，权宦仇士良之所以借机诛杀宰相王涯等一干无辜重臣，正是为了使北司完全凌驾于南衙之上。

2

唐代中央政府分为三省六部，地方政府则是州（府）、县二级制。最高一级的地方政府为州（府），以唐玄宗时代为例，全国有三百二十八州（府）；

州（府）下辖县，全国有一千五百七十三县。

将地方政府分得越多越细，分到每位官员手里的权力就越小越弱，任何人都没有能耐凭一己之力颠倒乾坤，这样一来，皇权的安全系数也就越大。此番道理虽不错，但事情总有两面性，唐政府将州（府）、县划分得如此之细，势必会大大增加管理难度。试想一下，皇帝要直接面对三百二十八名州府长官，怎么可能忙得过来呢？

可想而知，如此庞杂冗繁的政治结构必定不可能长久地保持下去。早在唐太宗贞观元年，比州（府）更高一级的行政单位出现了。这级行政单位被称为道，全国共分十道，地方政府从此演变为道、州（府）、县的三级制，相当于今天的省、市、县。

然而严格来讲，道并非一级正式的行政机构。唐代设御史台负责监察，左御史监察中央六部，称为分察，右御史巡察地方州（府）、县，称为分巡。分巡即分全国为十道，每一道都有相应的观察使督察各州（府）各县的地方行政。久而久之，督察变为常驻，观察使成为最高一级的地方长官。而那些督察边疆的观察使，皇帝会委以符节，临时授予他军政调度的全权，那么这样的观察使就成为节度使。节度使也会变临时为常驻，掌握辖区内的行政、财税、人事等大权，位高权重。中晚唐一直折磨着大唐王朝的所谓藩镇割据，正是来源于这样一种原本意在加强中央集权、分化地方力量的政策。

当藩镇割据的局面形成后，藩镇辖区内的州（府）、县长官不再由朝廷任命，而是由节度使自行任免，这样的藩镇就算不曾公然扯旗造反，就算名义上还奉行着唐王朝的正朔，实质上也已经变成独立自治的主权国家了。而在这小小的"主权国家"，在藩镇内部，节度使也会面临本章开头谈到的那个统治技术上的核心问题。

一个权位的危险系数是与它的利益大小成正比的，节度使在自己的地盘上能享受多少荣华与自由，就要面对多少暗算与阴谋。节度使之所以能够独立自治，完全倚赖军队的支持。不过节度使心里也明白，只要对军队的控制稍有松懈，那些早就目无王法的骄兵悍将就会推翻旧主，毫不犹豫地另立新人。彼时，"帝国"再辽阔，亦不会有旧主的立锥之地了。

所以，节度使们一方面建立亲兵体系，也就是要训练一支由自己直接统率的、战斗力极强的近卫部队。他们还会把亲信收为义子，以父子关系维系统治，例如在朝廷委派元老颜真卿招降反叛的节度使李希烈时，后者竟然安排了一千多名义子围着颜真卿威胁谩骂。另一方面，节度使还要注意分割军权，绝不专任一人，使诸将势均力敌，想联合作乱则人多难以齐心，想独自作乱则兵少力微，构不成实质性威胁。

割据一方的节度使是真正意义上的无冕之王，他们或父死子继，或兄终弟及，在自己的小王朝里努力经营着。

譬如魏博节度使田承嗣，临终时任命侄儿田悦为留后，开藩镇世袭之先例。唐德宗建中三年（782年），田悦大败于政府军，只收拾残兵一千余人逃往魏州大本营，阵亡士兵亲属们的哭号之声遍布大街小巷。田悦将残兵和百姓召集到衙门外，流着泪向大家谢罪，甘愿一死，而将士们争相上前劝慰田悦："胜败乃兵家常事，我辈世代蒙受田家的恩情，愿意追随您再去决一死战！"由此可见，田家对军队的统治是极为成功的，而辖内的百姓也是只认节度使，不问远在天边的皇帝。

所以，精明的节度使非但不会以暴虐施政，反而会在保持军队战斗力的前提下，尽可能地轻徭薄赋，与民休息，使自己的辖区尽可能长久的繁荣安宁。因为这些地盘对于自己而言，再不是中央朝廷的产业，再不是自己在刮尽民脂民膏之后就可以袖手而去的地方，而是属于自己一辈子的产业，并且还要传给子孙后代。割据的时间一长，本地百姓也就相习而安了，士兵们也都在当地成家立业，在历次战争中多少也会生出些保卫家园的勇气。

于是，藩镇割据的局面愈拖愈久，而唐王朝恢复一统的机会也就越来越渺茫。

3

君王如舟，百姓如水，水能载舟，亦能覆舟。这是战国大儒荀子的著名观点，因为唐太宗李世民的标榜而广为人知。真的是得民心者得天下吗？不，精明的帝王深知，民心可以被轻易操纵，所以要提防的不是百姓本身，而是那些有能力蛊惑人心的野心家；精明的帝王同样深知，纵然再不得民心，只要军心在自己一边，也足以维护帝国的安宁。

但军队总是令帝王们既爱又怕。军队和百姓最本质的区别并非前者掌握着弓马和铠甲，不，这并不重要，在冷兵器时代，锄头的杀伤力究竟比长枪大戟少几分呢？最重要的是，军队是一种高度组织化的力量，内部具有严格的科层体系，将军指挥士兵可以如臂使指。如果军队起了谋逆之心，那可完全不是所谓农民起义可以与之相比的。

所以，军队的组织化既要保持，也要拆散。保持，是为了提高军队的战斗力；拆散，是为了降低军队叛变的可能性以及叛变之后的杀伤力。要在这两个看似彼此冲突的目标之间取得某种微妙的平衡，实在不是一件容易的事情。

唐王朝处心积虑地设计了全国范围里的府兵制度。所谓府兵制，是在各个军事要地设置军区，称为折冲府，总数在六百到八百之间，每个折冲府都招募殷实人家的壮丁当兵，称为府兵。府兵之家自己有田有地，享受若干优惠政策，农时生产劳作，农闲时在折冲府长官折冲都尉的带领下操练军事技能。府兵全兵皆农，自给自足，并不需要政府有任何军费开支。府兵的武器装备全属自备，一来因为家境殷实，二来因为这是保命与立功的关键之资，所以府兵装备精良，战斗力极强。

折冲都尉虽然是每个折冲府的最高长官，却只负责练兵，不负责统兵打仗。统兵打仗有专门的军官负责，这些军官全部集中在京城长安，隶属于中央直辖的十六卫。每逢战事，折冲府出兵，十六卫出将，待战事结束，兵归于府，将归于卫，兵是无将之兵，将是无兵之将，李唐皇族因此可以高枕无忧。

但再好的制度，若缺乏强有力的保障，也会在人事中凋残瓦解，府兵制也不例外。就在卫将与府兵们功勋最显著的时候，府兵制度却崩溃了。

4

每个人都希望在自己的领域里建功立业，作为一位有理想、有才干的皇帝，最显赫的功业莫过于开疆拓土。汉武帝就是这样的一位皇帝，而当诗人杜甫写出"边庭流血成海水，武皇开边意未已"的时候，其实是以汉喻唐，以汉武帝影射唐玄宗李隆基。

唐玄宗李隆基，这位缔造了开元盛世的伟大君主，以其雄才伟略坚定地执行着令人生畏的扩张政策，帝国府兵在长年的戍边与远征中将青春消磨为白发。"或从十五北防河，便至四十西营田。去时里正与裹头，归来头白还戍边"，谁还愿意把身家性命交托给这样的政府呢？在府兵们整装待发的时候，"耶娘妻子走相送，尘埃不见咸阳桥。牵衣顿足拦道哭，哭声直上干云霄"。

府兵中老实些的在边疆或战死，或老死，无论生死都没机会回返故乡了，土地抛荒，人丁绝后；而那些机灵些的，在本府就先自逃亡。虽然皇帝和朝臣们把边疆的捷报、帝国的荣誉看得比府兵们的生命及妻儿老小重要，无奈府兵们自己不这样想。

折冲府渐渐无兵可征，名存实亡。但唐帝国财大气粗，用高薪大举招募职业军人。军队里迅速胡汉相杂，外族士兵占到了极大比重。从此之后，募兵制取代了府兵制，亦兵亦农、自给自足的府兵一变而为需要军费开支、领取固定军饷的职业军人。

在开疆拓土的浩大战事里，边境的节度使们获得了越来越多的便宜行事之权，以至于有处置军政、民政、财政、人事任免的全权，这就如同拿到了一把传说中的尚方宝剑，而这把宝剑一旦拿到手里，就再也不肯交回去了。至此，军队与军政大权过度集中在边境的几大节度使手中，大唐帝国已在不经意中演变成了内轻外重的结构，边境军队一旦反叛，一旦入侵内地，内地将毫无还手之力。

安禄山、史思明，北境的这两位大员，正是在这样的局面里慢慢蓄养了自己的羽翼与爪牙。他们手中握持的军事力量，已使帝国彻底失去了原有的平衡。而失衡的局面注定不可能持续多久，除非安禄山、史思明甘愿放弃自己已拥有的权力，否则冲突在所难免，只是看谁先动手而已。双方所缺的，不过是一条导火索。

5

安史之乱是大唐王朝由盛转衰的一个转捩点，中晚唐漫长的衰微期里几乎所有的政治乱象都可以看作安史之乱的后遗症。

唐玄宗天宝十三载（754 年），正是高僧鉴真东渡日本的那年。长安朝廷里，宰相杨国忠等人向唐玄宗提出建议，希望能召安禄山入朝，以宰相的高位来安置他，然后把他统辖的军队分割成几部分，由汉族将领分别节制，以削弱外族势力并剥夺安禄山的实权。

唐玄宗对宰相们的建议颇有些犹豫，他搞不清究竟是安禄山真有谋反之心，还是宰相们在怀着私心排斥异己。唐玄宗最后决定派人到安禄山的驻节之地亲自观察一下，自己需要依据更加可靠的信息做出决策。那么，派谁去呢？

谁才是最可靠的人？对于帝王来说，这实在是一个既紧要又难解的问题。

宫廷向来都是阴谋家的舞台，善男信女能爬上高位的即便不是绝无仅有，至少也属凤毛麟角。唐玄宗本人就是靠搞阴谋才登上了帝位，他深知什么叫翻云覆雨，什么叫两面三刀；他深知在巨大的利益面前，什么父子夫妇之亲，什么君臣师友之义，全都脆弱得不堪一击。

而在对安禄山的处置上，朝廷上会有多少盘根错节的人事关系呢？如此重大的人事变迁又将牵涉多少朝臣的切身利益呢？谁才是最可靠的人，谁才可以无党无派、无偏无私地完成这项重要的使命呢？

在这样的局面下，许多帝王都会做出同样的选择：宦官。

在帝王看来，宦官只是自己的家奴，知根知底，和朝廷大员们也无甚瓜葛；宦官也没有子女，不致为了家庭而藏有私心；宦官整日服侍在自己的身边，百依百顺，不像朝臣们有直言顶撞的，有阳奉阴违的，总之都不让自己省心，更不让自己舒心。

于是，唐玄宗委派了亲信宦官辅璆琳去安禄山那里探听虚实。辅璆琳回报说，安禄山没有任何谋反迹象，对朝廷除了耿耿忠心之外再无其他，唐玄宗因此彻底放下心来。而到了翌年初春，门下省给事中裴士淹奉使河北慰问军民时，安禄山却称病不起，连带着也收起了所谓拳拳赤胆与耿耿忠心，给了这位朝廷使者以十足的冷遇。

裴士淹不是第一次出使河北了，早在十几年前，他还是一名郎官的时候，就曾在这条官道上往来，回程中经过汾州众香寺，带回了寺中的白牡丹，引发了整个大唐帝国的牡丹狂潮。而这一次他的出使，带回的是另外一种席卷全国的狂潮，惊醒了唐人的牡丹梦和霓裳曲。

几个月后，随着中央政府和安禄山矛盾的激化，辅璆琳被查出在出使时，接受了安禄山的巨额贿赂。于是，安禄山到底会不会反，这个问题再一次令唐玄宗困扰不已。他下令处死了辅璆琳，但他依然信用宦官，也许是觉得一两个害群之马不足以损害纯洁忠诚的宦官队伍吧。然而，就是在这一年里，渔阳鼙鼓动地来，惊破《霓裳羽衣曲》，安史之乱终于爆发。

6

儒家呼吁孝道，认为孝道即治道。

在孝道的传统里，有两个很要紧的原则。第一是所谓"身体发肤，受之父母"，不敢有丝毫损伤，所以不要说肢体伤残，就连头发也不可以剃掉。古人讲"理发"的时候，意思是说梳理头发，而不是剪发、剃发。第二是所谓"不孝有三，无后为大"。有三种最严重的不孝行为，一是家长作恶的时候，儿子非但不加以劝阻，反而曲意逢迎；二是家里贫困，父母老迈，儿子却不肯工作赚钱；而第三种情形是最恶劣的，也就是生不出后嗣，使祖先断了香火，再也享受不到后代子孙的祭祀。

儒家还有所谓"刑不上大夫，礼不下庶人"的说法，这里的刑特指伤残肢体的肉刑。庶民犯罪，可以用肉刑来惩罚他们，或者削掉鼻子，或者砍掉双脚，在他们的身体上留下陪伴一生的屈辱记号，让大家都晓得要规避这些恶人。士大夫阶层若是犯罪，可杀而不可辱，绝对不可以处以肉刑。儒家认为，如果对犯罪的士大夫处以肉刑，整个士大夫阶层在庶民百姓心中的威严感势必受到减损，后者会觉得前者无非是和自己一样的人，并不高人一等。而如果庶民百姓有了这样的想法，统治秩序也就不再稳固了。

所以，身体被刑法伤残的人，断绝了祖宗香火的人，在儒家社会里都会受到严重的歧视，而宦官恰恰以一身兼具了这两种被歧视的理由。因此，和宦官同列或同乘一车，对于士大夫阶层而言，都是一种无法忍受的屈辱。

所以，宦官干政，在任何时代都被看作政治乱象的标志。但宦官明明也是人，和士大夫一样的人，也许净身手术会使他们的性情变得古怪一点，他们一般也没有多高的文化修养，但除此之外，他们和士大夫还有什么不同呢？宦官为什么就不能具备勇敢、忠诚、智慧、清廉这些美好的素质呢？

很多时候，宦官看上去的确比朝官可靠。在安史之乱中，宦官曹日昇曾经奉命到南阳宣慰士卒。当时叛军名将田承嗣正在围攻南阳，城内弹尽粮绝，饿殍遍地，一只老鼠可以卖到数百钱，眼看城池就要失守。曹日昇只带着十名骑兵，硬是闯过了叛军的重围，进入南阳宣读皇命，极大地鼓舞了守军的士气。随即曹日昇又冲出重围，到襄阳筹集粮草运进南阳。这一进一出，叛军无人可撄其锋。

曹日昇如此向世人证明：宦官纵使比朝官卑贱，但至少不比朝官还无能。宦官，在这个乱世之中，为什么不可以担负起皇帝的信任和重托呢？

7

安史之乱最终被艰难地平定了，但后遗症始终无法根除，直至唐王朝气数败尽。安史之乱的后遗症之一，就是皇帝深感无人可以信用。

唐代宗广德元年（763年），吐蕃轻轻松松攻入长安。唐代宗仓皇出逃，眼见着士兵们没人拼死作战，四十多天里没有人率兵勤王。而唐代宗才一逃出长安，老百姓就鼓噪着冲进皇宫，哄抢府库里的财物。这个乱象令人寒彻了心，眼见得军心、民心、士大夫之心都像旧山河一样，一经破碎便再难收拾。

人心越散，皇帝也就越容易信靠身边的宦官。唐代宗安排宦官出使各地、监督军务，一贯任其索贿。而最滑稽的是，如果宦官收到的贿赂少了，唐代宗还会大为不快，认为自己间接地受到了轻视。

唐德宗继位之后，试图改变这种状况，于是亲近士大夫而疏远宦官，先后重用了精通儒学的张涉和温文尔雅的薛邕，朝廷面貌似乎为之一新。但没过多久，张涉和薛邕先后爆出贪赃丑闻，宦官讥讽说："文官贪赃动辄巨万，反而说我辈败坏朝政！"自此以后，唐德宗疑虑重重，不知道究竟何人可以信靠。

手握重兵的节度使似乎是最不可靠的一群人，昨天的平叛功臣转眼就变成今天的乱臣贼子，旧患才去，新患便生。所以每逢用兵，皇帝越来越喜欢委派亲信宦官前去监军。如果必须依靠暂时还对自己效忠的藩镇去制衡那些已经叛乱或行将叛乱的藩镇，那么除了宦官监军，谁还能制衡那些或许明日就反的节度使呢？

建中四年（783年），曾经的平叛功臣、淮西节度使李希烈起兵叛乱。唐德宗匆忙征发泾原各道兵马，没想到五千泾原兵才到长安便发生兵变。京城素来由神策军卫戍，但神策军仿佛从来不曾存在过一般，任由乱兵杀进皇宫。唐德宗仓皇出逃，在这最绝望的时刻，只有窦文场和霍仙鸣，两名在德宗当太子的时候就侍奉过他的宦官，集结了仅有百人的宦官侍从，追随、护卫在德宗身边。

唐德宗事后才知道，神策军的兵员早已严重短缺，颇具经营头脑的将领们在缺员之后非但不去招募新兵，反而把编制名额卖给长安的商贩。而这些名义上的新兵一边享受着政策优惠，一边继续在长安市井里经营买卖，在"从军"的全部生涯里连一次军服都没穿过。当召集神策军紧急平乱的时候，这些人没有伙同乱军趁火打劫就已经算是不幸中的万幸了。

经过此劫，唐德宗除了对两位功臣大加恩赏之外，终于明白了谁才是最可以信靠的人。他建立了新的神策军，分为左、右两厢，由窦文场和霍仙鸣分别统率。这是唐王朝命运的一个重要转捩点，自此以后，宦官始终掌握着神策军的兵权，对外抑制藩镇割据，对内左右朝臣任免，甚至可以轻易地废立皇帝。

当宦官掌握的权力如此之大以后，什么"身体发肤，受之父母"，什么"不孝有三，无后为大"，什么"君子耻与刑余之人同车"，这些儒家道德终于涣涣冰释。是的，人情逐利，在任何时代这都是最不可逆的大势。一旦士大夫阶层升沉荣辱的枢机被宦官掌握，操守也就往往让位于实利了。而那些尊严未

泯又前程心重的士子，那些在操行与实利之间挣扎、纠结的官宦，是这个大时
代里最难挨的一群人。

在这样的时代里，节度使们彼此联姻，缔结军事同盟；朝廷大员们各结朋
党，进取者以之牟利，淡泊者以之自保；只有庶民百姓无党可结，无盟可缔，
惶惶不可终日地等待着叛军的洗劫、官军的洗劫、朝官与宦官的洗劫、外族友
军的洗劫，以及大唐政府的税收、专卖与役力政策的合法洗劫。

若你是一个单纯、善良的人，一个对爱与美有着狂热执念的人，一个头顶
着理想主义光环的人，在这样的一个大时代里，究竟该怎样幸存下去呢？

第二章

少年时，忆江南

云母屏风烛影深，长河渐落晓星沉。

常娥应悔偷灵药，碧海青天夜夜心。

1

古人不见今时月，今月曾经照古人。在亘古如一的清皎月色里，人的生命显得渺小又无常。

与今人相较起来，古人对"无常"的感受无疑要深切得多。即便在和顺的太平年间，古人的生命亦脆弱得如同蝉翼。只消一次小小的意外、一场平常的疾病，一个正在盛放的生命弹指间便已消殒，任你是帝王将相、公子王孙，不经意中就会被死神的镰刀收刈，人间药石终归回天乏力。

但是，即便在见惯了生命无常、命运翻云覆雨的古人眼里，李叔恒家族的命运也无常得过分了些。

李叔恒少年聪慧，才气逼人，年近二十岁就考中了进士。唐代科举有所谓"三十老明经，五十少进士"的说法，形容进士科之难考，知命之年若能及第已属不易，弱冠而及第者自是凤毛麟角，李叔恒就属于这凤毛麟角。无奈才命相妨，李叔恒只活到二十九岁，妻子卢氏青春守寡，一个人抚养幼子李俌，教他继续走读书应举之路。

李俌没有辜负母亲的期望，成人之后通过了明经科的考试，被朝廷委任为邢州录事参军。虽然这只是个微不足道的职位，但既然已经迈进了官僚体制的大门，总会一步步升迁调任、光耀门楣的。李家的远祖是西凉武昭王李暠的第八子李翻，李翻的二哥李歆则是唐王朝皇室的远祖，如今说起来虽然关系远到了几乎毫无瓜葛的地步，但自家毕竟与皇帝同宗别派，都是西凉武昭王李暠的后裔，这样看来，唐王朝的事业又何尝不是自家的事业呢？

年轻的李俌踌躇满志，已经上了些年纪的卢氏看着儿子一步步登科做官、娶妻生子，自己也从母亲升格为祖母，在欣慰的笑容下，不知道是否也会偶尔缅怀被命运牺牲掉的大好青春呢？

李俌给儿子取名李嗣。"嗣"是继承的意思，这个人丁单薄的家庭需要子孙们顽强地抵御无常的命运，守住祖先的香火，不可让它熄灭。这大概是李俌生命中唯一的目标吧，在生下儿子、留下了家族的血脉之后，他便像父亲李叔恒一样，匆匆忙忙地辞别了人世；也像父亲一样，将抚育幼儿的担子完全甩到了女人肩上。

十年之后，含悲忍痛的卢氏夫人病故，其时孤孙李嗣尚未成年。人从来不会因为坚忍和善良就受到命运额外的眷顾，但命运之神终于眷顾了卢氏一次：没有拖长她的寿命，不许她看到李嗣将来完完全全地继承了父亲的命运——几乎是一模一样地考试做官、娶妻生子，然后，在一个成年人事业和家庭生活的起跑线上客死他乡。

李嗣一系原籍怀州（今属河南省），李叔恒的坟茔就在怀州之东原，从李俌开始迁居二百里之外的郑州荥阳，而到了李嗣这一代，全家人随着家主李嗣远赴江南千里入幕。当李嗣过早地死于江南之后，妻子拖着幼小的儿女们，千里迢迢地将李嗣的灵柩运回荥阳安葬。李家三代孤寒，家境原本就不宽裕，这一次的千里之行更是耗尽了家里最后的一点财力，当孤儿寡母回到荥阳老宅之后，不知道生活将何以为继呢？

那时候，作为家中的长子，李商隐年仅十岁。

2

唐宪宗元和七年（812 年），式微的大唐王朝正在展露出一些中兴的气象。人们仍然沉浸在去年全国大丰收的喜庆氛围里，虽然黄河在初春时分冲毁了东受降城，但灾情不重，而且这该算是风调雨顺的大势里唯一的不和谐了。于是，在这一年的三月丙戌，当唐宪宗驾临延英殿听政，宰相李吉甫进言说"现在天下太平，陛下理当为乐"的时候，听上去也不算十分的阿谀刺耳。

但是，另一位宰相，以刚直敢言著称的李绛不留情面地反驳道："汉文帝的时候，天下承平已久，家给人足，而名臣贾谊仍然认为天下之势犹如积薪之下埋着火种，不可以称为太平。而今日大唐境内，中央法令行不通的地方有黄河南北五十余州，游牧政权屡屡侵略边境，水灾和旱灾时有发生，粮食储备严重不足，这正是陛下该宵衣旰食操心费力的时候，怎么能说是太平呢，又怎么可以在这种时候松懈作乐！"

唐宪宗很欣赏李绛的进谏，在退朝后对身边的人说："李吉甫一味阿谀奉承，像李绛这样的才是真正的宰相。"

李吉甫虽有阿谀之嫌，其实也算不得奸臣。他一生谨小慎微，虽然官居宰辅，但对自己素来厌恶的人也能容忍而不加伤害，这已经算是十分难能可贵了。而唐宪宗英武有为，既能任用保守得近乎陈腐的李吉甫，也能同时信用直言无忌的李绛，其判断在关键时刻总能保持澄澈灵明。人们之所以期待元和政治会一扭安史之乱以来的颓唐风气，是因为唐宪宗确实让大家看到了中兴之望。

就是在这一年里，李嗣在获嘉县令的任上喜得贵子。他为儿子取名商隐，这两个字承载着一位父亲对儿子一生的无限厚望。是啊，父亲留给他的全部东西也不过寥寥几样：郑州的老宅，一星半点模糊的回忆，以及这个激励他一世亦磨折他一世的名字。

3

商隐，取"商山隐者"之意。后来取字义山，字与名意义关联，寓意着商山隐者之高义。

商山距离长安并不远。这一带原本不属于隐士，而是渴慕功名者汲汲向往的所在，因为以变法闻名的商鞅曾食邑于此，因而被称为商山。商鞅变法，使秦国成为军事强国，终于一扫六合，吞并天下。嬴政称皇帝之后，选拔了七十名高才饱学之士授予博士之职，以资顾问。及至秦末大乱，有四名博士避官隐世，就在商山之上岩居而穴处，采紫芝以充饥。因为四人皆年逾八旬，须发皓皓，便被合称为商山四皓。汉高祖刘邦久闻四皓的高名，多次派人礼聘他们出山做官，但每一次都遭到拒绝。四人作《紫芝歌》以明志，表明自己将会终老山中，再也不会出山用世。

后来天下大定，大汉王朝却出现了第二代继承人的危机。刘邦宠爱戚夫人，想废掉吕后所生的太子刘盈，改立戚夫人之子赵王如意。吕后求助于张良。这虽然是帝王的家事，但废立太子终归是朝政大忌，严重者会引起血雨腥风，使天下为之扰动。于是张良献策，请动了商山四皓，只拜托他们一件事，就是在一次筵席上侍立于刘盈身边。当刘邦看到连商山四皓这样的隐士都甘心为刘盈所用时，不禁失色，这才知道太子羽翼已成，只能无可奈何地放弃了废立之念。后来刘盈顺利继位，即汉惠帝。至于商山四皓，一战功成之后便悄然隐退，继续回商山过那不问世事、云淡风轻的生活去了。

这就是"商隐"一名的含义。士人之家，每一个孩子的名字里都蕴含着父亲的期望。"商隐"一名虽然颇有隐逸的色彩，但李嗣似乎期望儿子平居之时可以高义而不仕，但在国家的关键时刻仍能挺身而为帝王之佐，谈笑间安定江山社稷。

士人一生的关键，就在于"出""处"二字的分寸。出，即踏入仕途，安邦定国；处，即躬耕林下，洁身自好。孔子为士人定下的出处纲领是"天下有道则见，无道则隐"，这就意味着士人在清白的时代里应当勇于进取，以天下为己任；在污浊的时代里应当勇于退却，严守最后一寸道德底线，绝对不可以为了私利而同流合污。孔子还有教诲说：在清白的时代里，贫贱的人是可耻的；在污浊的时代里，富贵的人是可耻的。

　　是的，任何一个社会都会形成自己的一套淘汰机制，或者淘汰卑劣无耻的人，或者淘汰清廉正直的人。君子不该随着时代风气而改变自己的操守，尤其在污浊的时代里。你可以不求或无力改变社会，但至少不能让社会改变你自己。

　　商山四皓正是对出处分寸拿捏得极好的人，而李嗣也正是以此期待李商隐的。但李嗣不会知道，李商隐在成人之后的生涯里将会时时处处受着出处抉择的困扰，将会在入仕与退隐的矛盾里纠结，在朝廷与藩镇的矛盾里纠结，在藩镇与藩镇的矛盾里纠结，在家庭与党派的矛盾里纠结。李商隐在每一个抉择关头都不肯辜负自己的名字，不肯辜负父亲的期许，于是在时人的眼里，乃至在今人的眼里，他是一个彻头彻尾的失败者，而他的悲剧生涯分明是咎由自取。

　　如果李嗣能够预见儿子的一生，不知道是否会后悔给他取商隐这个名字。如果孩子的一生只可以在清高的悲凉和苟且的丰裕中选择其一，父母们会做出怎样的选择呢？譬如杜甫，他感叹自己的生活是"朝扣富儿门，暮随肥马尘。残杯与冷炙，到处潜悲辛"。为人父母者，究竟会希望儿女成为衣轻裘、乘肥马却庸俗可鄙的富儿呢，还是坚贞高洁却一生困顿偃蹇的杜甫呢？

4

　　唐宣宗大中二年（848年），彼时已过而立之年、备尝人世艰辛的李商隐从江南返回洛阳，途中经过商山脚下的四皓庙，不禁百感交集。《商於》一诗记载了他当时的心境，其中有两句："割地张仪诈，谋身绮季长。"

　　两句诗涉及商山背后的两则历史掌故。后一则掌故正是商山四皓的故事，绮季即绮里季，四皓之一，诗人以之代称四皓。前一则是说战国末年，张仪在秦国为相，为了破坏楚国和齐国的同盟关系，张仪向楚王提出条件：只要楚国和齐国绝交，秦国愿意割让商山一带的六百里土地作为酬答。楚王见利心喜，派人出使齐国，在朝堂上痛骂齐王，提出绝交之意。齐王大怒，果然与楚国绝交。然而，当楚王的信使去秦国索要土地的时候，六百里却变成了六里。

人世间尔虞我诈，人们以智力、勇力、势力相角逐，只论成败而不论是非，只有张仪那样的人才能左右逢源，才能痛快淋漓地展现自我，并且乐在其中。然而那些正直、良善的人，在这样的世道里除了处处碰壁之外，还能有什么作为呢？也许唯一的归宿就是退出竞争，在山林田园里过甘于清贫而与世无争的日子。所以商山四皓是明智的，他们看得清世界，也看得清自己。他们很明白世界是属于张仪之辈的，自己不该进取而求功，只当退守而避害。

此时，李商隐颇动了一些商山隐逸之念，但他毕竟还记挂着商山四皓的定国之功，他在诗里继续犹疑而纠结着："清渠州外月，黄叶庙前霜。今日看云意，依依入帝乡。"四皓庙沉浸在清冷的月光里，伴着清渠、黄叶和秋霜，而云朵在头顶上缓缓摇扬，看那势头，应该是向着京城长安飘去的吧？

所谓云意，其实只是诗人自己的心意罢了，功名之念终归占了上风。他以不符合年龄的天真执拗地期待着，想在这个让张仪之辈如鱼得水的浮华世界里觅到一个属于自己的位置。

但是，不知道到底在哪一年，当他再次经过四皓庙的时候，感触已经悄然发生了变化。这首诗直接题为《四皓庙》："羽翼殊勋弃若遗，皇天有运我无时。庙前便接山门路，不长青松长紫芝。"

这首诗用典奇巧：秦始皇封禅泰山时，半途遇到暴雨，匆忙中到一棵大松树下躲避，事后赐予这棵松树五大夫之爵。紫芝则是山中的菌类，商山四皓隐居时采摘紫芝以果腹，作《紫芝歌》以明志。而四皓庙前的山路上，只有供隐者食用的紫芝，却无被封为五大夫的青松，正如商山四皓建下定国之功，却在事后被帝王弃置不问一般。

此时，李商隐已经见惯了政坛的人事沉浮，见过了自己素来最为钦敬的名相李德裕是如何被罗织罪名，最终贬死在穷乡僻壤的，于是难免生出这样的疑

惑：这样一个薄情寡义的朝廷，究竟值不值得为之付出？在这个无道的天下，
自己是否应该追随着商山四皓的足迹，在滔滔浊流里死守灵明的清白？

5

这些皆是后话，元和年间的李商隐还只同一般孩童一样，天真烂漫，懵懂
无知。彼时小商隐的眼里、心里，只有邻家小子藏起来的九连环，昨儿才买的
蟋蟀金鱼，桥边糕饼店永不令人失望的时令点心，以及桃花笑春风、江水绿如
蓝。他还不知晓，"商隐"这两个字，将会像谶语与符咒一般地作用于自己的
成年世界。

从元和九年到长庆元年，李商隐跟随父母在江南度过了无忧无虑的童年，
烟波边读书，碧柳下习字，不自觉地沾染了江南的灵秀之气。

父亲全心全意教导李商隐，从他五岁起，就开始领他背诵儒家典籍。小小
的商隐拿笔还不稳，就那样认真地跟着父亲，用稚嫩的口吻大声朗诵"君子不
自大其事，不自尚其功"或是"自古皆有死，民无信不立"之类。有些句子太
艰涩，习读好多遍仍记不牢，父亲不责怪，小商隐也不慌乱。

江南的孩子会念书是有道理的：学得烦了倦了，抬眼即湖光山色，这湖光
山色不是冷的，不是青灰的，它染有草木之香与和煦的阳光，是令人胸怀暖
畅的。学童放开笔，略一伸手，扑簌簌碰下许多粉的白的花瓣，直将书页铺
满……再多浮躁亦被这怡人光景抚平。就在这光景里，一个字一个字，一遍又
一遍，父亲耐心地教授，直至把君子之道通通植入儿子的头脑和血脉中。

李商隐童年的回忆，是父亲慈爱的语气，是握不稳的毛笔，是江南的和风
细雨，是梦里花落知多少，是风轻帘幕燕争飞，是那些温良恭俭让的道理。

这样的生活如果可以无风无浪地延续下去，应该也不会和幸福偏离太
远吧？

但李嗣过早地辞世了，不能再庇护他挚爱的幼儿与妻子。而失去支持的孤儿寡母，显然无力在物价高昂的江南立足，年仅十岁的李商隐只能随母亲一路北上还乡，每日每夜里护送着父亲的灵柩，每一步都在远离江南这个美丽而熟悉的异乡，接近那个早已记忆模糊的陌生故土。

别了，江南。别了，莲蓬、桂花、莼菜、蛙声。别了，乌溜溜的小船、怎么走也走不完的石板桥和如水般流泻的阳光。未来的生活突然变得不可预期。

而对于一个十岁的孩子来说，被命运突然从熟悉抛到陌生，从按部就班的轨迹里抛到吉凶未卜的混沌里，在他小小的心里，惶惑不安的种子会枝枝蔓蔓地攀缘到所有感官的最深处吗？

古人极重丧葬，凡客死异乡者必须归葬祖茔，无论艰险，不计资费。诗人李白年轻时与蜀中友人吴指南同游于楚地，吴指南意外死于洞庭湖，李白先将挚友暂时葬在湖滨。几年之后李白重来此地，在洞庭湖冷冽的波光间，他亲手执刀，剔去挚友尸体的筋肉，收纳骸骨，徒步携负，最终将挚友营葬于鄂城之东。

一场丧葬，有时候可以彻底拖垮一个中产之家。在李嗣去世的二十余年后，李商隐在给堂姐撰写的祭文里回忆起这件绝不愉快的童年往事，说当时自己陪着母亲，"四海无可归之地，九族无可倚之亲"，当父亲的灵柩终于安葬在荥阳祖茔之后，孤儿寡母已经衣食无着，形同难民了。正是"生人穷困，闻见所无"，父亲的死亡不但耗尽了家里所有的积蓄，亦使这个稍见起色的士人家庭陡然失去了唯一的经济支柱。

在这个命运的转捩点上，刚刚从童年步入少年的李商隐作为家中长子，也许从此只能辍学务农，为现在而牺牲将来。许多人会批评说这样的选择实在太过短视，怎能为了家里一时的生计，牺牲一人一生的前途？然而越是长远的打算，越是需要当下的资本。人生很多所谓错误的选择并非因为计拙，仅仅是因为无可奈何。

6

李商隐后来到节度使卢弘正的幕府谋职的时候，在给卢弘正的投书里谈及自己在老家郑州的家境："无文通半顷之田，乏元亮数间之屋。"

文通就是南朝文人江淹。江淹曾经论及隐居生活，说只要有五亩之宅、半顷之田，屋檐上有鸟儿栖息，台阶下有溪水流淌，那么自己甘愿从此隐遁，再也不羡慕世间的浮华。元亮即中国历史上最著名的隐士诗人陶渊明，他在诗中写过自己清贫的田园，说自己有"方宅十余亩，草屋八九间"。

隐居生活被历代文人想象的过于诗情画意：闻的是"荷风送香气"，听的是"竹露滴清响"，吃的是"夏来菰米饭，秋至菊花酒"，可以"临风听暮蝉"，亦能"狂歌五柳前"，没有一点尘世的气息。白天吹花嚼蕊、看书弹琴，若有知音来寻，相对而坐，在藤萝下煮一壶清茗；夜深了，缓缓摇舟，缓缓吟唱，向月光与芦花深处前进……然而，从诗歌回到现实，现实生活中即便是最为简陋寒酸的隐居，至少也要有江文通所想与陶渊明所居的基本物质材料。

初回郑州老家的李商隐，陪着母亲——一个无力经济的妇道人家，陪着幼小的弟妹——手无缚鸡之力的幼童，纵使自己甘愿躬耕劳作，愿意独立撑起家庭，又能做些什么呢？

雪上加霜的是，除此之外，还有一层束缚加在他身上：按照儒家的礼教，他必须为父亲守丧三年（实际多是两年零一个月，只要时间跨到第三年就算满三年之数），守丧期间严禁任何生产性活动。

儒家认为家族伦理是国家伦理的根源，孝道是家族伦理的根源，而丧服制度则是孝道不可或缺的形式。所以儒家最重丧制，各种对丧服制度的礼仪规定以及相关的经典文献可谓连篇累牍，甚至丧礼可以成为专门的学问。所以，对丧礼仪式最细微的疏忽，也会被视为对儒家礼制的根本性背叛。

严格的丧礼仪式少不得要人付出惊人的时间、精力与经济成本，而以李商隐一家当时的处境来看，已经连普通农民的境况都不如了。儒家礼制有所谓"刑不上大夫，礼不下庶人"的说法，对庶人阶层不以礼法要求，守丧期间该种地还要种地，该做工还要做工。这个规矩实在是有些人性化的，庶民百姓谋生不易，真要在守丧期间不事生产的话，多数人家其实是无力承受的。但李商隐一家，家道虽然败落，毕竟是自祖宗传下来的书香门第，守丧的规矩就算无力遵行也必须遵行不误。

对这一点的坚持想必应该归功于李商隐的母亲，她不能容许李家这个曾经的名门望族摧折在自己手里。作为妻子与母亲，她的责任不仅是延续李家的香火，也一样要延续李家的诗书之道。

我们不知道这个坚强的女人究竟做了些什么，是如何用她苍白细弱的双手撑起一个风雨飘摇的家，带着家人挨过时光中最艰苦的一段的；我们唯一知道的是，李商隐确实严格地守满了三年之丧，直到完全除掉丧服之后，才开始了他跌宕的谋生之旅。

7

唐人讲究门阀，也看重所谓书香门第，这实在有一个物质上的原因。

今天的孩子，只要肯学，书籍无处不在，价格也极其低廉。除了专业论文需要通过专门的渠道获得，一些珍贵的历史档案需要有专业的资历才能查阅之外，其他任何资料都是不难获得的。

而在唐代，书籍在历代战乱中流失严重，加之印刷术还很不发达，所以就连一些很基本的经史书籍也不是普通人家可以随意置备的。若无书籍，要怎样学习？若不学习，怎能考取功名？书是宝贵的财富、进步的阶梯，此话在当时绝不为虚，因此那些诗礼传家的书香门第往往重视书籍的传承。得来不易的书籍，能够使自家子孙赢在起跑线上，这是平常人家远为不及的优势。

印刷术既不发达，书籍便无法普及，人们保存书籍最主要的途径就是抄写。抄写的份数越多，保存下来的概率也就越大。另外，政府发布的公文也需要抄写多份，分发到各个官僚机构里去。所以，只要你的书法过关，对薪资的期待够低，在唐朝可以轻松谋到一份抄写文书的工作。

唐朝立国伊始，唐太宗便命令魏徵主持抄写四部群书，在这个类似清代《四库全书》的工程的班底里，有二十名校对员和一百名抄写员。直到唐高宗即位，这项浩大的文化工程依然看不到完工的希望。于是在唐高宗显庆年间，实行了一次精简机构的改革，遣散了校对员和抄写员，不让这些人占用政府编制，以雇佣的方式招募民间人士来做抄写和校对，计值酬庸，也就是按照工作量的多寡来支付报酬。

从此之后，唐代社会上以抄书和抄写公文为生的自由职业者多了起来。工作虽然辛苦，待遇虽然微薄，但是，对于那些有一定的文化素养却未曾取得功名，又不甘心做工或种田的人来说，这份工作简直可以说是唯一的选择了。

守丧结束时，李商隐已是十二三岁的光景。满腹诗书与风月的他，自然不会选择做工和种田，顺理成章地找了一份抄写员的工作。除此之外，他还谋了一份兼职：贩舂，具体来说就是买进带壳的谷物，舂成细粮之后再转手卖掉。李商隐后来回忆起这段时光，说那时候"佣书贩舂，日就月将，渐立门构"，贩舂一天天磨炼他的体格与意志，佣书则可在谋生之余扩大阅读，在抄书中读书，在读书中成长。

但是，仅仅靠这样不成体系的自学，将来注定无法博取功名。若不能博取功名，便不能改变命运。不知道此时的李商隐是否对未来怀有什么美好的理想。也许摆脱现状的渴望要大于经邦济民的宏图吧？他需要一位老师，一位虽不失知识分子的清高，但也懂得现实的老师。

幸运的是，他得到了一位很好的老师。

　　但幸或不幸的是，在这位老师的身上，只有清高，没有一丝半点的现实。

　　在成长的关键年龄段里，李商隐幸或不幸地被这样一位老师认认真真地言传身教着。

8

　　士君子居家不仕者称为处士。

　　甘愿以处士身份终老一生的人一般都是些耿介孤高的人，很为人们敬服。

　　但朝廷不喜欢处士，因为在孔子的教导下，"天下有道则见，无道则隐"的观念早已深入人心，所以处士是一个刺眼的标志，社会上的处士越多，就说明天下越是无道，这让皇帝很是难堪。

　　如果甘做处士的人太多，相形之下，那些达官显贵岂不正应了孔子的另一句名言："邦无道，富且贵焉，耻也。"所以处士的存在，也会让那些名利场上的成功者难堪。

　　所以朝廷总是喜欢延揽处士，不管是不是真有合适他们施展才能的职位，也不管他们是不是盛名之下其实难副，总之，只要能将他们通通纳入官僚体制，使他们由"天下无道"的标志变为"天下有道"的标志，不给统治阶层制造不和谐的声音，那就够了。如果处士最终放下清高姿态，穿朝衣、领朝俸，那么朝廷的形象就会得到提升。

　　于是，对于狡黠者来说，做处士竟然可以成为做官的捷径。只要你肯把自己打扮成处士，伪装一种清高，仔细地经营一下自己的名声，吸引中央政府或藩镇的延揽，做官就是指日可待的事情。

　　在唐中宗朝累居要职的名人卢藏用就是一个典范，他为了求官，隐居在长安附近的终南山上，以各种手段为自己散播名声，终于得偿所愿。后来他有一次送别道士司马承祯，指着终南山缅怀自己的处士生活，说"此中大有嘉处"，司马承祯不客气地答道:"在我看来,这座山不过是仕宦的捷径罢了。"卢藏用大有惭色,而这段对话为后人留下了"终南捷径"这个极具讽刺色彩的成语。

世事就是这般反讽,人们以清高对抗庸俗,清高却反过来变成了达至庸俗的工具,所以庄子早就睿智地说:"圣人不死,大盗不止。借重圣人本是为了治理天下,反而是大盗得益最多。制造斗斛来量,却连斗斛也窃取了;制造权衡来称,却连权衡也窃取了;制造印章来取信,却连印章也窃取了;推行仁义来矫正社会,却连仁义也窃取了。"

在这样的世道里,纵然是一位真正耿介孤高的人,想做一名真正的处士也不容易。所以,当武宁军节度使、以统管骄兵悍将名闻天下的王智兴礼聘荥阳李处士出山入幕的时候,并未料到自己会遭受对方拒绝;他更未料到的是,这拒绝居然很带羞辱性。

9

荥阳李处士,后世不传其名。他是荥阳当地的一位传奇人物,十八岁便通晓儒家五经,通过明经科的考试,还进入太学读书深造。这个时候,父亲忽然患病,李处士便放弃学业,回老家照顾父亲的生活起居,而父亲这一病就是二十多年。

父亲去世之后,李处士绝意功名,只是在家治学,钻研儒家五经。而愈见离奇的是,在写成著作之后,李处士不肯拿给任何人看,仅仅选出其中一些浅显的内容来教育李氏宗族的子弟。著述与教育之暇,李处士也会像大多数文人一样撰文写诗,只是他的文章与诗歌莫不是词古义奥,与时下流行的雕琢辞藻、讲究对偶的骈文与今体诗绝不相合。对于时人来说,李处士是一位被误植入当下时空里的活生生的古人。

李处士书法极佳,但是,正如他不愿意自己的著作流传于世一样,他也不喜欢让世人见到他的书法。就连写信，他都会口授内容，请别人代笔。有一次他为父亲祈求冥福，抄写佛经，请人镌于石板。后来摹写的人太多，他不耐烦起来，便将石板运入佛寺，移入古代的碑林里，无人再能辨识。

当武宁军节度使王智兴慕名礼聘李处士时，后者的回答是"从公非难，但事人匪易"，然后长揖不拜，拂衣而归。

李处士这个简洁的答复实是对王智兴不留情面的讥刺。王智兴行伍出身，本在节度使崔群帐下听用，后来借一次率兵平叛之机收买军心、屠戮异己，成功地逐走了老上级崔群。朝廷对此无能为力，只好认可了这个既成事实，将原属崔群的职位转授王智兴。这段史事，正是孔子最为切齿的所谓"君不君，臣不臣"的政治乱象。李处士的言下之意是：你王智兴居然想要我侍奉你，请你回想一下，你当初是怎么侍奉崔群的？我们不难想象王智兴听闻此言的愤怒与难堪，更不难想象李处士的拒绝需要多大的勇气。

曾有友人读至这段故实，之后大生感慨，说李处士不明智，若实在不愿出仕，只轻轻推辞便罢，何必得罪如此显贵？即使冒死直言又如何，难道王智兴还能在聆听直言之后改过自新吗？对友人的感慨我不以为然。是，当时当地李处士的耿介并未带来一丝效用，但我相信，正是这些"无用"的正直，延缓了虚伪、谎言、谄媚、卑鄙的蔓延；我相信，一直正直下去，总能唤醒某些沉睡的良知，总能感动一个什么人，让他也学会正直。

人们都说言传身教，身教的意义远远大于言传。少年李商隐就拜在这位同族叔父李处士的门下学习，学习儒家经典与诗歌文章，同时也在自觉不自觉地学习老师的忠直、朴实与理想主义。

少年时期正是塑造一个人一生性格的关键时期，于是，少年李商隐跟着这位同族叔父，养成了一副不肯苟全的兀傲性格，学成了一身不合时宜的诗文本领。

10

每一个王朝都会追求意识形态的统一，任何统治者都不爱百家争鸣的局面，所以明代的八股取士，清代的文字狱以及编修《四库全书》，并非什么标新立异的做法，只不过是把这种亘古相传的政治理念贯彻到极致罢了。

大唐王朝也在统一意识形态：一方面官修《五经正义》，为儒家经典确立标准的阐释，为科举考试确立标准的儒学教材；另一方面不许百姓擅立私学，在家自学的儒生需要获得州郡的保荐才能进京参加科考。

知晓了这个背景，我们就会懂得为什么李处士在家钻研儒学五经，明明有心得、有著述，却偏偏秘不示人，这不仅因为他刻意远避名利，实在也是出于自保的考虑不得已而为之。若自己的著述与主流意识形态相左，难免会招来祸事，所以把著述藏起来更安全。

李处士是一位标准的民间学者，治学仅仅出于个人兴趣，并不在意自己的见解与官方的标准阐释是否相悖。他拿自己的学术来教育宗族子弟，宗族子弟却未必与老师一样只为了兴趣而读书。

至少李商隐读书不是为了兴趣，至少不仅仅是为了兴趣。

因为父亲的早逝，他的家庭骤然由中产沦为赤贫，而改变命运的唯一途径就是科举。如果自己读书无成，将来通不过科举考试，非但自己一辈子只能做佣书贩春的贱役，家庭的累世书香与士人清誉也将彻底断送在自己手里。

于是，少年李商隐怀着一颗不得不功利的心跟着这位与功利彻底绝缘的老师潜心学习。那时候，他尚无力辨别，老师所传授的内容与科举考试所规定的内容之间究竟有多大差异。对李商隐的成人生涯尤其重要的是：当"苟且"成为这个社会里位列第一的生存技能时，老师偏偏教会了他耿介和清高。

11

唐代儒学考试的科目是九部儒家经典，按照重要性的不同分为大经、中经、小经三等：《礼记》《左传》为大经，《诗经》《周礼》《仪礼》为中经，《易经》《尚书》《公羊传》《穀梁传》为小经。考生至少要精通一门大经和一门小经，此外还要兼通《论语》和《孝经》。

另外，唐朝皇帝自神其姓，说自己是老子的后人，于是尊崇老子，以道教为国教，还把《老子》《庄子》也列入了科举考试的范畴。《红楼梦》写贾宝玉和薛宝钗成婚之后，宝钗有一次见宝玉读《庄子》读得出神，不禁心头烦闷，责怪他不肯用功准备科举，两人狠狠地拌了一次嘴。设若宝玉生活在唐朝，兴趣和功名之间或许就没有那么大的反差了。

在唐朝的科举用书里，《左传》是儒学重镇，《庄子》是道学重镇。这两部书虽然卷帙最繁，但论起情节之跌宕、文采之斑斓、哲理之通透，均远在诸经之上。所以资质驽钝的人往往会硬啃《礼记》《仪礼》之类虽然枯燥至极却相对易于掌握的典籍，聪慧而具有文学天赋的人则会不自觉地被《左传》和《庄子》迷住。李商隐就是后一类学生，在他后来的诗歌文章里，《左传》和《庄子》的典故用得真可谓得心应手、左右逢源。

然而凡事有一利必有一弊，为了顺利通过科举考试，士子们一方面要精通《左传》和《庄子》，一方面又要努力使自己不太受这两部书的行文风格的影响。

在唐朝人看来，《左传》和《庄子》的文风属于"古文"，是一种完全散文化的文章，古奥朴拙，松散恣意；而当时流行的文章是骈文，行文就像写格律诗一样，每一句都有固定的字数要求，相邻的两句还要构成精致的对仗。

骈文是从六朝时期开始流行起来的，因为辞藻华美、音律铿锵，很受时人的喜爱，以至于就连政府文书、法律判决也要用骈文来写。原本枯燥干瘪的公文，在六朝及唐代却是字字珠玑，美学价值比实用价值还高。闭目遥想，彼时政府的文档里，皆是类似"渔舟唱晚，响穷彭蠡之滨；雁阵惊寒，声断衡阳之浦""锦水丹鳞，素书稀远；玉山青鸟，仙使难通"之类流光溢彩的句子，多么美丽。

今天的古文教育里已经很少有骈文的身影了，而在唐代，几乎清一色都是骈文的天下，古文鲜有用武之地。作为"唐宋八大家"之首的韩愈开创的古文运动就是逆潮流而动，提倡古文而反对骈文的。而所谓"唐宋八大家"，并不是指唐宋两代中文章最好的八个人，而是指当时写古文写得最好的八个人，而古文在唐代其实属于"小众文体"。

韩愈首倡以古文对抗骈文，理由是骈文容易使人对文章的形式美倾注过多的精力，以至于牺牲内容以迎合形式。譬如，你想写一首七言律诗来抒情，某句话你必须用八个字才能说清，但严格的形式使你无论如何都要删掉一个字才行，意思就被损害了；再譬如，你明明写到迤逦的绿水已觉意尽，已觉恰到好处，但对仗的规矩要求你必须连带着把峻峭的青山也写了，意思同样也被损害了。

少年李商隐沉迷于《左传》和《庄子》之中，同时深爱韩愈的文章，而他的老师李处士恰恰又是古文运动的忠实拥趸，毕生只写古文，不沾骈体。自然而然地，李商隐爱古文远甚于爱骈文。文学天赋极高的他，仅用几年时间，便写得一手出色的古文。多年之后，他在为自己的文集作序时回忆少年往事，还喜滋滋地说起自己在十六岁那年就写成了《才论》和《圣论》，以古文造诣受到长辈们的赏识。

《才论》和《圣论》今已不传，李商隐的古文才华我们如今只能在极有限的几篇文章里领略一二。《柳枝诗序》就是其中之一，记述了诗人年轻时和洛阳少女柳枝传奇般相遇而又痛失的故事，文字颇有几分韩愈的神髓。

遗憾的是，朴拙大气的古文在李商隐一生的写作中只如昙花之一现、惊鸿之一瞥，如今我们在厚厚几大册的李商隐文集里只看到连篇累牍的骈文。成年之后的他，必须背弃自己早年的教育与喜好，改弦更张写骈文以谋求生存，一如浑金璞玉被雕琢、被打磨，被世俗的铅华肆意沾染。

他毕竟天资过人，从古文天才蜕变为骈文名家，这之间并不曾花费太多的时间。但是，当我们今天读着他的文集，那骈文写得越好，越发感到那蜕变背后的隐隐悲凉。

12

子曰："质胜文则野，文胜质则史。文质彬彬，然后君子。"

华采和质实，是一对相反的概念。要做一个合格的君子，就必须在这两者之间取得某种微妙的平衡。就文章而论，形式之美不可以压过内容之美，反之亦然。这就像一个人的穿衣打扮，既不可以不修边幅，也不可以让衣服压过人——很多人都在这两类偏颇中非此即彼，后者的情形显然比前者要多。古往今来，莫不如是。

整个唐代，不仅华美的骈文压倒了质朴的古文，华美的今体诗同样压倒了质朴的古体诗。

所谓今体诗，顾名思义就是新诗，对唐人而言的新诗。在诗歌史上，唐朝是一个至关重要的转捩点，汉魏时代的那种粗手大脚的诗歌形式被格律谨严、对仗工巧、音色经过细腻雕琢的新的诗歌形式彻底压倒。这个转变是从初唐便开始的，所谓"初唐四杰"的诗歌成就，并不在于他们真的把诗歌写得多好，而在于今体诗是在他们手上奠定了自己的地位，使有唐一代的诗歌大势从他们所打开的门径里一泻千里。

杜甫在《戏为六绝句》里说："王杨卢骆当时体，轻薄为文哂未休。尔曹身与名俱灭，不废江河万古流。"王杨卢骆所写的"当时体"一度遭受过轻薄之讥，杜甫之所以会为他们鸣不平，是因为杜甫本人就是写今体诗的大师，对今体诗的初期遭遇特别理解和同情。

而在唐诗的两大宗师巨擘里，李白一生都在写古体诗，只是偶尔才写一下今体诗。正是两位大诗人截然不同的性格、脾气造就了彼此的不同选择：写古体诗不受什么束缚，所以才有"李白斗酒诗百篇"，只要兴之所至，诗句就可以信手拈来，一泻千里；写今体诗正如闻一多所谓是"戴着镣铐跳舞"，所以杜甫写诗是"为人性僻耽佳句，语不惊人死不休"，诗句是慢慢打磨、锤炼出来的。

古体诗偏于"质"（内容），今体诗偏于"文"（形式）。古体诗虽然音律不够铿锵，辞采不够华美，但独有一种古朴浑拙之美，与上古风格也最接近。所以在古代文人眼里，单以诗歌风格的高下而论，总觉得古体诗毕竟胜今体诗一筹。我们看《唐诗三百首》的编辑体例，古体诗就是排在今体诗之前的。

所以，即便在唐代，即便在今体诗最流行的时期，也有一些人顽固地守卫着古体诗的世界，追求遗世独立的高古之风。不难想见，李处士就是这样的一个人。他不仅在文章上只写古文而不写骈文，写诗也是只写古体而拒绝今体。因此，李商隐最早接触到的诗歌教育，亦是以高古之风为贵的。

在所有的古体诗里，李商隐最爱鬼才李贺的作品。李贺的诗写得光怪陆离，带着三分仙气、七分鬼气，就是没有一点人间烟火气。李商隐早年的诗里，譬如本书楔子里介绍过的《燕台四首》，就很有一点李贺的味道。但是，李商隐毕竟是一个渴望入世亦必须入世的人，而为了入世，他就必须改变自我以迎合主流的社会风尚。他必须忘记古体诗，必须投身于今体诗的世界里，用流行的腔调和他必须去交往的人相交往。

他成功地改变了自己。今天，在他传世的所有诗作里，最为脍炙人口的那些篇章，清一色全是今体。

13

诗歌在今天仅仅是一种文学性语言，而在唐代，它还是一种重要的功能性语言。

是的，进士科的考试要考诗歌，士大夫阶层的人际交往需要诗歌酬唱，在长官安排的酒筵上也需要有诗歌来助兴，帝国出现了祥瑞更需要有诗歌来歌功颂德。尤其在人际交往的环节上，诗歌堪称最理想的婉语，诸如请托、投靠、拒绝……所有不方便直接说出口的话语都可以在诗歌的包装下变猥琐为优雅，变唐突为妥善。

所以，只要你有入世之心，诗歌技巧就必须好好掌握。诗歌不再是私人趣味，而成为公共语言当中的一环。诗歌既然属于公共语言，自然需要迎合公共的风尚。这，就是李商隐必须弃古体诗而改写今体诗的原因。

李商隐不是李白，他没有李白那种可以恃才傲物、睥睨天下的经济资本，更缺乏与之相应的脾气性格。他只能谨小慎微地，在底层世界的泥泞里踮起脚，辛苦地向上张望，希望能一点点地挤回李氏门庭曾经属于过的那个阶层。

他的一生，的确都在这样艰难地努力着。但是，任他如何练习妥协，任他如何了解背叛，童年与少年时养成的性格终归是骨血里的东西。正如一个人纵使一辈子都在矮檐下行走，他的脊椎与颈椎也永远不会失去挺拔的天性。对于李商隐来说，在自己还没有成长到学会选择与防御的年龄时，老师李处士那孤高耿介、遗世独立的气质，以及一生不弃的理想主义，已经潜移默化地塑造了自己。

而李商隐将来的悲剧就在于，他必须以一个出世的灵魂，去做一个入世的人。

14

古人的婚姻必须有父母之命、媒妁之言，这个规矩是绝对不能松动的。因为这正是人之所以区别于禽兽的地方：禽兽完全遵循天性行事，而人类懂得道德廉耻，懂得以礼自防。

所以，自由恋爱在古人看来实在是一种无耻的行径。司马相如以琴声撩拨卓文君的芳心，完成了一场轰轰烈烈的私奔之旅，这种事情只有今人会为之赞叹，并口口声声大呼浪漫；在古人看来，司马相如和卓文君堪称寡廉鲜耻、伤风败俗。

白居易曾写过一首《井底引银瓶》，流传甚广。白先生坦言写作此诗的目的就是为了"止淫奔也"，全篇以私奔女的视角写就，诗末痛心疾首道："岂无父母在高堂，亦有亲情满故乡。潜来更不通消息，今日悲羞归不得。为君一日恩，误妾百年身。寄言痴小人家女，慎勿将身轻许人。"翻译过来就是：家乡父母健在，亲情满满，这样温馨的家我却回不去了，因为曾经私奔，即使我现在无处可去，我又怎有颜面回家去？就因为你一时的欢情，我一辈子都给耽误了。痴情的小女子们，且谨慎些吧，不要轻易以身相许、随人私奔。这首诗充分证明，时人对自由恋爱并不那么赞许。

在古代，如果你深深爱上了一个女人，如果你不可救药地想要追求这个女人，你一定要征求父母的批准，然后由父母出面委派媒人，由媒人撮合你们的婚事。因为在求婚的时候，你总要讲出自己有哪些好处，但自己总不方便自夸；父母夸自己的儿子也不可取，至少对于外人来说是毫无说服力的；只有媒人，有着中立的立场，可以无所顾忌地大讲你的诸般好处，这些话如果你有机会亲耳听到，一定会觉得无地自容。

所以，提亲之类的事情你切切不可亲自出面、亲力亲为。若你真的这么做了，就会被人讥为"自媒"，顾名思义，就是自己为自己做媒。

孟子讲过：男人天生就需要女人，女人天生也需要男人，但如果只顾着遵循天性，不待父母之命、媒妁之言就私定终身、逾墙相从，那么父母和国人都会轻贱他们。同理，古代的君子都有急切的出仕之心，但再急也会遵循正道来求仕，如果求仕却不由其道，那就和男女私定终身一样了，会被所有人看不起的。

所以，在传统的儒家观念里，求婚的"自媒"和求仕的"自媒"都是同样性质的事情，同样卑劣，同样有失尊严。只有当你希望能在某位老师门下学习的时候，你才可以"自媒"，即亲自拜访老师——这是一种放低姿态、自我贬损的表示，而不可以派人去请老师过来教你。《礼记》所谓"礼闻来学，不闻往教"，说的就是这个规矩。

在婚姻和仕宦的问题上，自媒其实需要很大的勇气和极佳的心理素质，自尊心稍强的人就做不来这些事情。然而，唐代在中国历史上实在有点特殊，它虽然一般无二地秉持着儒家传统，但帝国上下总是洋溢着一股进取的力量，越是个性张扬、不惮于自我推销的人，在这个时代里越吃得开。而所谓个性张扬，所谓自我推销，归根结底都是自媒。

唐代的著名诗人里不乏自媒的高手。李白向韩朝宗自我推荐，吹捧对方说"制作侔神明，德行动天地，笔参造化，学究天人"，夸赞自己说"虽长不满七尺，而心雄万夫；王公大人，许与气义"，在今天看来实属肉麻至极。杜甫到长安求仕，不断写诗投赠王公显贵，甚至在诗中还拜托京兆尹鲜于仲通帮自己走通巨奸杨国忠的门路，一天天过着"朝扣富儿门，暮随肥马尘"的日子。

之所以这种"斯文扫地"的事情会成为有唐一代的风气，在很大程度上是因为唐代干谒者不认为干谒是在谋求一己私利，他们认为，他们是为了避免国家流失人才，才主动跳出来振臂高呼"我是人才，我能让唐帝国发展提速，请快些重用我"的。杜甫在献给韦左丞的干谒诗中就明确地表达了"自谓颇挺出，立登要路津。致君尧舜上，再使风俗淳"；张楚的自信不输杜甫，他说"至如高班要津，听望已久，小郡偏州，常才为之"。将两位大诗人的话大致翻译成现代文，杜甫说的是"我才华出众，所以一定要做官，这样才能辅佐君王，重现尧舜时代的美好生活"，张楚说的是"我的聪明才干，必须在关键职位上发挥作用，那些小郡偏州的芝麻小官，让普通人去做吧"。干谒者之所以干谒，是因为他们笃定自己能为唐王朝添砖加瓦；如果他们有才干却不能身居要职，这是帝国的巨大损失。

所以唐才子们奔走八方，告诉许多人，自己有多么优秀；他们将自己的才华展现给那些有力量与资源的人，希求通过那些力量与资源，闻达于天下，做出一番事业。在这种风气的影响下，唐代的科举考试并不以一次考试成绩来论英雄。一名士子是否能够中举，主要并不取决于当次考试的成绩，而取决于他在考试之前是否做好了行卷工作。

所谓行卷，就是在进士科考试之前，应试的举子们精心挑选代表自己最高水准的作品，递呈给社会上有名望、有地位的人，以求这些贵人向主考官推荐自己，或者提高自己在文坛上的声誉。唐代的科举考试采取"实名制"，也就是说，考卷不糊名，哪张卷子属于哪个举子一目了然。主考官评阅试卷之外，自然而然还会参考举子在文坛上的名声以及其他作品，甚至说参考都不准确——考场外的名声与作品，决定着考场内的胜负。而考场外的名声与作品，靠行卷来提供。

所以，夸张一点来说，科举考试是否成功，士子是否擅长自媒实在是第一要因。而少年李商隐所接受的学术训练与人格培养，都使他疏离于唐代的主流社会，这使他在将来的成年世界里对自媒行径充满鄙夷。

于是，世界对他也投以同样的鄙夷，将来他在科举中会一次次败给那些擅长自媒的竞争者——资源总是过度稀缺的，纵然你全力以赴地去争夺，也未必能得到自己的一份，更何况你甘愿被各种道德锁链缚住手脚呢。

不知道李商隐是否为自己的坚守或不得不坚守而后悔过。他那首著名的

《常娥》似乎蕴含着非常耐人寻味的情绪：

> 云母屏风烛影深，长河渐落晓星沉。
> 常娥应悔偷灵药，碧海青天夜夜心。

当银河渐渐隐没，群星在又一度的曙光中又一度沉入海底的时候，在高寒的月宫里，烛光深深地在云母屏风上镌刻下嫦娥孤寂的影子。此时的她，是否懊悔当初的选择呢？抛弃繁华纷扰的人世，她获得了永生。世间沧海桑田，今年花落颜色改，明年花开复谁在？她却拥有一张不老的脸，任它一千年一万年。但凡事皆有代价，嫦娥付出的代价就是——在凡人高不可攀的天堂，自己是自己唯一的伴，固守一片孤寒。想来多么寂寞：自己永恒的青春与笑靥，无人欣赏或钦羡。即使皮囊始终如一地光鲜，但灵魂最终凋敝，不复在凡间时的丰美鲜艳。

李商隐应当有过疑惑，亦有过动摇的时刻，但是，正如嫦娥一偷灵药便从此寂守广寒，他那少年的心志一旦塑成，终生都不可能改变。他并非一个拒绝妥协的人，只是不肯把底线也一并妥协出去。

没错，他可以弃古文而为骈文，可以弃古体诗而为今体诗，但妥协并不意味着没有底线。自媒，就是他一生中无论如何都跨越不过去的障碍。

李商隐后来在一篇祭文里谈及自己的性情："不忮不求，道诚有在；自媒自炫，病或未能。"正是这最后的一点坚守，使他在科举与仕途中屡屡碰壁。人生总是在权衡与取舍中度过，君子和小人的区别其实只有一点：前者的权衡总是在底线以上做出来的，后者的权衡从来不问底线。

如果你改变不了世界，就只有改变自己。

如果你不肯改变自己，就必须坦然承受世界对你的遗弃。

全部的人生哲理，其实就这么简单。

【小考据】斐然成章的政府公文

以今天的标准来看，政府公文应该总是刻板枯燥的高头讲章，如果太过讲究文采，反而令人感觉不伦不类，有失体统。然而唐代的观念恰恰相反，骈文是标准的公文文体，一定要写得对偶工整、辞采华丽、用典丰赡才行，即便是法官断案撰写判词也要用这种调调才好。流风所及，直至明清，人们认为正经的公文、判词都应该是骈文写就的才对。

就连话本小说里都是这样编排情节的。《初刻拍案惊奇》有一回《韩秀才乘乱聘娇妻，吴太守怜才主姻簿》，吴太守主审一桩婚姻官司，亲笔写判词道："韩子贫惟四壁，求淑女而未能；金声富累千箱，得才郎而自弃。只缘择婿者原乏知人之鉴，遂使图婚者爰生速讼之奸。程门旧约，两两无凭；韩氏新姻，彰彰可据。百金即为婚具，幼女准属韩生。金声、程元、赵孝，构衅无端，各行杖警。"全篇判词骈四俪六，读来朗朗上口，令人不自觉地就会摇头晃脑起来。

凡心不泯的修真岁月

第三章

碧城十二曲阑干，犀辟尘埃玉辟寒。

阆苑有书多附鹤，女床无树不栖鸾。

星沉海底当窗见，雨过河源隔座看。

若是晓珠明又定，一生长对水晶盘。

1

唐高祖武德三年（620年），天下未定，尤其是王世充势力正盛，是摆在唐军面前的一块难啃的硬骨头。就在这个当口，突然有一个名叫吉善行的樵夫辗转向皇帝奏报，说自己在浮山县的羊角山上砍柴时，见到一位骑白马、着素衣的老人，自称是皇帝的祖先太上老君。太上老君请樵夫转告皇帝，说今年可平王世充，此战之后就可以定鼎中原、长保天下。

太上老君的预言当然是会成真的。于是，唐高祖李渊改浮山县为神山县，改羊角山为神角山，在山上营建道观，题名兴唐观，观内塑太上老君像，还封吉善行为朝散大夫，赐御袍、束帛，让他主持宗祠祭祀。从此以后，李唐皇室自认为是老子后裔，崇道教为国教。

李唐皇室尊奉道教，原本不过是利用道教巩固政权而已，殊不料当道教真的勃兴起来，皇室却抵挡不住那些辟谷修仙、灵丹祛病的诱惑，以至于一代代皇帝接连被道士的金丹毒死，甚至连英明神武的唐太宗也不例外。

及至武则天变唐为周，为了和李唐撇清关系，树立自己的威信，开始推尊佛教，贬抑道教，道教的声势这才为之一挫。但是等到李唐复兴，唐玄宗为了和武周撇清关系，再度推尊道教，贬抑佛教，甚至变本加厉地尊崇老子为"圣祖大道玄元皇帝"，称其为李姓皇族的大圣祖，再将长安的玄元皇帝庙改称太清宫，将洛阳的玄元皇帝庙改称太微宫，将地方州县的玄元皇帝庙统改称紫极宫。从此以后，"宫"从帝王居所的专用称谓，变成了道教殿宇也可以享用的名号，这个至尊无上的政治待遇是佛教始终不曾享受的。

唐代是佛教与道教争奇斗艳的年代，道教之所以占上风，除了政治优势之外，还因为道教比佛教更为务实。

佛教力图通过修行使人摆脱生死轮回之苦，但六道轮回究竟是不是真的，修行之后是否真能获得解脱，这些令人头晕目眩的说法至少在今生今世是无法检验的；而道教的符箓祛邪、丹砂续命、白日飞仙等，都是让人看得见、摸得着的，道士的神通法术也并不介意展现在世人面前。高明的道士从来不讲什么"信则灵"或者"先信后理解"，恰恰相反，他们任凭那些心存疑虑的人前来试探自己。

譬如张果，也就是八仙传说中的张果老，就是这样的一位高人。他曾被唐玄宗邀请到皇宫小住，这位唐玄宗虽然推尊道教，但绝非什么愚夫愚妇。即位之初，唐玄宗不仅认真钻研道教理论，还多方探访神仙丹药传闻的真伪，因此渐渐生出了怀疑。于是他决定趁着近水楼台之机，试探试探张果是否真的有传说中的神仙道行。

2

玄宗身边有一位名叫邢和璞的占卜奇人，善算人而知夭寿善恶，玄宗令他占算张果，他却茫茫然连张果的年纪都推算不出。还有一位奇人叫师夜光，善视鬼，玄宗安排他和张果坐在一起，令他检视张果，师夜光却茫然反问道："张果安在？"玄宗听说饮奇苦堇汁而不觉苦的人才是真正的奇士，于是就以堇汁宴请张果。张果连饮三卮，醺然如醉，只说了一句"非佳酒也"就去睡了。醒来之后，张果取来镜子，看到牙齿全变成了焦黑色，便命左右取铁如意来，将牙齿尽数敲下，藏入衣带。然后，张果从怀中取出一种微红色的仙药，敷在牙龈上，等再次睡醒之后，竟然重新长出了两排牙齿，粲然洁白，玄宗这才信以为真。

这些事并非野史怪谈，而是被正正经经记载在官修正史《旧唐书》里。至于这究竟说明了张果真的身怀神仙之术，还是只说明了有这样一个诈骗团伙合谋诓骗玄宗，又或者同道中人在关键时刻总会有些心照不宣的关照，我们就不得而知了。无论如何，玄宗开始真诚地信奉道教，而流风所及，上至皇族贵戚，下至庶民百姓，对道教的狂热一发而不可收。

表达真诚有很多种方式，其中最被世人认可的方式就是献身。

如果你肯为爱侣献身，说明你的爱是绝对的真爱；如果你肯为信仰献身，说明你的信仰再无半点虚假和狐疑。如果你真的信仰道教，那么出家入道就是再合情理不过的选择。如果李唐皇室真的推尊道教，那么尽管皇帝不便出家，皇室成员总该为世人做一点真诚的表率吧？

所以唐代常有出家入道的公主，最著名的就是唐玄宗的同母妹妹金仙公主和玉真公主。玉真公主甚至曾想嫁给张果，唐玄宗也同意了这桩婚事，无奈张果执意拒绝，玄宗最终也没有逼婚。当然，玉真公主并非对张果动了任何男女之情，而是由衷地向道心切，她真诚地想把一生都奉献给道教，从青春到迟暮，无怨无悔。

所以，玉真公主要离开富丽堂皇的帝王宫殿，到山中寻觅一处可以潜心修道的所在。

3

道教的修为不像佛教那么虚无缥缈，而是人们在今生今世就有机会目睹之、检验之。灵丹妙药的确治好了一些疑难杂症，符箓咒水的确也起到过扶正祛邪之功。当然，这一切也许只是今天所谓的安慰剂效应，但古人真的相信。然而像白日飞升这样的奇迹，道教修行的终极目标，难道也被人证实过吗？

唐德宗贞元十年（794年），节度使韦皋上奏朝廷，说自己治下有女道士谢自然白日飞升，成仙而去。后来朝廷下诏褒奖，封谢自然为东极真人。

这件奇事在当时传布极广，韩愈写诗述其事，说那一天谢自然"须臾自轻举，飘若风中烟"，就这么冉冉升仙而去，引起万人惊叹。韩愈一生以捍卫儒学、排斥佛老而闻名，但就连这样一位坚定的唯物主义者，也只是批评谢自然"噫乎彼寒女，永托异物群"（也就是说她不肯好好做人，偏要变为异物），却一点都没有怀疑这件事的真实性和可靠程度。

谢自然能够白日飞升，唐人觉得并不稀奇，因为名师出高徒，谢自然的老师是大名鼎鼎的司马承祯。

有唐一代，最耀眼的道士无疑是司马承祯。

司马承祯乃茅山宗第四代传人，风头之劲无人能及，连李白都是他的再传弟子，毕生都以年轻时受过师公的奖掖为荣。唐玄宗对司马承祯备极恩宠，许他到王屋山自选形胜之地筑坛定居。司马承祯的定居之所后来被道教称为小有清虚之天，为道教十大洞天之首。后来玉真公主追随司马承祯，将自己的清修之地选在了王屋山的支脉玉阳山上。

王屋山和玉阳山相隔甚近，两山和东都洛阳的距离也不很远，兼之司马承祯和玉真公主地位尊崇，所以两山虽是清修之地，但仍然可以对朝廷发生一些影响。譬如李白，他真的入过道籍，之所以能够进入翰林院，就是因为走了玉真公主的关系。所以，对于热衷功名的士子来说，修道不失为一种铺设人脉的手段，至少在尊崇道教的唐代，有一段修道经历可以使自己的简历光鲜动人一些。

4

大人物的一举一动总会牵连广远，公主修道当然不会只是她一个人的事情。

公主修道，是举国震动的大事件，除了要大兴土木营建宫观之外，更要有大批宫女随侍左右，而这些宫女无论情愿与否，都无力拒绝追随公主入道的殊荣。当玉真公主以高龄仙去之后，"大历十才子"之一的卢纶有一次经过她留下的道观影殿，写诗记录当时的场景说："夕照临窗起暗尘，青松绕殿不知春。君看白发诵经者，半是宫中歌舞人。"几十年前在皇宫里轻歌曼舞的女子们，就在这清修之地消磨掉大好青春，不知道诵经炼丹的生活是否让她们彻底丧失了对爱情和家庭生活的渴望，亦不知她们当中究竟有谁终于修成了神仙？

诗人张籍有一次也从玉真公主的道观外走过，他似乎对观内的女冠们产生了某种兴趣，但最终感慨说："院中仙女修香火，不许闲人入看花。"其实，这只是诗人的矜持与自制，女冠们的心中未必真的不许。

有唐一代不断有公主入道，而随着公主进入道观的，有菱花镜、鸳鸯锦，有螺子黛、苏合香，有双蝶发钗、白玉梳背，还有飞扬的青春与生活热情。道观渐渐成为奢华而风雅的场所，清规戒律终归敌不过青春的躁动。于是，从盛唐至晚唐，道冠和女冠的形象在世人心中渐渐地复杂、暧昧起来。

5

唐代士子为了温习举业，总喜欢去寻某个与世隔绝、清净平和的所在，道观完全符合他们的要求。他们走进道观的目的也不尽是温习举业，有时也会诵经修仙——或者出于真诚，或者仅仅为了打通某种人脉。

少年李商隐一边佣书贩舂，一边跟随李处士学习五经，转眼间已经有几个年头了。经过多年努力，此时，他有了一些积蓄，可以暂时甩开生计，专心准备应举了。

这大概是太和初年的事情，不知道究竟怀着怎样的打算，已是十六七岁的李商隐只身走进了玉阳山，觅一处道观住了下来，半是温书，半是修仙。玉阳山的道观是一片规模宏大的建筑群，当年为玉真公主所建。此时，男道士与女道士分馆而居，各自修炼神仙秘术，在诵经之余偷偷地渴慕着墙外的彼此。禁欲色彩和浪漫色彩就这么半明半暗地混搭在一起，给整座玉阳山笼上了一种怪诞的气氛。

很多人猜测，李商隐在玉阳山上发生过某种无法避免的爱情故事。为了证实这些故事，他们不辞辛苦地在李商隐女冠题材的诗歌里搜索着蛛丝马迹。然而事实上，并没有任何一条线索可以向我们证明李商隐和女冠的爱情，所有绘声绘色的传说都只是不负责任的猜测罢了。但是，李商隐在玉阳山那段为时不短的生活，确实不失为他一生中极重要的、燃烧着梦幻华彩的一环。

6

大道谅无外，会越自登真。丹元子何索，在己莫问邻。

蒨璨玉琳华，翱翔九真君。戏掷万里火，聊召六甲旬。

瑶简被灵诰，持符开七门。金铃摄群魔，绛节何兟兟。

吟弄东海若，笑倚扶桑春。三山诚迥视，九州扬一尘。

我本玄元胄，禀华由上津。中迷鬼道乐，沉为下土民。

托质属太阴，炼形复为人。誓将覆宫泽，安此真与神。

龟山有慰荐，南真为弥纶。玉管会玄圃，火枣承天姻。

科车遏故气，侍香传灵氛。飘飘被青霓，婀娜佩紫纹。

林洞何其微，下仙不与群。丹泥因未控，万劫犹逡巡。

荆芜既以薙，舟壑永无湮。相期保妙命，腾景侍帝宸。

　　　　　　　　——李商隐《戊辰会静中出贻同志二十韵》

　　这首诗题为《戊辰会静中出贻同志二十韵》，无论是诗题还是内容，普通人都是完全看不懂的。不只是今天的普通人，即便是唐代精熟举业的士子们，能看懂这首诗的人也不是很多。原因无他，这首诗如同一篇专业性很强的学术论文，只有业内同行才能欣赏。这些业内同行，也就是诗题中所谓的同志，即玉阳山上志同道合的修道伙伴。

　　道教将正月初七、七月初七、十月初五这三天称为三会日，每当其日，道观里的三大长老要对观内的所有修道者考核功过，修道者则要行斋戒、受符箓，还要入静朝礼。如果三会日恰逢道教忌讳的戊辰、戊戌、戊寅，那么朝礼的仪式就会免去。

　　李商隐写这首诗的时候，正是三会日遇到了戊辰日，所以只入静而不朝礼。李商隐在入静结束之后神清气爽，恍惚中颇有登仙之想，所以写了这首诗与同道共勉，这便是诗题中"戊辰会静中出贻同志"一语的来由。

　　这首诗通篇充满了道典掌故和道教修真的专业术语，说明李商隐对修道确实下过一番不小的功夫。而真诚的修道者一定会讥讽李商隐买椟还珠，因为他在通晓了无数的道教要典之后，竟然仅仅汲取了其中的传奇、辞章与浪漫奇幻的文学风骨，打造出专属于他的凄迷梦幻的诗风，却在思想上变成了一个彻头彻尾的怀疑论者，泯灭了对炼丹和修仙的信仰和信心。

　　这也难怪，李商隐毕竟不是一个修道的坯子。修道的人必须忘情，而李商隐偏偏最是深情。《世说新语》有一则著名的掌故，是说"竹林七贤"之一的王戎恰逢丧子，悲痛到了无法自制的地步。山简见状出言安慰道："不过死个小孩子，何至于伤心成这样！"王戎说："圣人能够忘情，下等人没有感情，情之所钟，正在我辈。"山简认为这话很在理，便也跟着悲伤起来。

山简试图成为忘情的圣人，但被王戎一番话说动，便甘心做回了被情感左右的凡人。然而修道总该忘情，正如《列子》里一则故事讲的：魏国有一个叫东门吴的人，儿子死了却不难过。相国非常不解："您对儿子的爱堪称天下第一，如今儿子死了，您却一点都不难过，这是为什么呢？"东门吴说："以前我没有儿子的时候没觉得难过，如今儿子死了，岂不是和当初没儿子的时候一样吗，我有什么可难过的！"

如果我们可以理解这个道理的话，那么，人的生死岂不也是一样的吗？《庄子》讲，人在降生之前既无生机，亦无形体，死后则生机消亡、形体毁散，不就是像春去秋来、季节更替一样吗？不就是回到未生之前的那个状态吗？这样一想，人又何必留恋生命、畏惧死亡呢？

李商隐后来在为岳父大人撰写的一篇祭文里就提到过《庄子》的这番哲理：哪怕是春去秋来、季节更替，人也会伤春悲秋、感慨莫名，何况是一个人永诀于尘世呢？如果人真的可以达观到忘情的地步，又怎么配成为万物之灵呢？

李商隐是一个天生敏感细腻、情感异常充沛的人，看鱼觉得鱼在微笑，听风觉得风在吟咏，即便只与顽石瓦片相处，亦能生出无限感动；若是遇着春花秋月，简直就要写下连篇情书来……这样的人，不愿忘情，也无法忘情。在玉阳山的那段日子里，他从那个本该忘情而无情的世界里偏偏看到了无限的多情。

中国古代，男人感情丰富常被视作没有出息。《世说新语》将某些夫妻恩爱情意笃深的故事归到"惑溺"一门中，便是这种观点的明证。

而曹雪芹却在《红楼梦》中塑造了古代中国最多情的人物贾宝玉，并由警幻仙子之口，为多情者做了一次振聋发聩的辩护："尘世中多少富贵之家，那些绿窗风月，绣阁烟霞，皆被淫污纨绔与那些流荡女子悉皆玷辱。……世之好淫者，不过悦容貌，喜歌舞，调笑无厌，云雨无时，恨不能尽天下之美女，供我片时之趣兴，此皆皮肤淫滥之蠢物耳。如尔则天分中生成一段痴情，吾辈推之为'意淫'。'意淫'二字，惟心会而不可口传，可神通而不可语达。汝今独得此二字，在闺阁中，固可为良友。"

意思是，世间多少男人跟女人相好，不过是图一时淫欲，心内空荡荡，哪有真挚可言？所以这些人不过是滥淫的蠢物。然贾宝玉不同于他人，他天生有情，正因为他的身心并非由欲望引领，而是由深情厚谊主宰，由此仙子们认为他才是真正的闺阁良友。

贾宝玉对人对事用情之深，令人唏嘘：错过了杏花盛放时的灿烂，他对杏树流泪叹息；下雨了，他顾不得自己头上也没遮挡，倒先提醒小丫头别淋了雨；别人放走了一只风筝，他就将自己手里的风筝也放走，说是怕之前那只风筝孤单，由自己的这只去做伴；就连刘姥姥胡乱编的姑娘在雪地里抽柴火的故事，他也听到心坎里去，直到所有人都忘了这一段，他还赶着追问故事中的姑娘有没有在雪地里冻出病来……彼时人们嫌他"乖僻邪谬"，翻译过来，就是骂他精神病。他却一如既往，对美好的人或事，给予满满的爱。

看贾宝玉的故事，常常想起李商隐来。对人对事的深情，他们是相同的；一腔深情在现实世界碰壁之后的痴心不改，他们也是相同的。

7

李商隐在玉阳山修道的时候，正值十六七岁的年纪。比之修真，道观里的文艺情趣更令他着迷。道教有一种叫作步虚词的歌曲，以华美的修辞和轻灵的旋律吟咏众仙子缥缈轻举之美。步虚词的来历颇为传奇，传说在汉魏年间，曹植曾在鱼山的岩岫之中听到一种极美的诵经声，细细辨认，那声音似乎来自云间，清亮似远谷之流响，令人在飘飘欲仙的陶醉里不自觉地肃然起敬。当声音消失，曹植从恍惚中醒觉过来，立即令妙解音律之人记录曲谱，人间从此便有了神仙之声。曲谱后来传入道教，道士为之填词配器，这就是步虚词，每每用于斋醮，是道教音乐里最迷人的一种。

尤其在中元节的法会上，道观里总会响起《玉京山步虚经》的盛大咏叹，那音调总能攫住少年人多愁善感的心，令人流泪和战栗。

李商隐在玉阳山修道的时候，正值十六七岁的年纪。那应该是爱情萌生的季节，更何况那时候的道观早已不是什么清规森严、戒律苛刻的地方。男道士和女道士总有些见面的机会，那些年纪轻轻的男女道士正如男校和女校的学生一般，彼此或有朦胧的渴慕，或有火热的追求。而在他们所能撞到的种种障碍里，围墙是最不紧要的一个。

虽然没有任何证据表明李商隐在玉阳山上陷入了与女冠的爱情，但是，在他的诗里的确留下了他与她们交往的痕迹。所以我们知道，他当时与宋华阳三姊妹过从甚密，甚至在月色格外诱人的夜晚，他希望能将她们约会出来，当然，也许仅仅是为了赏月。

那首诗题为《月夜重寄宋华阳姊妹》：

偷桃窃药事难兼，十二城中锁彩蟾。

应共三英同夜赏，玉楼仍是水精帘。

诗题所谓"重寄"，说明这不是写给她们的第一首诗。遗憾的是，之前的诗作如今已经散逸无存了，我们也无从得知宋华阳姊妹究竟是什么来历。年少的李商隐也许和我们一样懵懂不知，甚至在他的心里从来就不曾闪现过这个问题。只要有相近的性情和气质，陌生的男女自然会在茫茫人海中彼此相遇。

这难道不正是道教和道家所共同认可的道理吗？正如为琴瑟调弦，《淮南子》说"叩宫宫应，弹角角动"，弹一下这根宫音的弦，另一根宫音的弦也随着颤动；弹一下这根角音的弦，另一根角音的弦也随着颤动。正如音高相同的琴弦，距离越近，彼此感应的力量也就越强。

于是，在这个美丽的月夜，他听到灵魂的琴弦被拨动了。

8

《月夜重寄宋华阳姊妹》，这虽然只是一首短小的七绝，但也是被若干道教掌故装点起来的，颇有几分隐晦和暧昧的味道。

"窃药"是指嫦娥窃食仙药、奔上月宫的故事。"偷桃"则是来自《博物志》里的逸闻：西王母乘坐紫云车来到凡间会见汉武帝，赠给汉武帝五颗仙桃。汉武帝只觉得仙桃甘美异常，不禁想要留下桃核栽培起来，西王母失笑道："这桃子要三千年才结一次果。"说话间，西王母发现东方朔正扒着门缝向内窥探，便指着他对汉武帝说："这个窥牖小儿曾经三次来偷我的桃子。"汉武帝大为诧异，世人这才知道东方朔是神仙下凡。

李商隐以"偷桃"喻指神仙下凡，甘愿过凡尘的日子；以"窃药"喻指凡人修仙，梦想飞升天境。所谓"偷桃窃药事难兼"，是说凡俗的渴慕与修仙的期冀不可兼得，颇与"世间安得双全法，不负如来不负卿"的意思相近。

"十二城"是指天上的宫阙。李商隐的诗里常有"十二"这个数字，注家多不详其解，实则这原本是古代的一个天文概念。古人以岁星（即木星）纪年，岁星每十二年环绕天空一周，每一年所经过的天区称为一"次"，十二"次"构成一周天。所以十二这个数字在古人眼里就有了某种神秘的色彩，周人称之为"天之大数"，所有的礼仪制度在数量上都以十二为上限。例如春秋时期，鲁国和吴国的一次外交谈判里，武力强盛而文明落后的吴国向鲁国索要牛、羊、猪各一百头，鲁国则以周礼为据，认为上等礼物的数量绝对不可以超过十二，否则就是非礼。

于是十二这个数字在传统文化里笼上了一层神圣之光，甚至比"九"还要尊贵。随着礼崩乐坏，秦汉以后，人间帝王以九为尊，神仙世界以十二为贵；皇帝号称九五之尊，天庭则有五城十二楼。"十二"渐渐退出凡尘，成为道教世界里最神圣也最神秘的数字。"十二城"是为天庭，而在诗句的具体语境里则有双关的含义，既指月宫，亦指宋华阳姊妹所居的道观。

传说月亮里有一只蟾蜍。所谓"十二城中锁彩蟾"，字面上是说在这个明月当空的夜晚，只见那只彩蟾被幽闭在月宫里，而我所思念的你们，也被闭锁在高寒的道观里，不能出来和我一起度过这个美丽的夜晚。

下一句诗里，"三英"是指宋华阳姊妹三人。"英"的本义是"花"，这个义项现在已不常用了，一般只有在形容落花的时候我们还会讲"落英缤纷"这个词。诗人渴望与那三位如花的少女一同分享今夜的月色，甚至跑到她们的窗下张望，但无奈"玉楼仍是水精帘"，她们所居的小楼此刻寂静无声，珠帘遮住了窗子，仿佛冷冷地拒绝了诗人的邀约一般。

这也许只是少年男女之间的朦胧情愫，也许真的发生过什么稍稍逾矩的事情，我们只有猜测，对真相完全不得而知。但是，玉阳山的生活确实使少年李商隐看到了一个崭新的世界，这是一个理智与情欲交织的世界，世俗的、情感的、欲念的纠结隐秘地爆发在冰冷的围墙之下、神圣的仪轨之中。

他的诗笔在这个多姿多彩而光怪陆离的世外桃源里被催生出了第一束花朵。他由此而写的几首七律是公认的杰作，不仅如此，他那独特的朦胧、奇幻、凄美、幽怨的再无旁人可以模仿的风格也是在这玉阳山上悄然成型的。

其中最卓越的诗篇，当属《碧城三首》与《银河吹笙》。

9

金人元好问写过一组《论诗》绝句，其中评价李商隐说："诗家总爱西昆好，独恨无人作郑笺。"这两句虽然无奈至极，却也中肯之至，所以最为读者服膺。

人们爱李商隐的诗，爱其凄美迷离，但美则美矣，在美的感受之外却往往读不懂其中的含义。于是寄望有人能像遍注群经的大儒郑玄那般给李商隐的诗歌做出准确的注释，但是注家虽多，却言人人殊，从来都是歧解纷呈、莫衷一是。不过，反过来一想：若是没有这个特点，李诗之美恐怕就要逊色不少了。

如同恋爱，暧昧期最令人魂牵梦萦。因一切都还不确定，所以对方每个行为动作都可做无数不同的解释，害人没日没夜地琢磨思量。因着这不确定，一个微笑，你可以幻想一整出缠绵故事；一句"好久不见"，你可以听出波涛万顷；哪怕对方只是在用餐时擦擦嘴角，你也能在"他在我面前很注意形象"和"他对我还很见外"等各种解释间来回奔突，痛苦又甜蜜。待到彼此确知心意，尘埃落定，该散的散，该聚的聚，暧昧期的挣扎牵挂变成婚恋关系中的鸡毛蒜皮，不复当初的心酸，亦不复当初的美好。

李诗遣词造句的迷离，制造出了诗人与读者之间的暧昧期。他对你似乎有千言万语要说，简简单单一个字也让你反复咀摸，唯恐遗漏了他的悲喜、他的愿望，以及他那永不出口的秘密。

然而，毕竟古人还不知晓朦胧诗的概念，在诗言志的传统里总是固执地想在诗句里为作者的心志求解，且务必要解出唯一的标准答案。

《碧城三首》就是一组含意颇为朦胧的诗，连诗题都令人们费尽猜想，人们仍兴味盎然地做了许多不同的解读。有人说，这只是取诗句的起首二字信笔为题，虽然有题，实为无题；也有人说，碧城就是唐武宗所建的望仙台，全诗不过是讥讽唐武宗的痴迷罢了；而我们认为，所谓碧城是以天庭仙阁喻指道观，而诗句描绘的实是道观里正在发生却不该发生的故事。

> 碧城十二曲阑干，犀辟尘埃玉辟寒。
>
> 阆苑有书多附鹤，女床无树不栖鸾。
>
> 星沉海底当窗见，雨过河源隔座看。
>
> 若是晓珠明又定，一生长对水晶盘。
>
> ——《碧城三首》之一

走进那个远离尘嚣的碧城仙境，沿着曲折的栏杆进入仙人的居所，只见房间里摆着神奇的、可以辟尘的犀角，还有温润的玉石，使这高绝的仙境温暖如人间。——这就是首联"碧城十二曲阑干，犀辟尘埃玉辟寒"告诉我们的全部内容，由外及内，由远及近，室内的奇异物件难免令我们好奇。

犀角与暖玉并非诗人的原创，而是可以在古代文献里寻得的。《述异记》记载过一种神奇的动物，名叫却尘犀，它的角可以辟尘；《岭表录异》称却尘犀的角可以制作女子的发簪，女子戴上之后，头发永远一尘不染。《杜阳杂编》则言之凿凿，说是在唐武宗会昌元年，夫余国进贡了一种玉石，叫作火玉，赤红色，能发出很强的光，若你积一些火玉放到鼎的下边，效果就和点火一样，甚至可以把一只鼎里的冷水烧沸。

在碧城仙境，有两处仙人聚居的地方：一是阆苑，一是女床。阆苑的全称是阆风之苑，传说中西王母的住处。这样看还很陌生，换个说法，即《红楼梦》中唱的"一个是阆苑仙葩，一个是美玉无瑕"中的"阆苑"，林黛玉前世是一棵绛珠草时便生长在这仙风徐来、彩云飘飘的阆苑之中。女床即女床山，《山海经》说这座山上独有一种五彩斑斓的大鸟，模样颇似人间的雉鸡，名为鸾，鸾鸟若现于人间便是天下太平的标志。

李商隐只是以阆苑、女床分别指代男女道观，他说在这个道人清修的世界里，阆苑里的人将书信系在仙鹤的脚上，让它飞到女床山去；而在女床山里，每一棵树上都有鸾凤偷栖，每一处居所里都有恋人在幽会。

恋人们在耳鬓厮磨中度过甜蜜的夜晚，看着窗外仿佛触手可及的群星沉入海底，又有一朵雨云飘走，黄河源头上空的天色微微泛晴。美丽的夜晚就这样无可奈何地结束了，他们又将匆匆分手，一个必须回到阆苑，一个必须独守女床，虽然还有下一个夜晚可以彼此依偎，然而热恋中的离别从来都是度日如年。就这样看着夜幕渐淡，看着草叶上开始有露珠闪动，他们不禁长叹：若是能够长相厮守该有多好，若是每个夜晚都可以这样在那轮团圆的月亮底下团圆该有多好，但是，正如这清晓的露珠不可以永恒不灭，这样的禁恋啊，连第二日的阳光都禁受不起。

日本古代的和歌里有不少名作与李商隐这首诗诗意相似。比如藤原道信的"破晓须分手，别君切切悲。明知夕又见，犹自恨朝晖"，清晨来临，有情人要说再见，明明知道今晚又能相会，但依然憎恨这晨光。对于相爱的人而言，一个漠然的眼神就是利剑，一个不屑的语气就是毒药，分开片刻，便是酷刑。无论古今还是中外，动了情的人永远脆弱得一触即溃。

10

对影闻声已可怜，玉池荷叶正田田。

不逢萧史休回首，莫见洪崖又拍肩。

紫凤放娇衔楚佩，赤鳞狂舞拨湘弦。

鄂君怅望舟中夜，绣被焚香独自眠。

——《碧城三首》之二

一在阆苑，一在女床，看得到彼此的身影，亦听得到彼此的声音，这咫尺天涯、故意对面不相识的滋味最是难耐。池塘里，莲叶生得正盛，你记得那首《欢闻歌》吗，你懂得"艳艳金楼女，心如玉池莲。持底报郎恩，俱期游梵天"的心思吗？

　　在禁恋里必须小心翼翼，他晓得她的心意，所以更要牢牢叮嘱：一定要等认清我的声音之后再回头，还有，这里所有人的装束都相差无几，你悄悄来找我的时候，千万不要认错了人，拍错了肩膀。他们曾经有过狂热的欢会，曾经用炽烈的爱情将一切禁制击得粉碎，然而这样的日子竟然已在不经意中从期待变成了缅怀，今夜他又一次在独眠中辛苦而无望地思念着她。

　　这首诗里用到许多美丽的典故，夹杂着暗示、隐喻与双关的手法。颔联中，萧史和洪崖两个人名用得尤其巧妙妥帖。萧史是春秋时期的人，极擅吹箫，与秦穆公的女儿弄玉相恋，结为夫妻，从此以后，秦国都城咸阳的天空上日日飘扬着萧史和弄玉琴箫合奏的悠扬旋律，直到乐音终于引来凤凰，载着这一对小夫妻升仙而去。洪崖则是三皇时期的一名伎人，精于歌咏，后来成仙而去，有时也会重返人间，与人弈棋为乐。虽然同是神仙，但萧史属于爱情，洪崖属于道术。如果有弄玉一样的女子渴慕着神仙眷属的话，自然应当"不逢萧史休回首，莫见洪崖又拍肩"，而萧史纵然在神仙的时间尺度里也永远不会辜负弄玉，凤凰来仪，只为他们琴瑟和谐。

　　颈联里的楚佩与湘弦则是一对浪漫而深情的典故。在古老的楚地，江汉之滨，常有两名美丽的女子结伴而行，谁也不知道她们的出身来历。有一次，一个叫郑交甫的人与她们擦肩而过，不禁萌生了爱慕之心。他返身追上去和她们搭讪，而她们似乎对他也有好感，竟然解下了随身的玉佩赠给了他。告辞之后，郑交甫还没走出几十步便忍不住想要拿出玉佩把玩，没想到向怀中一摸，却空无一物，惊愕中回头看去，那两位女子也全然没了踪迹。汉代的儒家学者曾经以这则故事来解读《诗经》里的《汉广》一篇，说所谓"汉有游女，不可求思"，说的就是郑交甫在江汉遇仙的事情。

　　至于湘弦，全称是湘瑟之弦。舜帝在南巡途中死于苍梧之野，他的两个妃子娥皇、女英闻讯之后追到湘江，在江边悲泣不已，最终投江自尽。后来娥皇和女英的魂魄化为湘水之神，人称湘灵。湘灵仍然摆脱不了对舜帝的追思，每日里在江上鼓瑟，音调哀怨悲戚。唐玄宗天宝十载，进士科诗赋考试的题目就是《湘灵鼓瑟》，钱起的名句"曲终人不见，江上数峰青"就是在这场考试中写就的。瑟与湘灵的意象总是联系在一起，诗人将瑟称为湘瑟，将湘瑟之弦称为湘弦。在湘弦奏出哀婉动人的旋律时，人们总会油然想起那痛彻心扉、不惜以性命相许的爱情。

　　尾联"鄂君怅望舟中夜，绣被焚香独自眠"，用到的是鄂君子皙的故事：鄂君子皙是一位仪态翩翩、风姿俊朗的楚国公子，他有一次乘舟游于新波，听到摇船的越女在舟中缓声吟唱。鄂君子皙陶醉于悠扬的歌声，无奈却听不懂歌词。幸而随从中有兼通楚语与越语的人，将歌词翻译成楚语，鄂君子皙才知晓，那摇船的越女所唱的是："今夕何夕兮，搴舟中流。今日何日兮，得与王子同舟。蒙羞被好兮，不訾诟耻。心几顽而不绝兮，得知王子。山有木兮木有枝，心悦君兮君不知。"这是少女对心仪男子的爱慕之语，并且因爱生嗔地说：我对你的情意啊，连山上的木头都有枝（谐音"知"），你却为何偏偏不知呢？鄂君子皙这一回终于"有枝"，将越女拥在自己的宽袍大袖里，还给她披上了一袭锦绣的披风。

　　而在李商隐诗句的尾联里，鄂君子皙孤独地守着寂寥的夜色，在熏香冉冉的雾霭里发呆，一遍又一遍在心底复习，复习与越女依偎于舟上的那个缠绵多情的夜晚。

　　这是一场被禁止的恋爱，我们虽然距离很近，可以"对影闻声"，但不能公开有所表示，只有见面时回头示意，把万千心事尽付不言中。在独眠的夜色里缅怀往昔的欢好，忽然怀疑起修仙的意义来。就在这怀疑里，诗戛然而止，余音绕梁。

　　人在年轻时，总爱挑战被禁止的东西。一段粗茶淡饭的爱，有了双方父母或者社会规则的阻碍，便有了传奇色彩。那些反对的声音，使原本平铺直叙的恋爱生活变得戏剧化，以至于使恋爱中人产生错觉，觉得自己这段爱情与其他任何人都不一样，自以为从此人生不同凡响。这种错觉令人沉迷、不可自拔，于是许多人为了被禁止的爱赴汤蹈火，自己被自己感动得痛哭流涕。待到某天阻碍消散，传奇色彩褪去，爱情被打回原形，才发现最终还是粗茶淡饭，不过如此。再过些时日，才会慢慢明白，世道艰难，人心险恶，人生中最有传奇色彩的不是阻碍，而是祝福。

11

> 七夕来时先有期，洞房帘箔至今垂。
> 玉轮顾兔初生魄，铁网珊瑚未有枝。
> 检与神方教驻景，收将凤纸写相思。
> 武皇内传分明在，莫道人间总不知。
>
> ——《碧城三首》之三

　　四月戊辰日，不详其年，汉武帝在承华殿里忽见一位美丽非常的青衣女子从天而降，自称墉宫玉女王子登，受西王母所遣前来通报，请皇帝从今日起持清斋、不问人间之事，如此等到七月初七，西王母将会与皇帝相见。武帝大喜，一切依照王子登的叮嘱，登延灵之台，盛斋存道。及至七月初七，有箫鼓与车马之声从云间飘来，不多时，西王母果然如约而至。

　　这则故事载于《武皇内传》，是凡人与神仙相会的最著名的传说之一。而今在玉阳山的人间仙土上亦将发生人神相会的故事——他如渴慕女神一般渴慕着她，而她也终于托人传话，定下了一个约会的日期，爱情就这样轰轰烈烈地发生了，就发生在某个隐秘的居室里。唐人所谓的"洞房"，含义与今天不同，只是泛指深幽的居室而已，而非特指新人的房间。看那洞房里的帘箔总是垂着，遮掩着背后的缠绵缱绻，一天天直到如今。

当她珠胎暗结的时候，他们的秘密似乎再也无力保守。他写下药方，那也许是个让人青春永驻的神仙方子，他将它小心地封缄起来传递与她。《武皇内传》里不是也有这样的情节吗？驻景神方被封缄在凤文之蕴里，那是有着凤凰纹饰的华美纸笺。她收下他的神方，不禁在凤文之蕴上书写相思的词句。

他们就这样小心翼翼地度过每一个欢会的夜晚与相思的白昼，而如此灼热的恋情究竟能够隐瞒多久呢？若终究隐瞒不住的话，索性就不要再隐瞒下去了吧，将禁地里的禁爱昭告天下，又有什么不可以呢？

这首诗的首联和颈联都用《武皇内传》的故事，虚虚实实，用典和指实交叠在一起，仿佛光与影在晴天的林间飘忽不定。颔联更见精妙，用顾兔在腹和铁网珊瑚的传说，美丽地暗示出女冠已有身孕的事实。

所谓"玉轮顾兔初生魄"，"魄"是月亮的阴影部分。《书传》说，月亮到了每个月的十六就开始由圆返缺，"初生魄"就是月亮刚刚由圆返缺而出现阴影的时候。"玉轮顾兔"出自《楚辞·天问》"夜光何德，死则又育；厥利维何，而顾兔在腹"，月亮为何可以晦而复明，月亮的腹中为何有了一只玉兔？

"铁网珊瑚未有枝"则与采摘珊瑚的传说有关：海边的人为了采摘完整的珊瑚，会打造一张铁网沉入海底，等珊瑚慢慢地从铁网的空隙里生长出来以后，便将铁网绞出水面，打捞出完整无缺的珊瑚。

"玉轮顾兔初生魄，铁网珊瑚未有枝"，这一联的内容本是极不易入诗的，诗人偏偏可以写得如此有诗意，亦丝毫不嫌生硬。拥有这般浪漫的本领，除李商隐之外再无第二人：在枯冷清寂的神仙世界里，他偏能找到人间的情愫。

12

多年之后，李商隐的小侄女寄寄夭折，年仅四岁。李商隐为她撰写祭文，刻碑勒石，哀恸久久无法平息。然而依照儒家礼法，死于八岁以前的孩子皆为无服之殇，李商隐的所作所为虽属情之所钟，但已经严重逾礼了。在儒家看来，人的感情应当受到礼的节制，不可以肆情放纵。

所以，肆情放纵的行为被看成是缺乏教养的表现，而一个缺乏教养的人是不配称作士君子的。在人际交往的过程里，人们总会从言谈举止的极细微处判断对方的教养程度，继而推测对方的出身门第。在交谈中你的眼神看向哪里，桌上的茶杯被你以怎样的动作端起，你如何控制语调的婉转起伏，你的站姿、坐姿是否优雅而自然，你是否会在户外、庭院、室内自然转换出相应节奏的步伐，在喜悦或悲伤的时候你是否会有不加收敛的肢体语言，在礼仪场所你是否可以泰然应对，丧礼上该哭三声的时候你是否哭了四声……正是这样无穷无尽的细节决定着你在社交场合上的成败荣辱。

唐代社会虽然很有开放精神，但对逾越礼制的行为总还是看不惯的。在所有礼仪中，儒家最重丧礼，而李商隐在写给寄寄的祭文里却说："明知过礼之文，何忍深情所属。"他明明知道自己逾越了礼法，但亟须宣泄的情感毕竟不是他的理智能克制得住的。

李商隐就是这样的一个人，在儒家的社会里难免遭人非议。当然，道教的社会同样不喜欢他。那些宣扬克制、宣扬清心寡欲与清规戒律的社会，都不会喜欢这个感情太过深挚且易于沉溺于情海的人。

寡欲的人不介意繁缛的清规，而深情的人总能在清规戒律里一眼望到深情的世界。修真之域的禁恋本不为世情所允，不为礼法所容，李商隐却以一颗纯粹明澈的诗人心，孜孜不倦地同情着禁恋者的悲欢甘苦。

在玉阳山的那几年里，李商隐并不曾偷懒，他熟读了几乎所有的重要道典，随着道士们参与过所有的神秘仪轨。然而这个买椟还珠的深情过客，在谙熟道教的一切之后，再也无法相信那些呼风唤雨的秘技和长生延年的灵丹了，他在后来的诗作里不留情面地讥讽了它们，而玉阳山里本不该有的爱情则被他的诗笔赐予了长生：

> 怅望银河吹玉笙，楼寒院冷接平明。
>
> 重衾幽梦他年断，别树羁雌昨夜惊。
>
> 月榭故香因雨发，风帘残烛隔霜清。
>
> 不须浪作缑山意，湘瑟秦箫自有情。

——《银河吹笙》

从窗口望出去，银河横亘在夜色里，隔断了牛郎和织女，正如有另一条银河隔断了我们两个。怅然地望着银河，吹响玉笙以排遣寂寞，任寒意侵入院墙，浸透这座小楼。就这样怅然地醒着，眼看便是天明。当年在温暖重衾里依偎的日子，转眼已变成无可追寻的梦忆，昨夜从孤眠中惊觉后，又一次将当年记起。雨水打过月榭，唤醒了花香，这花香又唤醒了我充满花香的回忆。

一切的美好都已过去，如今的我就像这风中残烛，在霜寒浸染的帘幕下不住地颤抖。我们这些灵魂温暖、天性就会彼此相爱的人，为什么偏偏要走进冷酷的修真世界？

这首《银河吹笙》是李商隐在修真世界里公然为爱情做出的声援，尤其是尾联，已经近乎呐喊了。"不须浪作缑山意，湘瑟秦箫自有情"，这一联用到三则道教掌故，其中两则业已见于前文："湘瑟"即娥皇、女英的故事，"秦箫"即萧史、弄玉的故事。这里以"湘瑟"喻女道士，以"秦箫"喻男道士，所谓"自有情"者，他们彼此生出的情愫无非出于宇宙人伦的天性而已。

"缑山"则是仙人王子乔的故事，是诗人们最爱吟咏的神仙故事之一。传说王子乔是周灵王的太子，钟爱吹笙，能吹出凤凰鸣叫的清朗之声。他常在伊水和洛水间漫游，因此偶遇道士浮丘公，被他引上嵩山修道，一去三十余年。这些年中，家人从未放弃对他的寻访，希望他能回来继承王位，但王子乔对寻访者始终避而不见。终于有一天，他现身在寻访者面前，请他们转告他的家人，七月初七来缑山相会。七月初七，人们果然看到王子乔乘着白鹤飞落在缑山顶上，遥遥向家人致意，然后便乘鹤飞上云霄，从此再也没有回来。

王子乔在汉朝就相当出名了，不但有墓有祠，有显灵的传闻，还有蔡邕这样的大名士为他树碑立传。及至唐代，武则天为了神化武姓世系，将王子乔认作祖先之一，册封他为升仙太子。然而在李商隐看来，凡人实在不必轻易抛开人世，去追随王子乔的足迹，那虚无缥缈的成仙之梦怎么抵得上真真切切的两情相悦呢？

修仙也好，长生也罢，终为虚妄，半分也及不得湘瑟秦箫的婉转悠扬。而在那个对道教举国狂迷的年代里，这般明澈的冷眼其实并不多见。

13

在李商隐佣书贩舂和学仙玉阳的这些年里，大唐帝国的权力中心接二连三地发生着各种荒唐变故。早年立志中兴、平定藩镇、以名将李愬雪夜入蔡州的一代英主唐宪宗在其末年不仅因胜而骄，而且迷信金石延年之术，以至于在丹药的作用下燥渴异常、性情大变，常常在盛怒之下击人致死。

金丹不但改变了唐宪宗个人的命运，更改变了大唐帝国的国运，断送了中兴之治的最后一点希望。在后来每况愈下的国势里，李商隐每每对这一段现当代史扼腕叹息。在一次途经宪宗陵寝时，李商隐悲从中来，以诗为祭："武皇精魄久仙升，帐殿凄凉烟雾凝。俱是苍生留不得，鼎湖何异魏西陵。"

《《过景陵》）诗句里，鼎湖是传说中黄帝乘龙升天的地方，魏西陵则是魏武帝曹操的墓田。诗人在这里质问的是：反正都是辞世而去，反正都是百姓想留而无法留住的，若是站在天下国家、黎民百姓的角度，升仙和病逝究竟有什么不同呢？

当年还是有忠贞的朝臣尽力想要"留住"宪宗。起居舍人裴潾上书朝廷，指斥神仙与丹药皆为虚妄，还建议让那些献药的方士自己先服药一年，以验证丹药的真伪。唐宪宗看到这封奏疏，勃然大怒，将裴潾贬出朝廷。而裴潾的这封奏疏，成为唐宪宗毕生所听到的最后的忠言。

这是元和十四年（819年），就是在这一年里，得益于同榜进士、宪宗朝著名权奸皇甫镈的引荐，河阳节度使令狐楚入朝为相，他将在数年后成为李商隐人生中最大的恩主。

翌年闰正月，唐宪宗暴毙于中和殿内，死因不明。内侍宦官们说宪宗死于丹药中毒，但人们怀疑是宦官内常侍陈弘志做下了弑君的勾当，而且皇后和太子也参与了这起阴谋。这一宫廷秘事的余波将在多年之后波及李商隐，命运的连线就是这样将无数的因果以常人无力洞察的方式联系起来，总令人在结果发生时才惊叹前因的邈远。

宪宗暴死之后，皇甫镈打算舍太子李恒而拥立澧王李恽，然而太子李恒在争位斗争中迅速胜出，是为穆宗。穆宗甫一即位，便将皇甫镈远贬崖州。长安百姓拍手称快，却不知道这位巨奸大恶之所以落到这般田地，并非新皇帝有心为民除害、重振朝纲，仅仅是因为皇甫镈在政治上站错了队伍。

在所有的权力斗争里，站队从来都是第一等的大事。令狐楚因为是被皇甫镈举荐为相的，故而被外放为宪宗山陵使，负责督办宪宗的陵寝事宜，从此远离中央政务。而与令狐楚素有嫌隙的元稹，这位元和年间与白居易齐名的诗人，迅速跻身新贵之列，深得穆宗的信任。

元稹的升迁主要有两个原因，一是穆宗早就仰慕他的诗名，二是他费心打通了宦官的关系。穆宗委任元稹知制诰的要职，借重他的文采来为朝廷诏书增色。

　　元稹的飞黄腾达给天下士子以很大的激励：诗写得好，就有机会直达圣听，跻身中央要员之列，拟撰朝廷诏令。李商隐毕生在功名上的追求，就是做到元稹的这个位置；但与元稹不同的是，他毕竟是个纯正的诗人，既无机心，亦无手段，他没有办法同时也不屑于走宦官的门路。

　　元稹是个天生的政客。他在早年为官时曾经无意中冲撞了宦官，被对方用马鞭击伤了头脸。这样的遭际对于士君子来说，是何等的屈辱？任一铁骨铮铮的君子，此后即便不是与宦官之流不共戴天，至少亦会与这群阉人划清界限。然而，当元稹作为受害者反而遭到贬谪之后，他明白了，在强权面前没有公理可讲，如果你无力反抗强权，那么最明智的做法就是成为强权的爪牙。

　　所以，拟撰朝廷诏令这种工作元稹可以胜任，但对于李商隐来说，唯一可以形容的就是"圆凿方枘"这个词了。这还不是最可悲的地方，最可悲的是，李商隐一生都不明白这个道理，所以始终怀着不切实际的期冀而困顿偃塞，这是后话。

　　这一年里，穆宗因为令狐楚在山陵使的任上纵容下属贪赃舞弊而对他再加贬谪。元稹负责拟撰诏书，其中有这样的话："密赞讨伐之谋，潜附奸邪之党；因缘得地，进取多门，遂忝台阶，实妨贤路。"这已经不是指责令狐楚在山陵使任上的具体过失，而是借题发挥、落井下石，将令狐楚斥为奸党，务使他永世不得翻身，置于死地方休。这当然是元稹在挟私报复，但他之所以敢于这样公然打击报复，是因为他揣摩到了穆宗的心思，知道穆宗将令狐楚视为皇甫镈一党，无论是非对错都要打压到底。而这样的政治眼光、这样的小人心肠，是李商隐一辈子都没有学会的。

　　元稹一句"曾经沧海难为水，除却巫山不是云"，感动古今读者无数，成功地将自己塑造为专一的代表、深情的领袖。但翻开元先生花花绿绿的情史，关键词不是始乱终弃就是喜新厌旧，哪有丝毫专一或深情？不过这恰是元先生的本事，即使只是一瞬间的性冲动，也要写作亘古不变的真善美。这样的粉饰功夫，亦是李商隐一辈子都没有学会的。

14

长庆三年（823年），是唐穆宗执政的第三年。这一年发生了两件大事：一是牛僧孺登上相位，二是一个名叫郑注的游方医生被人带进了长安。

牛僧孺和李商隐有着相似的家庭背景：系出名门，但父祖一辈官职低微，无复祖上荣光。牛僧孺无法以荫庇为官，唯一改变命运、重振家风的途径就是科举。结果，牛僧孺先是进士擢第，继而登贤良方正制科，从此步入仕途。唐穆宗时，牛僧孺也做过知制诰的工作，然后平步青云，荣登相位，这是令李商隐最为艳羡的完美的人生轨迹。

牛僧孺受穆宗器重，是因为一个很偶然的机遇。当初，宣武军节度使韩弘的儿子韩公武为了巩固父亲的地位，抛撒大笔金钱上下打点。后来，韩弘和韩公武相继去世，韩弘的幼孙韩绍宗继承家业。韩家掌理财务的家奴和宣武军官吏联合向朝廷起诉韩公武的行贿问题。穆宗亲自审阅韩家的账簿，发现朝廷内外当权要员都接受过韩公武的贿赂，账簿上只有一处用红笔小字记录着："某年某月某日，送户部牛侍郎钱一千万，拒而不受。"穆宗大喜，确信牛僧孺是清廉正直之人，将他提拔为宰相。

但是，也有人认为这不是牛僧孺为相的主要原因，至少不是唯一原因。李德裕就是这么想的，他原本也有希望升任宰相，结果败给了牛僧孺。不仅如此，李德裕被外放为地方官之后连续八年未得升迁，这是很反常的事情，只能解释为有人从中作梗。李德裕相信这个作梗的人一定就是宰相李逢吉，是他援引牛僧孺为相的，为的就是不让自己回到中央政府，永远游离于核心权力圈的外围。

从有限且龃龉的史料中，我们无法得知这件事的真相，也无法评判每个当事人的是非曲直。无论如何，李德裕和牛僧孺从此以后嫌隙日深，渐渐形成水火不容的两大派系，以李德裕为首者称李党，以牛僧孺为首者称牛党，两党党同伐异，攻讦绵延四十年，史称"牛李党争"。李商隐将在党争最激烈的时段里走入仕途，就像一根芦苇，在东风与西风的生死搏杀里寻不到自己的方向。他的悲剧，由党争开始，亦由党争结束。

15

人的内在总是会透过外表暴露出来，所以，哪怕与一个人只有很短暂的接触，你也可以从他的言谈举止和穿着打扮粗略判断出他的家庭背景、性格特点、教育程度等。但是，如果以这样的方式来判断郑注的话，你一定会走眼的。

郑注，翼城人，身材矮小，眼睛近视，"其貌不扬"这个词尚不足以形容他的其貌不扬，也许要用到"猥琐"才对。他没有任何可资炫耀的家庭背景，只是一个赤贫的游方医生罢了。但是，隐藏在郑注平庸甚至丑陋的外表下的，是翻云覆雨的强大能力。

任何技能，只要遇到恰当的时机，都可以变成政治花园的敲门砖，使你飞升到梦所不及的高度，郑注的人生就是一个很好的范例。郑注在徐州行医的时候，终于凭着医术遇到了他生命里的第一个贵人——徐州的一名牙将。所谓牙，是指长官的居所，所以长官的亲兵称为牙兵，牙兵的将领称为牙将，牙将必须是长官的亲信，而当时的徐州长官就是雪夜入蔡州的那位名将李愬。于是，郑注在牙将的引荐下成为李愬的主治医师，在治愈李愬顽疾的同时亦赢得了李愬的宠信。

孔子早有教训说："唯女子与小人为难养也，近之则不孙（逊），远之则怨。"古时的女子与小人同属于社会地位低下、接受不到文化素质教育的群体，不会像士君子那样以修养克制本性，所以一旦得宠，就难免恃宠而骄。所谓小人得志，说的就是这个现象。

毫无悬念，郑注迅速表现出一副小人得志的嘴脸，开始干预军政，胡作非为，使李愬的老部下几乎人人自危。监军宦官王守澄此际发挥了监军的积极作用，将郑注的所作所为一一告知李愬，请李愬务必把郑注逐出军府。李愬却答道："话虽如此，但郑注有奇才，您若不信，请您和他试见一面。如果见面后您还没有改变对他的看法，那时候再驱逐他也不晚。"

这是一次极有历史意义的会面。两人才交谈不久，王守澄便改变了态度，将郑注引入正堂，促膝谈心，笑声不断，只恨相见太晚。于是在长庆三年，已经权倾天下的王守澄将郑注带入长安，引荐给唐穆宗。唐穆宗一见倾心，"甘露之变"的祸根就这样牢牢地种在长安城里了。

一般的教科书或历史普及读物，总爱将小人得宠的原因归结为小人擅长阿谀奉承，仿佛除了牙尖嘴甜，他们再无别的技能傍身。但仔细想来，小人巴结的对象通常都是精英阶层，对于无权无势无才的人，小人也无巴结的必要。人人爱听奉承话，精英阶层亦不例外；然而，要打动高智商高学历又见多识广的精英阶层，依靠的绝不可能仅仅是奉承。回到我们的故事中，郑注能征服名将李愬、征服深深厌恶他的王守澄、征服听尽世间奉承话的皇上，你能想象他是个只会说"君侯制作侔神明，德行动天地，笔参造化，学究天人"之类甜言蜜语的窝囊废吗？他的才智必有过人之处。

不，我无心为卑鄙小人翻案，我只是希望我们在辨人识事时尽量中立客观，有一说一，不饰非，但也不抹黑；我只是希望历史读物的作者们更负责一些，对人物少做脸谱化的处理。不是高大全就是丑劣贱，如此非黑即白的判断方式，只会使读者头脑简单、心胸狭隘。

翌年正月二十二，唐穆宗驾崩，年仅三十。穆宗死因有二：一是前年和宦官打马球时受惊中风；二是信用方士，服食金丹。金丹如同符咒一般，始终盘旋在李唐皇族的头顶上，挥之不去。天下人越发不敢相信皇朝的稳定性和政策的延续性，因为不知道哪一天皇帝就会突然死掉。

正月二十六，少年太子李湛即位，是为唐敬宗。皇权交接的当口从来都是阴谋家的狂欢节，李逢吉、牛僧孺正是借着这个机会迅速扩张势力，将李德裕一党的干将李绅排挤出朝。这位李绅，就是写作"锄禾日当午，汗滴禾下土"这首诗的作者。

同年十二月初二，文坛巨擘韩愈病逝于长安私第，古文运动风头骤减，少年李商隐心慕手追的韩式古文失去了最大的推手，文章世界恢复了骈文的一统天下。僻居玉阳山的李商隐尚茫然不知，这一场遥远的、毫无切身之感的变故将会给自己的人生带来多大影响。

16

在唐穆宗短暂的执政生涯里，朝政向着败坏的方向飞驰而去。唐敬宗克绍箕裘，一点也没有偏离亡父的轨道。他以嬉游宴乐的怠政方式为大大小小的阴谋家打造了一个闪光的竞技场，不仅在朝廷上牛党不遗余力地倾轧着李党，就连市井街头也有人蠢蠢欲动，觊觎着最高权力的宝座。于是，一场既可悲又可笑的血腥闹剧就在唐敬宗执政的第一年里辉煌上演了。

闹剧的首倡者张韶非富非贵，亦非土匪草寇，只是长安染坊里一名普通的染织工人，若不是占卜术士苏玄明送给他一个梦想，他本该在染坊里做一辈子的染织营生。苏玄明素来与张韶友善，有一日忽然对他说："我为你卜过一卦，你定当升殿而坐，在金殿上与我一同进餐。如今皇上不分昼夜地玩球、打猎，大多数时间都不在宫里，正是我们成就大事的时机。"张韶深以为然，秘密纠结了染坊工人百余人，带着兵器冲进皇宫。敬宗当时正在清思殿击球，闻讯后匆忙逃避。张韶闯进清思殿，稍事休息，在御榻上与苏玄明一同进餐。吃到一半，张韶忽然感慨道："事情果然像你预言的一样啊！"苏玄明大惊失色："难道你所图谋的只是在皇宫里吃一顿饭？！"

这等水准的暴乱再如何侥幸也绝无成功的可能，张韶和苏玄明当夜便被神策军围剿，与乱者未能走脱一人。叶落知秋的是，皇宫里能发生这样的闹剧，可见政局已经败坏到何等程度了。李商隐有两句荡气回肠的诗说"永忆江湖归白发，欲回天地入扁舟"，他一心渴望扭转的天地就是这么一副可鄙的模样，纵然是管仲、乐毅复生，恐怕也只有徒唤奈何了。

17

平定张韶之乱，神策军勋劳最大，而神策军的统帅与将领皆为宦官。敬宗因此对宦官益发宠信，纵容他们凌虐百姓甚至殴打朝官。而在宰相的阵营里，以李逢吉和牛僧孺权柄最重，李逢吉巴结宦官打击异己，牛僧孺这个以清廉闻名的人却清廉有伪且担当不足，偏在这个时候向敬宗请求外放为地方官，甘愿放弃这个曾经被李德裕觊觎多年的相位。

当权力欲极强且亲身感受过权力之魅力的人都不惜放弃权力时，那个万众瞩目的权力场一定已经是危机四伏、杀气腾腾了。牛僧孺如愿以偿，外调为武昌军节度使，而敬宗皇帝的荒淫与奢靡越发没有限度了。

就在牛僧孺逃离长安之时，时任浙西道观察使的李德裕却积极进取，向敬宗进献了一份精心写就的《丹扆六箴》，通篇都是诚挚的规劝，拳拳之心溢于言表。敬宗既没有虚心纳谏，也没有恼羞成怒，只是礼节性地答复了一下而已。牛僧孺继续明哲保身，李德裕依然没有被调回中央政府，李逢吉在朝中一人独大，也一直都在诬陷忠良、打击异己的事情上忙得不亦乐乎。然后，次年冬天，一场宫廷政变突如其来，牛僧孺的远见这么快就被证实，而权力场上又需要新一轮的洗牌了。

宝历二年（826年）十二月初八的深夜，刚刚结束了猎狐游戏的敬宗回到宫中，依然兴致不减，和宦官刘克明、击球军将苏佐明等二十八人饮酒作乐。敬宗酒酣，入室更衣，殿里的蜡烛忽然灭了。当蜡烛再次燃起的时候，敬宗已经被弑身亡。这时候，唐敬宗还只是个和玉阳山上的李商隐年纪相仿的少年。

18

宫廷剧变的消息乘着翅膀传遍天下，令天下人为之震惊。尤其是那些依然对仕途怀有理想的年轻人，不禁再次生出了一些迷茫的感觉：这样荒唐的皇帝，这样混乱的朝廷，究竟值不值得效力呢，又能如何为之效力呢？

"白杨别屋鬼迷人，空留暗记如蚕纸。日暮向风牵短丝，血凝血散今谁是"，李商隐以隐晦的诗句记下了敬宗皇帝的死亡。这首诗题为《无愁果有愁曲北齐歌》，似乎在咏叹北齐后主高纬，那个号称"无愁天子"的酷爱田猎嬉游的皇帝，但诗里没有一句涉及北齐旧事，反而句句影射敬宗。另有两首《陈后宫》，借古讽今的意图一目了然：

> 茂苑城如画，阊门瓦欲流。
>
> 还依水光殿，更起月华楼。
>
> 侵夜鸾开镜，迎冬雉献裘。
>
> 从臣皆半醉，天子正无愁。
>
> 玄武开新苑，龙舟宴幸频。
>
> 渚莲参法驾，沙鸟犯句陈。
>
> 寿献金茎露，歌翻玉树尘。
>
> 夜来江令醉，别诏宿临春。

这是怎样一种奢靡无度、醉生梦死的场面。兴盛之路需要跬步相积，败亡之时却总是一泻千里。这不是什么难明的道理，北齐、南陈的历史还只是摸得到脉搏、听得到呼吸的近代史呢。

诗歌，是少年李商隐对大唐帝国所能贡献的一切。权力场的腾腾硝烟阻隔了除歌功颂德、粉饰太平之外的一切声音，任由不谙世事的少年诗句如同深涧里的野花一般，在无人得见的角落里自生自灭。但是，对于李商隐自己来说，将来会使他名满天下的婉转讽喻的咏史诗风在这里已经初见端倪。随着年纪和阅历的增长，他的胆色将会越来越令人钦佩。

在儒家的观念里，诗歌是士君子讽喻、劝谏、对政治大事抒发己见的工具和武器，那些惧怕因言获罪的人配不上士君子的称号。正其义不谋其利，明其道不计其功，这才是士君子的行为准则，如果一名士君子开始学习圆滑的处世技巧，那么他就是把自己降格为市井小人之列了。敬宗皇帝死于谋杀，虽然他是一个荒唐无道的皇帝，然而在一名标准的士君子的观念里，弑君总归是错的，凶手总该被绳之以法，哪怕他们是气焰嚣张、无人胆敢招惹的宦官集团。

19

敬宗皇帝死于谋杀，但令人吃惊的是，弑君凶手这一回并没有逍遥法外，反而很快便被搜捕净尽，然后斩首示众，正义仿佛得到了伸张。

事实上，正义所扮演的角色正如它之前一直扮演的那样，只不过是权力斗争的副产品罢了：刘克明、苏佐明等人在弑君之后打算撤换内侍省的掌权宦官，但因为消息不密，反被宦官王守澄等人借着诛凶的名义抢了先机。

诛凶之后，王守澄等人迅即以神策军拥立敬宗之弟江王李涵即位，李涵即位后改名李昂，是为唐文宗。文宗即位伊始，便着手废除穆宗、敬宗两朝的一系列弊政，人们稍稍松了口气，一些天真的乐观主义者甚至觉得太平可望了。翌年改元太和，唐王朝由此走进了动荡更甚往昔的太和时代。而在那个远离权力场的玉阳山上，李商隐正在踌躇满志地打点行装。

这是唐文宗新政下的太和年代，是宦官、藩镇、朋党之乱愈演愈烈的年代，也是李商隐入世的时代。

20

八岁偷照镜，长眉已能画。

十岁去踏青，芙蓉作裙衩。

十二学弹筝，银甲不曾卸。

十四藏六亲，悬知犹未嫁。

十五泣春风，背面秋千下。

——李商隐《无题》

这首诗应当是李商隐最早的一首无题诗，写一名少女从童年至少年的青春经历：她早早地就懂得修饰仪态，稍稍长大之后便勤学才艺，然而等到待嫁的年纪依然守在深闺，当年光再次流转，又一个春天来临的时候，她在春风里孤独地哭泣。

这样的一首诗，明明可以有题却偏偏无题，因为它所咏叹的并非字面上的那名少女，而是秉承着《离骚》以美人香草喻君子的传统，借那少女的身世诉说自己入世之际的忐忑不安。这时候，李商隐已经熟读过儒家经传与道教典籍，能写一手出色的古文，诗歌的才华也隐隐然有跻身一流高手的态势了，而这一身本领究竟能否在玉阳山下的软红尘里得到世人的赏识呢？一个耻于自媒自炫的人究竟能否在这个世界上生存下去，正如诗中那个只晓得修身与学艺的女子，究竟能否等到一个可以托付终身的人呢？

下山时，李商隐写诗与同学道友作别，其中《寄永道士》一首尤其耐人寻味：

> 共上云山独下迟，阳台白道细如丝。
> 君今并倚三珠树，不记人间落叶时。

这位永道士是当初与李商隐一同入山修道的，而今李商隐下山入世，永道士甘心修道以终老。这一去一住之间，当真天人悬隔。究竟谁的选择才是对的，究竟是离山更好还是住山尤佳，此时此刻无人可以逆料。人生如同赌局，每一个选择都没有反悔的机会，而李商隐没有别的选择，只能这样掷下自己的色子。

诗句当中，"云山"即玉阳山，"阳台"指山中的阳台宫，那里是晋代仙人烟萝子的栖真之所。"白道"是指道路上常有人行，故而草不能生，遥望为白色。李商隐下山时回望阳台宫，因为相隔已远，阳台宫的道路看上去几乎细不可辨。"三珠树"是《山海经》里记载的一种神木，生在厌火国北的赤水之上，树干酷似柏树，树叶皆为宝珠，诗句中以此喻仙界。

细玩诗句，李商隐颇有些慨然自伤的意思：他与永道士同途而殊归，人间的花开与叶落、荣华与摧折，从此将要羁绊自己的一生，自己将无法像永道士那样永远地超然物外，不受人间春秋的缠缚与磨折。

对于未知的世界，人永远都会生出恐惧和忐忑的感觉，亘古以来，无人可以例外。

于是，在即将踏入红尘之际，少年李商隐突然留恋起修真生涯来。

玉阳山下有一条清溪，名为玉谿，李商隐以之为号，作为对玉阳生活的永恒回忆，这就是"玉谿生"的来历。古人著文落款，惯例是以籍贯冠于姓名之上，而李商隐时常署名为"玉谿李商隐"，他在入世之后，将那个一度使他脱离尘网，而他当时并不觉得特别好的所在当作了自己的精神家园。

【小考据】道教的非主流价值观

　　李商隐学道而不信道，除了性情因素之外，或许还有一些价值观上的问题。道教虽然名义上始于老庄，实则是从民间巫觋发展来的，一些原生而朴素的观念很难与儒家价值观相合。比如据正史记载，汉代淮南王刘安因谋反被诛，而道教说他炼丹得道，全家鸡犬升天；唐代淄青节度使李师道一直与中央作对，甚至派刺客谋杀宰相，败落之后，他的重要助手丁约被王师俘杀，而道教说他临刑时施展幻术，将一支笔幻化成自己的模样，自己悄然回到昆仑山继续做神仙去了；还有秦朝那个指鹿为马的赵高，居然也上了道教的神仙谱系。这样的事情及其背后的价值观，显然会使许多自幼接受儒家熏陶且禀性认真的人难以接受。

　　除此之外，道教还认为修仙者需要经受许多常人难以经受的考验，而有些考验实在大悖天性人伦。有一个很著名的故事，是说一个叫杜子春的人帮一位道人看守药炉。道人告诫他说：无论遇到任何情况，只要始终缄口不言，最后就能成仙。杜子春果然遇到各种险境，直到被斩杀，魂魄下地狱受苦，他都毫不动心，不曾开口说话。后来阎罗使他转生为女人，嫁人生子，一天丈夫为了强迫他说话，竟然将亲生儿子摔死，他终于忍不住喊出声来。刹那间火光四起，幻境消散，他仍然是当初的模样，仍守在药炉边，药炉却已经毁了。杜子春只因为未勘破一个"爱"字，断了成仙的机缘。

第四章

向成人世界发起第一次冲击

微意何曾有一毫，空携笔砚奉龙韬。

自蒙半夜传衣后，不羡王祥得佩刀。

1

从皇帝到节度使，乃至下延到最低一级的臣僚，为了维护自己的权力，总要使治下诸人势力分散；而下一级的人为了维护自身的安全与利益，总会尽可能地抱团结党来与上级或同级相抗衡。所以皇帝总怕大臣结党，大臣们也总是会以门生、故旧、亲属、同乡等扯得上抑或扯不上的关系缔结政治同盟，势单力薄的人轻易就被异己力量逐出竞技场。

人只要形成组织，形成某种政治结构，这种变化就会悄然发生。当你觉醒的时候，各种大大小小的利益集团早已盘根错节，任你是再英明的君主也终会徒唤奈何。

政府里的利益集团，古人称为朋党。

朋党是一个贬义词，因为孔子分明说过"君子不党"。君子只对自己的良知负责，就算他被划入了某个朋党，也不会为了党派利益而做出违背良知的事来。君子以道义为指归，小人以利益为指归，所以君子之交淡如水，小人之交甘若醴。只有小人才会千方百计地搭建人脉，笼络同僚，靠结党抱团来巩固自己的地位，捞取更大的利益。君子重义不重利，道不同则不相为谋，不论这会使自己损失多少潜在的利益。

当然，在孔子的时代，以及孔子理想中的西周礼制社会里，君子即贵族，很多人都有自己的世袭采邑，这是重义不重利的物质资本；小人既没有世袭的高贵地位，也没有优渥的祖宗产业，必须靠双手获得生存之资，做事若不以利益为依归便很难生存下去。所以，君子与小人之别与其说是道义的选择结果，不如说是自然的流变使然。

然而，世家大族虽然是古君子诞生的土壤，但对于专制皇权来说也是一种潜在的不安定因素，所以唐王朝自开国以来，对于各大门阀一直采取或明或暗的压制政策。其实科举制度的意义不仅仅在于为国家选拔人才，也在于给寒门子弟一个机会，使寒门子弟越来越多地走上仕途，渐渐冲淡世家大族子弟在政府中的比重。社会结构与政治结构的变迁，使周代基于封建采邑制度的君子之风渐渐让位给了小人的道德。从高官显爵到幕僚佐吏，结党营私、弄权舞弊之类的事情已经很难再在他们的良知深处激起任何程度的不安了。

更何况就连皇帝都做出了人不为己天诛地灭的表率，于是人们难免疑惑：所谓忠君报国，那样的君还值得忠吗，那样的国还值得报吗？中晚唐的人们始终记得，当安史叛军逼近长安的时候，一代明君唐玄宗趁着拂晓时分秘密逃亡；为了保证行动的机密性，非但对朝臣和禁军做了诸多欺骗性的安排，甚至还将宫外的皇子和皇孙们弃置不顾，听任这些至亲骨肉在即将到来的叛军铁蹄下自生自灭。即便普通人可以理解这是一国之君对臣僚与百姓所忍心做出的事情，也无法相信这会是一个祖父对孙儿做出的事情。

安史之乱以后，朝政愈来愈乱。唐德宗继位之后，很有一些重振朝纲的想法，无奈形势大过人力，朝纲一发而不可收。就在唐德宗刚刚继位的那年，下诏说："天下冤案积留未决的太多，州府衙门疏于受理，所以现在听凭蒙冤受屈者到京城敲登闻鼓投递讼词，中央政府会安排专人受理。"这确实不失为一项善政，但没过多久，就有朝臣上书说："现在敲登闻鼓的人太多，诉讼的都是一些鸡毛蒜皮的事情，如果这些事情也要天子一一过问的话，哪里还需要各个职能部门的官吏呢？"无奈之下，唐德宗将诉讼事宜全部发还各个有关部门，蒙冤者们刚刚燃起的一点希望转眼便被冰水浇熄。

当然，无论怎样的时代都有它的适者。就在这样一个唐德宗的时代里，令狐楚，国初十八学士之一令狐德棻的后裔，凭着过人的文采以及对朋党的忠诚，展开了自己平步青云的发迹之旅。

2

令狐楚，字壳士，自号白云孺子，家中排行第四。令狐楚从小就是一个传奇人物，五岁时便能写作辞章，后来的发展也不曾辜负神童的声誉，二十出头就考中了进士。要知道唐代科举考试录取比例小得可怜，千人之中也未必有一人能中进士，若非出类拔萃的才子，绝无可能胜出。

如此耀眼的人才，自然是王公巨卿们竞相延揽的对象。令狐楚选择了太原幕府，在那里从掌书记做到判官，所有重要文书都出自他的手笔。唐德宗恰恰是一个雅好文学的皇帝，令狐楚的斐然文采使德宗大为倾倒，每次收到太原来的奏章，一定能辨认出哪些是令狐楚所作。因着这个缘故，几经辗转之后，令狐楚终于被调进了中央政府。

到了宪宗时代，令狐楚负责起草朝廷诏书，每写一篇都会立即为人传诵。这实在是一种难能可贵的本领，政府公文毕竟不同于散文随笔，既没有沧桑真情可以感人肺腑，又不可以汪洋恣肆地将个人见解一吐为快。政府公文的要领无非两点：内涵上要善于揣摩上意，将主上想说却不便说的意图巧妙地表达出来；修辞上要规行矩步、字斟句酌，稍有差池就可能招致严重的政治后果。所以，这样的稿子要能写得文采动人、斐然成章，写到不但令主上满意，更令众人争相传诵的地步，简直就是传奇。

人在仕途，无论加不加入朋党，都要面对最基本的人际关系问题：结交哪些人，疏远哪些人，这里边大有学问。对于一些心思卑劣的人来说，一辈子的做官经甚至全在这里。令狐楚当时与两个人最是要好，一是萧俛，一是皇甫镈。萧俛并不是十分耀眼的人物，而皇甫镈是唐代历史上最出名的几个大奸大恶之一。在导致唐王朝走向衰败的这场大戏里，皇甫镈有着很重的戏份。

当时皇甫镈刚刚受到宪宗宠信，他马上做了每一个奸臣在上位之初都要做的事情：引荐党羽。凭着皇甫镈的鼎力推荐，令狐楚和萧俛再获升迁，成为权力核心里的一分子。就在这个时候，令狐楚和奸相李逢吉也生出了惺惺相惜的感觉。

后来宪宗为了讨伐割据蔡州的节度使吴元济而重用裴度，裴度与令狐楚不和，令狐楚被外放为华州刺史，李逢吉也受到牵累而罢相。但是，当令狐楚离开长安以后，其他人拟撰的诏书总是不合宪宗的心意，宪宗每每怒摔诏书草稿，思念起令狐楚来。

自此以后，令狐楚的命运牢牢地与李逢吉、皇甫镈、萧俛等人结合在一起，在绵延四十年的牛李党争中，令狐楚成为牛党的中坚力量。

3

唐文宗太和三年（829 年），令狐楚出任东都留守兼东畿汝都防御使，李商隐所居的郑州正在令狐楚的辖区内。此时的李商隐年近弱冠，该是走上仕途的时候了。

我们没有确凿的证据可以知道，令狐楚的到任究竟在李商隐的心里激起了多大波澜，但可以想见，令狐楚在当时的李商隐心中绝对是一位值得心慕手追的偶像。以文采扬名天下，担负朝廷制诰的拟撰之责，因此得蒙皇帝赏识而出将入相……令狐楚的人生经历正是李商隐渴望以亦步亦趋的方式再现一遍的。后来李商隐在给令狐楚的一封信里这样说道："某才乏出群，类非拔俗。攻文当就傅之岁，识谢奇童；献赋近加冠之年，号非才子。"李商隐不自觉地以自己的人生与令狐楚的人生相比较：在同样的年龄段里，自己刚刚从师就学，令狐楚已经以神童闻名；自己到了将行冠礼（古代的成人礼）的年纪时才以文赋拜谒令狐楚，求得后者的赏识，而令狐楚在加冠之年已经进士及第，为王公巨卿竞相延揽。李商隐自负才华，他清楚自己起点略低，起步略晚，但他对未来怀着一份不可动摇的信心。自信，从来都是生命力最突出的标志，是年轻人魅力的源泉。

在唐代的风俗里，尚未成名的青年俊彦总会精选自己的得意诗文投献给地方长官，地方长官也有义务接待各种各样的投献和拜谒。绝大多数交往都起始于礼节性的寒暄，终止于礼节性的告别，毕竟既不是所有的长官都懂得诗歌文章的优劣，亦不是所有的年轻人都有一份与其自信相称的才华。令狐楚是一代文宗，凡人俗笔入不了他的法眼，在他一生所接受的数量惊人的投献和拜谒里，他真正看重的只有李商隐区区一人而已。

4

感情这种东西并不神秘，在很多时候也并不珍贵，即便两个人性情相反、志趣不合，但在共同的环境里相处久了，或多或少也会有些感情。所谓日久生情，无非就是这个道理，感情归根结底就是"熟悉"。

人对熟悉的迷恋是深深写在基因里的，因为熟悉是最能带给人安全感的东西，而安全感是生存中最不可或缺的东西。人对熟悉有多么迷恋，对陌生就有多么排斥，所以我们对其他城市的风俗习惯、对其他阶层的思想观念天然就有一种厌憎之感，这种心态只有靠海量的阅读和广博的阅历才能克服。而阅读与阅历的作用不过是增广见闻，将无数的陌生变成熟悉，从而见怪不怪罢了。

所以，人的家园之情以及对同胞的感情都来自熟悉，不是理性的选择，而是天性的选择。理性之爱是另外一种东西，诸如一位政治家对另一位政治家的欣赏、一位音乐家对另一位音乐家的欣赏、一位文学家对另一位文学家的欣赏，那种惺惺相惜之爱不是来源于感情的契合，而是来源于灵魂的契合。这是一种更高级的、从来只属于少数人的专利，不是任何凡夫俗子所能分享一二的。

作为一代文宗，令狐楚一定从年轻的李商隐身上寻到了这种灵魂契合的感觉。其实，两人的文风绝不相类，令狐楚以骈文名扬天下，属辞比事精当妥帖，情绪被小心翼翼地闭锁在理性的大门之外；而李商隐素来所学只是古文，在文章方面不以辞采取胜，偏偏追求朴拙浑厚、淡而无味的感觉，两人的差异一如清泉之于烈酒。

但令狐楚就是钟情于李商隐这道清泉，想把他留在自己身边，悉心栽培他。不仅如此，令狐楚甚至让李商隐与自己的儿子们共学同游，这是完全将他当作子侄相待了。令狐楚是做过宰相和节度使的朝廷显宦，李商隐只是一介寂寂无闻的贫寒士子，这样的赏识与厚遇简直如梦似幻，在旁人看来只能道一句"不可思议"。

5

就是在这一年里，元老重臣白居易退出了核心政治圈，以位高荣宠的闲职来到令狐楚辖下的洛阳养老。这位当年政坛的风云人物如今只想远避党争、优游度日，再也没有了往昔的棱角与锋芒，全部所余只有资历和名望。这些资历与名望，对于白居易本人来说只不过是他得以优游度日的一点资本；而对于那些怀有仕进野心的人来说，是一份不可小觑的政治财富。

当令狐楚准备拜访白居易的时候，白居易以诗相迎，诗中有这样的言辞："应将笔砚随诗主，定有笙歌伴酒仙。只候高情无别物，苍苔石笋白花莲。"他的花园里有笔砚，有笙歌，有诗有酒，有苍苔石笋，有白色的、盛开中的莲花，一言以蔽之：对于任何一位满怀风雅之心的士大夫来说，这里除了政治，应有尽有。但令狐楚偏偏是为了政治而来的，还带来了一个正在汲汲寻觅政治阶梯的年轻人：李商隐。

哪怕对于那些天生善于左右逢源的人来说，只要是出身寒门，搭建人脉就不可能是一件轻松的工作。而最难的就是敲开第一扇门，得到第一位贵人的汲引，将你带进他那光芒四射的社交圈子里去。李商隐是幸运的，他以过人的文采打动了令狐楚的心，从此进入了上流社会的社交网络。

他已经获得了与令狐楚的儿子们同游共学的资格，如今他又被带进了白居易的宴会里，在这位政坛名宿、诗坛盟主面前展示自己的才华。这是多少寒门士子梦寐以求的机会，而李商隐似乎相当轻易地就得到了它。

多年之后，李商隐回忆这次宴会的经过，说自己有幸和白居易当面交谈，受到后者的赏识而列于门墙之内。而白居易对李商隐的赏识完全出于诗人的慧眼，并不仅仅是礼节性的称许而已。

晚年的白居易极爱李商隐的诗文，甚至说过希望自己死后能转生为李商隐之子的话。后来在白居易去世数年之后，李商隐生了儿子，取字为"白老"。但白老渐渐长大之后，性情竟然颇为鄙钝，完全不具其父及白居易的聪慧，以至于以促狭著称、在诗坛上与李商隐并称"温李"的诗人温庭筠戏称道："白老怎么看也不会是白居易的转世吧！"其后李商隐又生一子，取名衮师，聪俊非常。李商隐写诗说："衮师我娇儿，美秀乃无匹。"这位衮师，倒真有点像是白居易的后身呢。

6

同样是在这一年里，李商隐的业师李处士因病去世，享年四十三岁。

李处士之死在李商隐的人生履历中是一件颇有象征意义的事件，因为正是从这一年开始，令狐楚将取代李处士的角色，带给李商隐全新的教育与全新的生活，而李商隐亦将在不灭的感恩之心里不得不忘记李处士教给自己的全副本领，以改弦更张的姿态从半贱役、半隐逸的生活里脱离出来，走上世人公认的金光大道。

在这个命运的转捩点上，李商隐哀悼着、憧憬着。历史仿佛已成陈迹，前途仿佛一片光明。十月，李处士葬于荥阳坛山故丘。十一月，令狐楚由东都留守调任天平军节度使，李商隐被辟为幕府巡官，随令狐楚东行赴任。

唐代节度使有开府之权，可以自建官署，称为幕府，幕府里的官员称为幕僚。节度使是幕府之主，亦称幕主，有自行任命幕僚的权力，不受中央约束。所以节度使常常会与中央政府争夺人才，尤其是那些怀有政治野心的节度使，会不计成本地延揽名士入幕，一则以提高声誉，一则以储备人才。即便是中央可以完全掌控的藩镇，幕僚的薪资待遇也明显要比京官优渥。

如果说中央政府对藩镇幕僚仍有一丝约束的话，那就是规定了节度使在聘任幕僚的时候只能聘任那些有功名在身的人。而李商隐当时还不曾参加过科举考试，自然不曾考中过任何功名，所以在天平军节度使的幕府里，只有他一个人穿着白衣。

白色是礼制社会里对平民百姓的规定服色，这正是"白丁"一词的词源所在。所以，后来在令狐楚身故之后，李商隐为他撰写奠文，深情地怀念这段初入幕府的日子说："天平之年，大刀长戟；将军樽旁，一人衣白"，既感念于令狐楚破格提拔的知遇之恩，亦有几分掩抑不住的自负。

那时候，李商隐似乎就要平步青云了，但一个至关重要的关节是他尚未知晓的：因为唐代政治的特殊性，所以对于幕僚而言，最重要的素质不是工作能力，而是对幕主的忠诚度。

这有点近似于周代的封建制，幕僚如同诸侯的家臣，诸侯对天子效忠，家臣对诸侯效忠，换句话说，家臣不可以越过诸侯而直接向天子效忠。而与周代封建制不同的是，唐代藩镇幕府的效忠体系是一种潜规则，大家虽然心知肚明，但名义上无论是谁都应该效忠于皇帝。

而那些政治敏感度不高的人，总是很容易忽视潜规则的存在，于是在他们满怀热忱地追求政治理想之时，悲剧的因子便每每伏伺在侧。这是一个虽然浅显但生死攸关的道理，却没有人来教给李商隐。当他信心满满地追随令狐楚踏上东行之路的时候，不知道可还记得老子"祸兮福之所倚，福兮祸之所伏"的教诲？

7

东行途中，李商隐以诗笔记录见闻，写下了那首著名的《随师东》：

> 东征日调万黄金，几竭中原买斗心。
> 军令未闻诛马谡，捷书惟是报孙歆。
> 但须鸑鷟巢阿阁，岂假鸱鸮在泮林。
> 可惜前朝玄菟郡，积骸成莽阵云深。

这是一首杜甫风格的七律，记录沿途战乱的疮痍以及在疮痍中对时局的思考，以兼济天下的胸怀与年轻人特有的热情提出了天真而略带傻气的政治见解。这一点傻气将会伴随李商隐的一生，使他成为一个四处碰壁的诗人，而非一名左右逢源的政客。

市井中人最爱讲"世事洞明皆学问，人情练达即文章"，而在真正的学问与文章的世界里，从来没有这种市侩逻辑的一点位置。从来不会有人身兼诗人与市侩这两个角色，事实上，离诗人越近，就离市侩越远，也就离世俗的幸福生活越远。

然而，无论任何时代，永远都是市侩们的天下，李商隐东行之时的太和初年亦不例外。李商隐途中所见所闻的兵火劫灰，与其说是英雄与枭雄们的修罗场，不如说是大市侩与小市侩们的集市，一切像模像样的鏖战归根结底都只是买卖当中的不同姿态而已。

数年之前，即唐敬宗宝历二年（826 年），横海节度使李全略去世，其子李同捷代父自立，朝廷无力过问。直到唐文宗太和元年，新皇帝才决定重振朝纲，调集诸镇兵马讨伐叛逆。

此时的唐王朝，府兵制度已然瓦解，朝廷只有以藩镇克制藩镇，藩镇兵马几乎与雇佣军无异：节度使在辖区内自行募兵，自筹钱粮以养兵，一旦遇到朝廷征调而出境作战，出境之后的钱粮转由朝廷供给。

所以讨叛的时间越长，讨叛藩镇的获利也就越大。《资治通鉴》记载，虽然河南、河北各大藩镇围剿李同捷，但战争旷日持久，讨叛军每有小胜，就向朝廷虚报斩获人数以邀功求赏，而朝廷全力供给诸军粮饷，在作为帝国财税中心的江淮地区征收重税，搞得百姓疲敝，民不聊生。于是在普通百姓的心里，兵是否比匪更坏，中央政府是否比叛乱分子更坏，这类问题的答案已经越来越不清晰了。

太和三年四月，李同捷叛乱终告平定，然而在战乱波及的地区，民生之凋敝已经到了令人触目惊心的地步。尤其是横海镇的治所沧州，骸骨蔽地，城空野旷，户口所存者十无三四。令狐楚调任天平军节度使，天平军的治所郓州（今山东郓城）距离横海镇的治所沧州并不甚远，故而李商隐一路行来，呼吸的空气里总有浓浓的劫灰味道，《随师东》就是在这样的背景下写成的。

首联"东征日调万黄金，几竭中原买斗心"感叹讨伐李同捷之战虽然规模不大，却使天下为之疲敝，颔联"军令未闻诛马谡，捷书惟是报孙歆"谴责军令不严，将军们只一味地贪功冒赏。李商隐诗歌精于用典的特色在这里已经初见端倪了：马谡失守街亭，导致蜀汉北伐失利，被诸葛亮以军法处斩，而这样严明的军纪在讨伐李同捷的战争中从未被人听闻；晋军伐吴，大将王濬向朝廷报功，说自己已经斩获了吴国主帅孙歆的头颅，后来却是杜预擒住孙歆生献洛阳，此事传为一时笑谈，而在讨伐李同捷的战斗里，所谓斩首报功，大多只是荒唐的虚报罢了。

诗的颈联，鹭鹭（yuè zhuó）是凤凰的一种，筑巢于天帝所居的阿阁之上，"鹭鹭巢阿阁"比喻贤明的宰相居于朝廷枢纽，主持朝政。鸱鸮也就是今天所说的猫头鹰，古人以之比喻凶徒，泮林则是周代天子与诸侯宴饮集会的场所。这一联的含义是：只要贤相在朝，哪里容得节度使擅行割据之事呢？

宪宗朝的名相裴度铁腕打击割据势力，造就元和中兴的局面，而裴度罢相之后，河朔节度使复叛，这是李商隐念念不忘的一段现当代史。而此时出任天平军节度使的令狐楚也曾入朝做过宰相，他是否还有回朝复职的希望呢，是否能成为第二个裴度，为衰势中的大唐王朝力挽狂澜呢？在这个"可惜前朝玄菟郡，积骸成莽阵云深"的战后世界，李商隐对令狐楚理当怀有如此期待吧？然而他不知道的是，在他尚未降生的那个元和年间，令狐楚和裴度曾是一对政敌，在藩镇割据的问题上，裴度主战、令狐楚主和，裴度甚至为了主战的大局所需，以不甚光彩的政治手腕将令狐楚从核心权力圈排挤了出去。

以令狐楚的身份与识见，看到"但须鹭鹭巢阿阁，岂假鸱鸮在泮林"这样的诗句，或许并不会多想什么，不会对尚未看清世界真实面目的李商隐生出任何芥蒂，但李商隐竟然会在这种时候提起贤相与藩镇的关系问题，提起裴度的元和旧政，只能说明他还是一个心思不密的孩子。在权与利的修罗场上，"言多必失"是一条颠扑不破的真理，言多而又喜欢直抒胸臆的人从来都只会碰得头破血流，这就是为什么任何一名真正的诗人一旦踏入权力场便只能以悲剧收场的唯一原因。

8

令狐楚调任天平军节度使，这绝非一份轻松的工作。天平军曾经是李正己、李师道的割据之地，治下的军吏、百姓早就与唐王朝离心离德，如今虽然地盘已经重归中央掌控，但人心能否平复，政令能否通达，一切都还是未知数。

早在宪宗元和年间，裴度主持讨伐淮西吴元济的时候，叛乱分子多次潜入潼关，在长安城里大搞恐怖活动，任凭朝廷如何严查死守都无济于事。直到李师道败亡之后，朝廷收缴了李师道的机密文件，发现其中有大量赏赐潼关官吏、士卒的案卷，这才知道朝廷的各个重要岗位上都有叛贼安插的卧底。而令狐楚此次受命坐镇的地方，正是当年叛军几代经营的心腹要地，是恐怖组织的基地所在。

朝廷派令狐楚坐镇天平军，也算是煞费苦心了。倘若派来的是裴度的一党，难免会引起当地人的反感，而令狐楚恰恰是裴度的政敌，是当年著名的主和派，另一方面，令狐楚曾任宰相，以故相的身份下临一方，施政阻力总会小些。这种微妙的局面正是高明政客最理想的竞技场所，令狐楚也许不是一个耿介无私的人，但绝对是一名老练的政客，他有能力应付天平军大大小小的事宜，而对于年轻的、刚刚入世的、满怀政治理想的李商隐来说，这实在是再好不过的学习机会了。

然而，天真的眼睛从来看不到纷扰的世情。在凡夫俗子的眼里，李商隐如同一头闯入了春季花园里的牤牛，似锦繁花于他只是枉然，他满心狂喜向着草料一头奔去。这草料，就是骈文的写作技巧，是令狐楚借以成名的本领。

李商隐看到了令狐楚的成功，也看到了令狐楚表面上借以成功的本领，他相信自己也有同样的甚至更高的天资禀赋，只要亦步亦趋，便不难复制令狐楚的成功轨迹。可想而知，假如令狐楚写一部自传的话，一定会不惜笔墨地渲染自己的文采，渲染自己文采背后的天资与勤勉，渲染自己是如何凭文采理所当然地赢得了皇帝的赏识和众人的钦羡。他讲得一点没错，或许任何一个细节都不失实，但这一切只是事情的表面，还有许许多多只能让人心领神会的因素是他无法讲出、旁人也无法复制的。

就在天平军节度使的厅壁上，刘禹锡撰写的《天平军节度使厅壁记》赫然在目，概述天平军的历史人事，颂扬令狐楚的政德殊勋，这是天平军所有幕僚日日习见的东西。然而有谁深究过令狐楚和刘禹锡的交往史呢？谁知道令狐楚曾经如何为了一己前途而对列入政治黑名单的刘禹锡避之唯恐不及，背叛了多年的深情厚谊，又如何在多年之后小心地修复与刘禹锡的关系，请他撰写这篇《厅壁记》呢？这才是仕途生存的要领，而天生就是诗人的李商隐只从令狐楚的头顶上看到了文采的光环。

9

令狐楚极赏识李商隐的文学才华，将自己借以成名的骈文技巧倾囊相授。

在此之前，李商隐随他那位不食人间烟火的族叔学了一手出色的古文，但古文只属于古代，属于只可以欣赏却毫无实用价值的文体，与现实世界格格不入。李商隐如今已是幕府巡官了，一应公文都必须依照惯例以骈体书写，这种流行的、所有人都司空见惯的文体对于年轻的李商隐来说是全新而陌生的。但这又有什么关系，以他的天资与功底，再加上令狐楚的亲授，他很快就可以写得驾轻就熟、圆融无碍。

这个时期正是李商隐梦想高涨的时期，他有幸成为天下第一骈文高手的入室弟子，也是恩师最得意的弟子，凭着这手文章本领，科举的桂冠岂不是近在咫尺吗？进而可以入翰林、知制诰，负责朝廷诏书的草撰，像元稹和恩师令狐楚一样凭着文采而位极人臣。在那段日子里，光辉的未来是如此的真真切切、触手可及。在一袭白衣里梦想华衮，对于任何一个底层青年而言，再没有哪种幸福感更甚于此了。

李商隐有《谢书》一诗写给令狐楚，短短的四句诗里饱含着感激与梦想：

　　　　　微意何曾有一毫，空携笔砚奉龙韬。

　　　　　自蒙半夜传衣后，不羡王祥得佩刀。

　　所谓"半夜传衣"是禅宗故事：五祖弘忍于半夜时分秘密传授法衣给弟子慧能，使慧能成为禅宗六祖。"王祥得佩刀"的故事出自《晋书》：吕虔有一把佩刀，有善于相刀之人看出这是一把宝刀，只有荣登三公高位的人才能佩带；吕虔便将这把刀赠予王祥，说道："普通人佩带宝刀只会给自己招来祸患，而您有国家重臣的器量，将来成就定然不凡，所以我才将这把刀赠送给您。"王祥推辞不过，只好接受了吕虔的好意，后来王祥果然仕途通达，位至三公。李商隐用这两则典故，是说自己得到令狐楚传授的骈文写作之法，如同六祖慧能得到五祖弘忍的衣钵，亦如王祥得到吕虔相赠的宝刀。这不是礼节性的夸张语，而是一个二十岁的年轻人对未来溢于言表的踌躇满志。

　　李商隐当时无论如何都不会料到，多年之后自己依然沉沦下僚，任妙笔如何生花，也无非是在幕府里供人差役，入世的起点仿佛始终都是终点一般。那时，他将再也无法面对此时的他：

　　　　　沈宋裁辞矜变律，王杨落笔得良朋。

　　　　　当时自谓宗师妙，今日惟观对属能。

　　这首诗是《漫成五章》之一，是《谢书》十七年之后的作品，感叹自己虽然深得令狐楚的骈文真传，当年自信也能像恩师一样凭借一手好文章仕途得意、致身通显，而如今蹭蹬坎坷，这一手文章本领究竟为自己挣得了什么呢？

　　漫漫十七年的时光，被现实撞得头破血流的他终于有了一点点的反思，但他只看得出症状，却揪不出症结。毕竟，他从小学习的是正统的治国之道与君子之风，没人教他如何在千疮百孔的世界里钻营。纯白的人，在社会规则残酷的淘汰下，最终会走向灭绝。

10

天平军幕府巡官，单单从这个职位本身来看，不过是低级幕僚而已，这就是李商隐职业履历表上的第一笔，是他今后全部仕途生涯的起点。李巡官尚未有太多的公务需要操劳，他更像一名实习生，只需要细心揣摩幕主令狐楚的言传身教。而他忽然发现，这样的"实习生"其实并不只自己一人。

就是在这段时间里，李商隐结识了蔡京，一个他或许应该称为师兄的同龄人。

多年前，令狐楚坐镇滑台的时候，在众僧中发现一名小和尚眉目俊朗，进退举止从容有度，很是惹人爱怜，便请长老让他还俗，安排他陪自己的孩子一道读书。这个小和尚就是蔡京，此后在令狐家长大成人，一直陪侍在令狐楚的左右。

近似的人生经历使李商隐和蔡京颇为投契，何况蔡京也是一个极以辞气自负的人，他们有的是共同的话题，也有的是同游共赏的机会。对于李商隐和蔡京来说，幕府的工作并不繁重，似乎学习与交友才是生活的主题。繁难的事务自有令狐楚本人及其高级幕僚悉心打理，何况抚理州郡本就是令狐楚的强项所在。

令狐楚施政颇有道家风范，他深知民间之所以多事，往往只是因为政府生事，政府若不生事，民生就会自然繁育，哪里会生出多少事端呢。何况要安抚人心，安抚者本人首先就该有一副安闲自若的气度才行。

年轻的李商隐还看不懂令狐楚的老到之处，他在不久的将来回忆这一段幕府生活时，只记得一场又一场的宴饮欢会发生在水槛花朝或菊亭雪夜，幕府群官吟诗作赋，宾主唱酬，不亦乐乎。

对于李商隐和蔡京这样的晚辈而言，宴会上的唱酬其实有一点考试的味道，万不可轻忽以待。不知道是哪一次宴饮中，令狐楚一名姬妾流风回雪般的歌舞激发了众人的兴致，令狐楚要李商隐就此事作诗，一个小小的考验就这样突如其来。

我们很多人或许都会以为，以李商隐的才华，这样的考试哪里称得上考试？只是特意给他一个炫耀的机会罢了。然而事情并不那么简单，因为写得好并不难，想要得体却并不容易。

这般题材，稍不小心就会写得轻浮，一来女主角的身份毕竟是令狐楚的姬妾，二来在诗言志的传统里一首轻浮的诗必定说明诗人有着轻浮的性情。然而诗也万万不可写得严肃，在宴饮歌舞的场合以正襟危坐的姿态败兴一定会招致所有人的反感。如果是生性狂放的诗人，面对这种微妙的题材时往往拿捏不好分寸，李白醉酒写《清平调》的故事不就是一个很好的例子吗？因为将杨贵妃与那位以淫行著称的赵飞燕作比，被别有用心的人抓到了进谗的机会。幸而李商隐不是李白，他虽然天真，却审慎而拘谨，一如大多数贫寒出身的才子一般。

李商隐完美地交卷了，这首诗题为《天平公座中呈令狐令公》：

> 罢执霓旌上醮坛，慢妆娇树水晶盘。
> 更深欲诉蛾眉敛，衣薄临醒玉艳寒。
> 白足禅僧思败道，青袍御史拟休官。
> 虽然同是将军客，不敢公然子细看。

李商隐原本文学古文、诗学古体，但这首诗写成了今体诗里最讲究音律与对仗的七律，分明表示自己在令狐楚的教诲下已经改弦更张了。诗的前四句是说这名舞姬曾是一名女冠，如今脱下道服，以容颜与舞技赢得幕主的爱宠。颈联很巧妙地用到两则典故，"白足禅僧"是指高僧昙始，传说昙始双足洁白，即便从泥水中跋涉而过亦不会沾湿半点，故此人称白足和尚。若是连这样的有道高僧看到当下的舞蹈也会动了凡心，生出败道之思，足见这舞姬魅力如何了。而在这次宴会上，蔡京曾为僧徒，李商隐以"白足禅僧"暗指蔡京，贴切而饶有情趣。接下来，"青袍御史"与"白足禅僧"构成对偶，意趣更浓。唐代制度，御史台负责监察百官，大约相当于今天的纪委。李栖筠（李德裕的祖父）担任御史大夫的时候，拒绝参加曲江宴会，理由是每一次的曲江宴会上，照例都有教坊的歌姬舞女杂侍在百官左右，难免会发生一些有伤风化的事情，而自己担负监察之责，理应避嫌。李栖筠的做法自此以后成为惯例，凡是歌舞场合，御史台大小官员概不参加。而李商隐这句诗暗指在座幕僚中带御史衔的同僚，说监察御史们宁可辞官，也不肯错过这场舞蹈。

诗写到这里，夸张中带有谐谑，情绪似乎就要向着放诞发展。这正是最显诗人性情的关头，若是由李白来写，结尾必定以不收束为收束，将原有的狂放不羁更加宕开一层，而李商隐偏偏稍放即收，迅速由诙谐转入谦恭。尾联用的是一则三国时期的掌故：魏文帝曹丕一次宴饮群臣，酒酣之际使夫人甄氏出拜，甄妃素来便有美艳之名，但群臣碍于礼法，纷纷伏拜，不敢仰视，独有名士刘桢不加避讳，坦然平视。李商隐反用其意，说这名舞姬之美虽然足以使禅僧败道、御史休官，但毕竟是幕主的姬妾，自己不敢像刘桢那般公然平视。

若我们能理解黛玉初进大观园时的心态，便容易理解这首诗背后的太多内容了。

11

令狐楚有两位公子，大公子令狐绪，幼年患有风疾，大约就是今天所谓的小儿麻痹，所以一生不良于行，在重视仪表的唐代选官制度下注定不会有太大的发展；二公子令狐绹，自幼聪慧过人，颇有其父风范。李商隐和蔡京所陪读陪游的，就是这两位公子。

令狐楚对李商隐和蔡京的安排，不仅是出于爱才的心态，更是要为自家子弟培植羽翼，为他们将来的仕途留下忠诚可靠的政治遗产。这与唐代武将多认义子是同样的道理，只是这份苦心不宜宣之于口罢了。

在后来的发展里，蔡京果然对令狐一家怀有相当的忠诚，以冷峻无情的手段打击恩主的政治对手。蔡京获得的回报也相当优渥，他一直做到了节度使的位置，距离宰相只有一步之遥，赢得万人钦羡。

令狐绪与令狐绹兄弟自然而然将李商隐和蔡京视为家臣。蔡京是个明白人，清楚自己的位置，亦很好地扮演了自己的角色；而单纯到有些愚蠢的李商隐只把令狐兄弟当作少年时代的故友，从未想过自己其实只是一名家臣，更未想过家臣最重要的素质既不是忠君报国，亦不是追求个人之理想，而是对主君的绝对忠诚。

每个人都知道当攀登社会阶梯的时候，见风使舵是一项必不可少的本领，但很少有人知道，只要一个人的市侩天资稍有不足，见风使舵的策略往往弊大于利。忠诚才是中人之资者的最佳策略，在他们的人生赌博里，只要押中一宝，就必须不分是非对错、不问青红皂白地忠诚到底。在死心塌地的忠诚里，赢面总比输面更大。

忠诚和冷酷是一体的两面，正如在父母遇到威胁时，子女会不择手段地剪灭强敌；在恩主或党派遭遇危机的时候，一个合格的党徒亦会以残忍无情的手段铲除异己。这或许不宜比作父母和子女的关系，而应当比作人和狗的关系。

这是社会的潜规则，从没有人愿意讲明。而一切大家乐于讲明的内容，无非都是不同版本的君子之道罢了。越是相信君子之道的人，越是坚守自己的独立人格，将党附他人视作耻辱。

所以，天真的李商隐毕生以君子自期，亦毕生以君子之心理解别人的用心。对令狐一家，他只有感恩，却没有忠诚，更从未生出过党附的念头。他以为别人对自己也只是爱才怜才、惺惺相惜而已，他总是这样以诗人的心揣摩政客的心。

毋庸置疑，一如所有的寒门士子，李商隐有足够的审慎与克制，更有过人的才学与天资。但政坛如战场，里面有光彩夺目的荣耀与财富，更少不了阴谋算计与血流成河，若是仅凭借一腔热血和一身傻力气狂冲乱撞，结果当然只有死亡或沦落。

【小考据】才华与人脉

　　唐代仕进，虽然极重科举，实则人脉远比才华要紧。科举往往只是一个形式，是金榜题名还是名落孙山其实早在正式考试之前就已经决定好了。高门望族自有门阀势力，寒门士子则要八面玲珑，懂得打点关系才行，死读书的人从来都是希望渺茫的。

　　不仅如此，就算是有富而无贵的家庭，只一味晓得使钱行贿，终归也不是长久的办法。明代话本《初刻拍案惊奇》里有一则唐末的故事，虽然只是故事，却颇见官场规则。故事里，某富商想要用钱买官，另一位富商劝诫他说："而今的官，有好些难做。他们做得兴头的，多是有根基，有脚力，亲戚满朝，党羽四布，方能勾根深蒂固，有得钱赚，越做越高。随你去剥削小民，贪污无耻，只要有使用，有人情，便是万年无事的。兄长不过是白身人，便弄上一个显官，须无四壁倚仗，到彼地方，未必行得去。就是行得去时，朝里如今专一讨人便宜，晓得你是钱换来的，略略等你到任一两个月，有了些光景，便道勾你了，一下子就涂抹着，岂不枉费了这些钱？若是官好做时，在下也做多时了。"

第五章

关于怀旧，关于期冀

嫩箨香苞初出林，於陵论价重如金。

皇都陆海应无数，忍剪凌云一寸心。

1

"成名"这个词在唐代的含义与今天颇有不同,唐人若说一个人成名或尚未成名,往往是就科举及第或未及第而言的。科举及第就是成名,科举在唐人心中的地位可见一斑。

高宗朝宰相薛元超曾有一句名言说:"我这一生虽然大富大贵,但仍有三大遗憾不能释然:未曾进士及第,未能娶五大姓的女子为妻,未能参与国史的修撰。"甚至连帝王都倾慕进士身份,唐宣宗甚至在皇宫的楹柱上自题姓名为"乡贡进士李道龙",虽则荒唐,但也可见进士出身是何等金贵。

当李商隐成为天平军幕府巡官、令狐楚的入室弟子之后,若想真正走通仕途,还有一关要过,就是这金贵得无以复加的进士科举。尤其是李商隐想走元稹和令狐楚的旧路,希望能以文章才华入翰林、知制诰,那么进士的功名更是必不可少的。试想元稹当年被破格录用,执掌机要大权,仍然因为没有进士功名而被人当众讥嘲。

这并非特例,因为唐代科举名目繁多,但唯独以进士科最难考取,每年不过录取三四十人,所以唐人对进士身份的重视是一以贯之的。用数据说话,唐代从宪宗到懿宗七朝中,共有宰相一百三十三人,其中一百零四人都是进士出身。因此要想赢在起跑线上,非考取进士不可。

唐代科举考试分为制科与常科。制科,为招非常之才而设定,名目纷杂,令人眼花缭乱,有一百多种,涉及文辞、经义、治道、军事、长才、拔取遗才、激励风俗等方面，无论你拥有的才华多么偏门，唐政府都为你提供了进取的道路；常科，顾名思义，乃较为通常的考试科目，常科中最为主要的，是进士与明经两科。

制科有点像现在高考特招艺术尖子生、体育尖子生，且制科不是常设，每年或许有或许没有，全凭皇上高兴。所以虽然制科名目繁多，好像机会一大把，但绝大部分考生仍然选择考取常科。而在常科中，进士、明经貌似是平行并列的两项，事实上两者地位不可同日而语。

考取明经科，及第与否的关键在于考生对经书的熟悉程度，只要你背得下大小经义，你就能登第；考取进士科，诗赋是最重要的考试内容，考生的文学能力便成了决胜的法宝。无论考生头悬梁、锥刺股背下多少诗文经义，写不得一手锦绣文章，就莫奢望在进士科中取得胜利，进士科的游戏规则，从来都不是"只要功夫深，铁杵磨成针"。

进士科比明经科考取的难度大得多，进士也就比明经的出路好得多。唐政府很清楚，死记硬背当然亦是一种才华，但死记硬背的才华与倚马千言的才华相比，终究还是落了下风，安排官职时，进士普遍比明经高出几段来；且社会各层也对进士抱持更高的评价与期许，这也算是进士的一笔隐形财富。

2

太和五年，令狐楚为子弟们做了一项必要的政治投资：资助李商隐赴京应举。

进士科素来以考试难度大、录取比例低著称，而对于自负才华的考生来说，非如此不足以证明自己的优异。在公平的竞技场上，他们唯一渴望的就是更苛刻的筛选标准，正如今天的每一名优等生对每一场考试的期待一般。

李商隐已不再有什么值得忧虑的事情了，此刻的他，已经从一个佣书贩春的少年变成了一个踌躇满志的青年，他天赋的才华与积淀的学养已经足以应付任何难度的考试，他也幸运地遇到了仕途上的贵人——那位出将入相、名满天下的令狐楚，他的诗名与文名也已经先他一步飘到了长安。

李商隐初到长安，初次领略到这座帝国都会的盛大繁华。作为大唐帝国的文化中心，兼值各地考生云集应考的时候，长街里巷中吟诗作赋的声音甚至多于叫卖声。也许某个衣衫寒素、其貌不扬的人出口落笔间就是一团锦绣，也许某个趾高气扬、不可一世的小子早已打通了当朝显宦的关节，所有的士子莫不往来奔忙，将自己最得意的诗赋以上等绢帛精心誊写，投递到一个个或文坛巨擘或皇亲国戚的高门大院里，希图得到名人的延誉。平康里、安乐坊……有多少名声在外的街巷，哪里是李白"会须一饮三百杯"的老店，哪里是杜甫"朝扣富儿门，暮随肥马尘"的通衢，哪里是王维奔走过的岐王府邸，哪里是韩愈困顿的旅舍……这里不是长安，而是龙门。

李商隐投宿的客栈也是诗声鼎沸，一点不愧对这座帝都。这是诗歌的时代，诗对于彼时的长安人来说，正如划拳之类的酒令之于今天的我们。酒酣耳热之际，客栈里的住客们无论相识或不相识，都禁不住命题赋诗，一较文采之高下。

那天他们的命题"木兰花"有幸被历史记录在案，是因为李商隐恰巧在一旁，被酒醉的客人硬拉过来，要他也赋诗助兴。而在那天所有咏木兰花的诗作里，史册只留下了李商隐的一首：

洞庭波冷晓侵云，日日征帆送远人。

几度木兰身上望，不知元是此花身。

此诗一出，语惊四座，人们忙问这位诗人姓甚名谁，才知道他就是本年度进士科的热门人选——诗名早已传入长安的李商隐。

这首《木兰花》虽然不过是一首语义浅近的七绝，却也表现了李商隐特有的朦胧暧昧的诗风：木兰舟上的游子、目送木兰舟远去的深情之人、木兰花与木兰桨的传说、木兰舟的掌故，所有的图片都半透明一般地拼叠在一起，光影闪烁，人花莫辨。

南朝一本叫作《述异记》的书里说，浔阳江中有一座木兰洲，洲中多生木兰树，这里的木兰树原本是吴王阖闾为了修建宫殿而栽种的。鲁班曾以木兰树为舟，这只木兰舟至今仍在木兰洲中。当然这不是故事的全部，在前秦留下的《拾遗记》里还有一种传说，说汉昭帝终日在水上游宴，土人进贡了一只巨槽，汉昭帝认为桂楫松舟尚嫌粗重，何况这只巨槽。于是命人以文梓为船、木兰为桨，船头雕刻飞鸾翔鹢，乘此船随风轻漾，通夜忘归。

这不仅仅是传说，木兰是实有其物的。木兰，又名辛夷，王维的名诗《辛夷坞》描写的就是他家庄园里一处种满木兰树的地方。木兰的树干坚韧细密，异香四溢，天然便防虫蛀，是一种极贵重的木料，用来打造舟船虽然风雅至极，但也称得上奢靡无度了。

李商隐早早便以唯美风格的诗歌征服了帝都长安，然而令人意料不到的是，在一而再、再而三的应试旅途中，他始终无法征服那小小的科场。

3

直到今天，我们依然能够看到这样一种似乎反常的现象：优等生除非在学术或技术领域里发展，否则一旦从学校踏入社会，个人成就反而不及很多差等生，个中原因并不是一个"高分低能"的简单论断便可以一笔带过的。

优等生早已习惯了公平竞争。学校的生活就是如此，只要你的智力水平并不在中人以下，那么成绩自然是一分耕耘一分收获，对学业的努力程度决定了每一次考试的结果，于是在这种环境里待得愈久，便愈是将公平竞争当作了排名第一的社会法则，也愈是会将个人努力与最终结果挂上严格的因果关系。

而差等生对学习懒得用心，过剩的精力便投注在了人际关系、社会百态以及各种成功捷径上。因为若是单凭真才实学，差等生的确无法获胜，而人对成功的渴望自然会指引差等生走上寻觅捷径之路。

当优等生与差等生一起从单纯的学习环境走入复杂的社会时，优等生仍在期待公平竞争，而早已习惯于不公平竞争的差等生终于如鱼得水，发现这个世界果然是自己这样的人才可以大展拳脚的。

社会法则就是如此：越是乱世，一个人的道德底线越是与他的个人成就成反比。读史书每每会生出这样的感慨：越是大奸大恶之徒越容易窃据高位，个中道理正在于此。

李商隐时代的科举根本不是一种公平竞争的考试制度，人脉的重要性远远大于真才实学。李商隐的性格是在他那位处士族叔的言传身教下塑造成形的，正所谓"不忮不求，道诚有在；自媒自炫，病或未能"，若是要他为了功名去"朝扣富儿门，暮随肥马尘"，他是无论如何都不肯放下这份尊严的。

多年之后，李商隐在《上崔华州书》里回顾自己这一段不堪回首的科举经历，仍然不失傲气地说："凡为进士者五年，始为故贾相国所憎，明年病，不试，又明年，复为今崔宣州所不取。居五年间，未曾衣袖文章，谒人求知。必待其恐不得识其面，恐不得读其书，然后乃出。"接连五度科举，李商隐对唐代士子习以为常的行卷风气始终抱着鄙夷的态度。尽管令狐楚已经为他打开了一定的人脉，尽管他完全可以请托令狐楚、白居易、刘禹锡这些官场与文坛上的前辈名宿为自己荐举一二，但他偏偏什么都没有做。无论受多少次挫折，他终归不肯放下那份高傲，不肯奔走于长安权贵之门，所以，功名的大门亦终归不肯为他打开。

第一次失利是因为"为故贾相国所憎"，这位"故贾相国"就是以庸碌著称的宰相贾𬛠，负责当年的主考事宜。这位贾𬛠是一个没有多大原则的人，总是小心翼翼地游走在政治旋涡的边缘，既不敢开罪君子，更不肯招惹小人，脂韦于掠食者的行列间，只求保住功名富贵。所以，依贾𫗧的性格为人，断不会对一个小小的李商隐怀有多大的厌憎。最有可能的情形是：进士科的名额极其有限，走各种人脉关系的请托者就已经照顾不完，更何况那些孤标自负、不肯为功名而略略屈膝的人呢？

卑鄙是卑鄙者的通行证，高尚是高尚者的墓志铭。这话一点不错，你若不肯向社会屈膝，社会又何尝会向你屈膝？

4

李商隐虽然孤傲，却绝非孤僻之人。依着当时的风俗礼数，他在长安时也曾带着自己的文章拜谒过一些文坛前辈。他怀着以文会友的憧憬，渴望交流与砥砺，然而结果一再令他大失所望。

多年之后，在一封给陶姓好友的书信里，他以几分辛酸、几分辛辣的笔触回忆这段不甚愉快的经历说：在收到他的文章之后，有些人干脆置之一旁，不闻不问；也有些人默默浏览几眼，不耐烦正正经经地朗读出来；还有些人总算愿意朗读出声，但不是读错了字就是读错了句读，怎可能读得懂文章的含义呢？所以自己不愿再多写文章，更没兴趣为了应举而学着别人的样子去搞行卷之类的事情了。

社会就是这样，若没有权贵显达的引荐，那些名高望重的前辈哪会耐烦去认真理会一个寂寂无闻的后生呢？这也不全怪那些前辈，毕竟他们的名声为他们招徕了太多的拜谒者，纵然他们有心真诚接待每一个人，亦终归应接不暇。太过稚气的李商隐尚不懂得其中的玄机，他只是模糊地发现这世界的规则似乎与先前预想的不同，他有一点困惑，也有一点自暴自弃。

或许令狐楚的赏识对他而言实在来得太早了，使他误以为只要拥有了足够的才华就一定会得到他人的赏识。他误以为这个简单的道理就是这个社会里最基本的规则，然而这时的他，正如中国象棋里的一只卒子突然跳到了国际象棋的棋盘上。

5

世事变迁，当李商隐滞留长安、又一次在焦灼中等待放榜的时候，令狐楚亦又一次踏上了迁调太原的行程。太原对于令狐楚来说，既是故土，也是风水宝地，他的前半生从读书、入幕直到成名都在这里。此时衣锦还乡，真的将太原当作家乡来悉心治理。

滞留长安的李商隐时刻留意着恩主的消息。每在长安多感受一分的冰冷，他便多萌生一分投奔太原的心。在写给令狐楚的信里，他劈头便称道太原"风景恬和，水土深厚"，那恬和的分明是幕府里的往昔，深厚的分明是令狐楚的情谊。他是诗人，天性便不是为功利奔忙的名利客，却不得不在命运的胁迫下与卑劣的世俗竞技。在这名利场上，他这天生的盲聋者究竟如何才能胜出呢？

他不知道。他只知道自己必须胜出，因为他已经承载了太多的期待，而他自己再也不愿回到佣书贩春的生活里去。他已经拥有了过人的才华与丰赡的学识，亦已经遇到了平常人终生难遇的贵人，他究竟还欠缺什么呢？

该有的他已拥有，不该有的他也不曾漏掉。是啊，一个人的命里有贵人，也难免会有小人。如果说令狐楚就是李商隐的第一位贵人的话，那么贾𬸪毫无疑问地要算李商隐命运中的第一位小人。贾𬸪三度主持进士科举，三度将我们的诗人黜落榜下。

抛开成见，公平地来想，就算没有贾𬸪从中作梗，科举对于李商隐怕也不是一件易事。都说唐代以诗赋取士，似乎诗写得好、文拟得佳就足够了，实则不然。即便抛开人脉的因素，还有一个原则是切切不可忽视的，那就是政治上的分寸感。换句话说，在答卷的时候什么话该说，什么话不该说，该说的说到几分，不该说的避到多远，这些都是绝不能犯错的。

因为唐诗的缘故，今人只看到了诗赋在唐代科举中的重要性，其实除了诗赋之外，还有帖经和时务策要考。所谓时务策，顾名思义，是要对当时的政治现状提出分析和意见，而进士科的时务策要考五道之多，远远不是诗赋的分量可比的。

那么，时务策难道是敦促考生们理论联系实际、充分展示政治见解的舞台吗？——既是亦非，如果你想考中功名，就必须摸清整个王朝的权力格局，摸清所有的雷区和火线，然后小心翼翼、处处避忌，在模糊而窄小的安全范围里最大限度地施展才华。所以这样的考试，需要的是市侩的机心，排斥的是诗人的赤诚。

对于李商隐而言，前车之鉴近在眼前。就在几年之前的太和二年，长安考场上曝出了一件爆炸性新闻：昌平考生刘蕡应考制科，时务策的论题竟然是宦官乱政。这个问题堪称敏感中之最敏感者，人人心知肚明，人人缄口不言。中晚唐政局以宦官、藩镇、朋党为三大痼疾，而在这三者之中，人们宁得罪朋党，不得罪藩镇，宁得罪藩镇，不得罪宦官。刘蕡一介书生，却勇敢地触犯了这个最大的敏感词，于是任他如何文采飞扬，任他如何有真知灼见，那些老于官场的考官怎可能让他及第呢？

刘蕡落第，物议嚣然，同科及第的李郃甚至对人说："刘蕡不第，我辈登科，实厚颜矣。"刘蕡赢得了人们的钦佩与同情，而付出的代价是自己一生的政治前途。

这段算不得往事的往事，李商隐是深深知晓的。日后他将有幸结识刘蕡，并结下真挚的友情。而此时滞留长安的他，作为刘蕡的仰慕者，纵然没有刘蕡那般破釜沉舟的勇气，亦不得不在前途与良知之间求得某种微妙的平衡。而他毕竟是一名诗人，毕竟不可能将真诚全然掩住，毕竟从骨子里是属于刘蕡一党的。那些老于官场的主考官，从李商隐的考卷上不难嗅出这种令人不快的味道。

6

自有仙才自不知，十年长梦采华芝。

秋风动地黄云暮，归去嵩阳寻旧师。

——李商隐《东还》

　　这首《东还》是李商隐又一次落第之后的叹息。在接二连三的挫折中，他终于有些惶惑了，不禁怀疑自己当初预选的这条人生轨迹是不是错了，是不是应该回到玉阳山去，自己也许根本就不是什么用世之才，这许多碰壁的经历是不是命运要自己改弦更张的某种提示呢？

　　当年轻与挫折相加，等号后面往往就是这样一种结果，在任何时代都不例外。选择永远是人生中最纠结与苦恼的事情，因为当下总会患得患失，事后又总会悔不当初。

　　于是，人们用龟甲和牛骨向祖先神灵寻求预言，用蓍草排演八卦，还有望气风角、四柱八字、阴阳五行、占星、堪舆……人们发明了数不清的占卜技术，其实归根结底，无非是要在迷茫时为自己的某个抉择寻找某种或许坚实可靠的依据，以坚定自己决断时的意志罢了。

　　此时的李商隐是迷茫的，他或许会想起当年走下玉阳山时写给同修永道士的那首诗："共上云山独下迟，阳台白道细如丝。君今并倚三珠树，不记人间落叶时。"永道士依然在玉阳山上继续着仙旅，自己若是当初不曾下山的话，道术的修行该会和现在的永道士差相仿佛吧？当初写诗作别时是何等的潇洒与坚决，而今难道真要拖着一颗伤痕累累的心重新走上那条细如丝的阳台白道吗？而今终于知道，山下虽然看似一马平川，看似通衢大道，其实比那条阳台白道更窄亦更崎岖。

但这还不是最难走的路。世上道路万千，回头路从来都是最难走的，所以这世上有多少人就算明知走错，也要咬紧牙关一错到底。李商隐后来写过太多仙道题材的诗，但再也没有了怀恋，反而处处显示出与仙道的决绝，仿佛刻意如此似的。唯其如此，才能在偃塞流离的仕途中证明给自己：当年弃仙道而入凡尘是一个何等正确的抉择。

7

无论及第与否，总有令狐楚的幕府可以栖身，可以在栖身中等待将来的机会。李商隐毕竟还能够这样冀望，但世事的变迁永远超乎凡人的逆料。太和七年，令狐楚再次接到调令，这一次是由太原回到长安，在中央政府担任吏部尚书的官职。

吏部尚书，大约相当于现在的中组部部长，主管人事之任免升黜，这是一个虽有大权却敏感得令人如履薄冰的位置。但这些要紧处只与令狐楚有关，与李商隐无关。真正与李商隐有关且关系重大的是，吏部尚书不同于节度使，没有开府的自由，也就是说，令狐楚从此无权再自行辟用幕僚了，依旧是一袭白衣的李商隐必须另寻一处栖身之地才行。进无可进，退无可退，这是何等彷徨的境地啊。

幸好，在彷徨不久之后，李商隐遇到了生命中的第二位贵人：郑州刺史萧浣。

回归故里的李商隐受到新任父母官郑州刺史萧浣的器重。对于李商隐来说，这是绝处逢生的一年；而对于萧浣来说，这一年绝对算是流年不利。这一奇异的机缘，要归功或归罪于李德裕，正是因为他的入朝拜相，才使萧浣从长安被贬到郑州。

那是太和七年，唐文宗正在为朋党的事情伤透脑筋。

作为群居生物的一种，结党营私实在是人类的天性；就人类个体来说，总会有一种成为某组织之一员的强烈冲动，孤立的人从来都是不可想象的。朋党势力的增强永远意味着皇权的式微，这当然是皇帝不愿容忍之事。当然，宦官擅权与藩镇割据同样削弱着皇帝的控制力，然而屡弱的皇帝如果有心振作一下的话，朋党问题虽然恼人，终归是三大痼疾中最易对付的一个。

精明的朋党人物总会小心地掩饰自己的朋党身份，毕竟暗中做事和闷声发财更适合他们所扮演的角色，但总有一些人喜欢张扬，将种种原本见不得光的事情做得大张旗鼓，唯恐别人不晓得自己的声势。时任给事中的萧浣正是这样的人，他是牛僧孺、李宗闵一党的骨干分子，在他的身边聚集了大批牛党实权派，他们手眼通天，只要打通他们的关节，无论科举及第还是升官调职，无不如意。

萧浣等人实在做得招摇了些，以至于唐文宗决意启用李党党魁李德裕来压制一下牛党的气焰。李德裕拜相之后，不负皇帝厚望，将牛党骨干一一贬出朝廷，萧浣被贬为郑州刺史正是这一时期的事情。

《资治通鉴》称"德裕因得以排其所不悦者"，李德裕借着这个机会，将自己素来看不惯的一些朝臣从京城排挤到地方。世事祸福相倚，全然未被大人物放在眼中的李商隐，竟然在人生的关键时刻从这一场"神仙打架"里获得了新的机会。

8

舍生求道有前踪，乞脑剜身结愿重。

大去便应欺粟颗，小来兼可隐针锋。

蚌胎未满思新桂，琥珀初成忆旧松。

若信贝多真实语，三生同听一楼钟。

——李商隐《题僧壁》

这是李商隐题写于寺院墙壁上的一首七律。

寺院不详何寺，题诗不详何时，从诗风与诗意推断，应是年轻时借佛事感慨世事的作品：在修行的旅途上，有多少前贤付出过常人难以承受的代价，而佛理至深至奥，大处包藏须弥，小处可容芥子，变化万千不可揣摩，一如世事无常。

颈联写得最美，"蚌胎未满思新桂，琥珀初成忆旧松"，传说海里的珍珠和天上的月亮一同圆缺，每到月圆之夜，也就是珍珠最晶莹的时候，而在蚌胎未满之际，正是新月未圆之时，尚未成形的珍珠遥遥感应着新月，憧憬着月圆时候的圆满；松树的树干上流溢出来的脂液在亿万年的时光中慢慢变成了晶莹剔透的琥珀，而在琥珀成熟的时候，那株松树早已腐烂了不知多少个世纪，只余下深沉而无可释怀的忆念而已。过去、现在、未来；旧恩、新遇、前途……心中所有的动荡与纠缠仿佛都在这两句诗里被说尽了。

当萧浣将郑州刺史的大门为李商隐打开的时候，这颗未满的蚌胎是否感应到新桂的知遇，对前途又升起了新的憧憬？而在这艺业已成、只待机会的关键，他又是以何等心情忆及佣书贩舂的日子、随族叔学艺的日子、玉阳修道的日子以及初入大千世界的日子呢？

萧浣极赏识李商隐的才华，但他只是一州刺史，没有辟用僚属的资格，哪怕再中意的才俊他也无法收留。于是，萧浣将李商隐引介给潼关防御使兼华州刺史崔戎。事有凑巧，崔戎算起来还是李商隐的重表叔，虽然血缘甚远，但毕竟也算沾亲带故。于是，李商隐幸运地等到了人生中的第三位贵人。

9

崔戎并非因为亲戚之谊，而是因为对才华的赏识以及萧浣的力荐才厚待李商隐的。他不但将李商隐聘为僚属，给了他一份待遇优渥、前景光明的工作，还像当年的令狐楚一样，亲自指导李商隐的骈文写作技术。

崔戎带给李商隐的，岂止是实质的援助，还给了他又一个成功的榜样：崔戎出身于赫赫有名的博陵崔氏，在极重门第的唐代，这实在是一个令人艳羡的家庭背景；崔戎举两经登科，但弃京官而入幕府，在幕府建功立业之后重新入朝任职；并且，崔戎也是一代文章名手，他所拟撰的文件很为时人称道。

李商隐先后得到令狐楚、崔戎这两大骈文宗师的指点，普天之下还有几个人能有这般的幸运呢？崔戎似乎从这个年轻人身上看到了未来之星的影子，他悉心地栽培他，用力之勤不在令狐楚以下。李商隐亦倾力回报，施展全副本领替崔戎撰写公文表章。这不仅仅是对知遇之恩的报偿，不仅仅是对本职工作的尽心，更是攀登更高舞台的一份努力，因为他的文字终于有了直达圣听的机会。当年，在太原幕府从掌书记做到判官的令狐楚，不就是凭着公文表章得到了唐德宗的赏识吗？

是的，虽然今天我们如痴如狂地赞叹李商隐的诗歌，但对于当时的李商隐而言，诗歌只是副业，骈体公文才是主业——不仅是主业，更是他一生中最为自负的本领。

李商隐在华州幕府所写的公文有几篇幸存于世，我们不妨看一篇《代安平公华州贺圣躬痊复表》，看看这位年轻诗人、这位尚无功名在身的基层公务员在上达天听的机遇里，是如何表现自己的：

　　臣某言：今月某日，得本道进奏院报，以圣躬痊和，右仆射平章事臣涯等，奉见圣躬讫。社稷殊祥，生灵大庆。臣忝分朝寄，四奉国恩，无任抃舞踊跃之至。

　　臣闻：天，普覆也，应运而健若龙行；日，至明焉，有时而气如虹贯。伏惟皇帝陛下，道超普覆，迹迈至明。思宗社之灵，惟德是辅；念蒸黎之广，以位为忧。求衣未明，观书乙夜。寿域既勤于跻俗，大庭微阙于怡神。是以自北陆送寒，暂停禹会；及东郊迎气，爰复尧咨。

四海方来，百辟咸在，六幽雷动，万寿山呼。

惟臣独以一麾，载离双阙，犬马之微诚空切，鸳鸿之旧列难阶，提郡印而通宵九惊，对使符而一食三起。今幸已俗臻殷富，年比顺成。伏惟稍简万几，以迎百福。托燮调于彼相，责绥抚于列藩，承九庙之降祥，副兆人之允望。臣某不胜懔懔慊慊之至。谨差某奉表陈贺以闻。

这篇奏表是以崔戎的名义向唐文宗问候病情的。太和七年十二月，文宗突然中风失语，权宦王守澄推荐郑注进京治病。翌年正月，郑注的医药小见成效，文宗终于可以勉强支撑着身体在太和殿接见近臣了，但毕竟神情耗减，不复当初。

皇帝病体小瘳，群臣循例道贺，所以这样的奏表难免陷入老生常谈、陈词滥调，几乎可以用模板去套，要写出新意与文采实在是难上加难的。常人写作，写自己的感情时往往能够超出一贯的水准，一旦超出这个范畴便难免力不从心，遑论要写好一篇公文了。而职业高手如同演员，有能力扮演许多类型的角色，从容驾驭一些令自己无动于衷的题材。要想做一名像令狐楚和崔戎那样的胜任骈体公文的职业高手，李商隐所要跨越的最难的一关并非技巧，而是心理素质，是对乏味与恶心的容忍度。

我们往往以为一人对世事的包容度仅与脾气有关，脾气越是温顺柔和，便越能遇方则方、遇圆则圆。不过这种认识并不完全正确，随和与否当然跟脾气有关，但决定一人对世事的包容度的，是一人心地的纯粹程度。灵魂中杂质越少，越对社会乱象无从理解，也就越难于委曲求全。

试想一下，要一个简单明快的人，以天赋的生花彩笔去歌功颂德、粉饰太平，这究竟是怎样的一种折辱？即便是一名心识高远的作家迫于生计去迎合世俗大众的庸俗趣味，所做的牺牲也远远逊色于此。

对于名利场的投机者而言，恭维话只是言不由衷的口头禅罢了；对于天生的诗人而言，凡有所言必须由衷，必须出于灵魂，而在一切不得不言不由衷的话里，恭维话从来都是最难出口的，习惯于阿谀与屈膝的人不会懂得这种苦楚。

李商隐一定是掌握了某种可以暂时封闭感情的本领，所以他才能在太和八年正月，在皇帝大病初愈的当口，认真写好了平生第一篇能上达天听的文字。

假若我们就是唐文宗身边的近臣，被要求以最简捷的方式向皇帝转述这篇奏表的内容，那么这篇三百多字的文章完全可以概括成一句话："崔戎问候陛下。"这六个字就足够了，再添一个字都是多余的。人人都晓得这个道理，但人人也都知道，六个字便足以表述清楚的意思此时此刻必须用长篇大论来写，不仅要写得华丽、妥帖，还要写得真切、动情。历史上有多少官样文章，归根结底都是这么一个道理。

于是，李商隐为了表达这样一个简单至极的意思，以令人惊骇的经典熟识度广征博引，既炫技又刻意写得收敛，在骈四俪六的精工对仗里小心翼翼地施展毕生所学。

文章的第一段是个引子，以崔戎的口吻说："今月某日，得本道进奏院报，以圣躬痊和，右仆射平章事臣涯等奉见圣躬讫"，本月某日，微臣从本部门的驻京办事处得到消息，陛下病体初愈，接见过宰相王涯等人；"社稷殊祥，生灵大庆"，对于江山社稷和黎民百姓，这真是一件天大的好事啊；"臣忝分朝寄，四奉国恩，无任抃舞踊跃之至"，微臣不才担任朝廷委任的官职，四度得到提拔，对陛下不胜感激，所以听说这个消息后忍不住鼓掌跳跃，兴奋之情不能自已。

文章从第二段开始进入华彩的铺陈，简直令人屏息："天，普覆也，应运而健若龙行；日，至明焉，有时而气如虹贯"，以天、日分别比喻帝王（语出《易经》《战国策》）；"伏惟皇帝陛下道超普覆，迹迈至明"，意思递进一层，说天、日尚不足以喻至尊，帝王之尊犹在天、日之上；"思宗社之灵，惟德是辅；念蒸黎之广，以位为忧"，说帝王地位之尊贵，一是因为德行至高，受到上天的辅弼，二是因为万民拥戴，帝王不以帝位为乐，而以天下为忧（语出《尚书》《汉书》）；"求衣未明，观书乙夜"，皇帝天色未明便要披衣临朝，夜已二更仍在读书不辍（语出《汉书》《东观汉记》）；"寿域既勤于跻俗，大庭微阙于怡神"，皇帝虽有长寿之福，但也不妨将政务暂时搁置，以怡养心神为上（语出《汉书》《列子》）；"是以自北陆送寒，暂停禹会；及东郊迎气，爰复尧咨"，所以在去年十二月里不曾举行朝会，今春圣体小瘳，又开始接见群臣（语出《左传》《礼记》《尚书》）；"四海方来，百辟咸在，六幽雷动，万寿山呼"，见到圣躬无恙，天下四方响起雷鸣般的欢腾声，无论百官还是百姓，一同高声向陛下祝福（语出《尚书》《汉书》）。

第三段转而讲述崔戎自己："惟臣独以一麾，载离双阙"，臣下我出任地方官，离开了中央朝廷（语出颜延之诗、《史记》）；"犬马之微诚空切，鹓鸿之旧列难阶"，因为不在陛下身边，故而难效犬马之劳，拳拳之心无处表达（语出《史记》《剧秦美新》）；"提郡印而通宵九惊，对使符而一食三起"，臣下赴任之后，不胜忐忑惶恐之至，唯恐辜负陛下的期许（语出《后汉书》《吕氏春秋》）；"今幸已俗臻殷富，年比顺成"，今年幸而微臣治下年丰谷熟，百姓殷实（语出《礼记》）；"伏惟稍简万几，以迎百福"，故而恳请陛下宽心，稍稍减少一点操劳，好生将养身体（语出《尚书》）；"托燮调于彼相，责绥抚于列藩，承九庙之降祥，副兆人之允望"，朝廷政务可以让宰相多分担一点，边境军务可以让节度使多用心一点，请陛下安心将养，这才是历代上皇与万千百姓一致期望的（语出《尚书》）；"臣某不胜悚悚慊慊之至。谨差某奉表陈贺以闻"，微臣以无上的挚诚，差遣使者某某向陛下呈递这份贺表。

这样一篇奏表，的确称得上言辞偶俪、用典丰赡。老套的官样文章能写到这般水准，真的比那些情真意切、有感而发的篇什难上百倍。若比照他的两位骈文老师：崔戎的文章《全唐文》仅存一篇，议论税收事宜，通篇数字，无法作比；令狐楚的文章传世较多，那些曾令时人称赏的诏书敕令在今天看来质直有余而华彩不足，读来却有黄钟大吕之声。单以文采而论，李商隐出道时的表章绝不在令狐楚的成名作之下，但是，假如令狐楚可以对这篇《代安平公华州贺圣躬痊复表》给出意见的话，他一定会说，李商隐实在有些用力过度了。

这文章里的才情实在太过逼人，以至于这位作者怎么看都只能成为一名文士，注定与达官的位列无缘。

处世尚浅的李商隐哪能料到这一层？在华州幕府的那些日子里，他一定在忐忑不安地期待着朝廷的回音吧——圣上是否读过了他的文章呢？是否生出了他所预期的眼前一亮的震撼呢？那些九霄云上的王公大臣是否正在议论着崔大人的这篇奏表究竟出自何人之手呢？他是否因此而有了叩开长安城里重重宫禁的新机缘呢？

一切都是未知的，但也是可以预期并值得期待的。这，就是年轻的好处。

10

遗憾的是，什么消息都没有传来。

这是所有官样文章的共同命运：写的人必须认真写，看的人却从来不会认真看。所有人都假装这些文字以及文字背后的所谓精神受到了最为郑重其事的对待，然而所有人同样心知肚明的是：唯一重要的只是姿态而已，别无其他。

你若是和李商隐一样，是这个竞技场上的新手，当你那快要燃烧起来的热情忽然落空的时候，你一定要明白：你并没有做错什么，你只是做出了错误的期待而已。接下来，姿态还是要照摆，事情还是要照做，需要改头换面的只有自己的心态。

很多涉世不深的人都倒在这道关卡上，闯关而过的人只有两种：一是足够灵敏与沉着的，二是足够迟钝的。幸或不幸的是，李商隐显然属于后者，最终一世消磨在骈体公文里，从来不曾搞清楚那些漂浮在文章以外的文章要诀。

李商隐始终都在，亦始终只在磨炼文章。在这篇《代安平公华州贺圣躬痊复表》里，用典之丰赡，即便在见惯了骈四俪六的唐人看来也要瞠目结舌。不，不只是普通的唐代文士，就连崔戎这样的文章老手亦叹赏有加。

在李商隐文名渐盛之后，唐人甚至不相信他有如此才华与学识，于是编派出了"獭祭鱼"的故事：李商隐随令狐楚学习骈文，在俪句对偶方面和老师差相仿佛，只是文辞还要繁缛很多，这是因为李商隐在撰文之时总会海量地检阅书册，以至于各种书册堆满桌案。而水獭在吃鱼之前总要先把捕获的鱼儿在石头上整整齐齐地排列起来，仿佛祭祀一般，这就被称为獭祭鱼。李商隐书桌上堆满资料典籍的情景，就像极了獭祭鱼。

晚唐写这种秾丽繁缛型的文章，以李商隐、温庭筠、段成式最是知名。巧合的是，这三个人在家族同辈里的排行都是十六，故而时人将这种文风称为"三十六体"。

其实今天的学生们准备论文，几乎人人都是獭祭鱼的风格，各种原始文献、研究专著、相关论文何止摆满一桌。一个人越是獭祭鱼，说明他的写作态度越是严谨。尤其是文科生，谁也不可能仅凭头脑便掌握如此海量的文献。所以在很多时候，头脑要做的不是记住那些成群成片的知识，而是形成一套完善的索引，当遇到某个问题时，这套索引会提示你该到哪里去查阅哪些材料。

但是，比起饱受知识爆炸之苦的今人来说，古人一般是只凭记忆的。饱学宿儒们著书立说，凡有引述，常常都是直接从记忆里调出，而不会找到原始文献来查阅或核实。而记忆毕竟不很可靠，于是以今人的学术标准来看，古人的治学为文实在不够严谨。这就是古今的一大区别，古人所讥讽的那种獭祭鱼的作风，在今天看来其实一点都不为过。

然而，那些认为李商隐有獭祭鱼作风的人，想来只是自身水平不及，故而以己度李商隐。他们不敢相信这世上真有李商隐这般才高学富的人，于是当他们看到那些才高学富的文章，难免会武断地认为，除了獭祭鱼这样随手翻查资料的写作方式外，再没有其他手段可以完成如此旁征博引的作品了。

太和九年，二十三岁的李商隐在诗中回顾华州幕府的这段生活，说崔戎"顾我下笔即千字，疑我读书倾五车"，显然李商隐之所以受到崔戎的欣赏，不是因为他有翻检故纸堆的超人耐心，而是因为他的才华当真横溢而出，使他可以倚马千言、文不加点；至于那些庞杂无垠的经史子集、辞章掌故，他正是因为烂熟于心，才可以信手拈来、恣意取用。若非如此，以文章翰墨闻名于公卿的崔戎也不至于"疑我读书倾五车"了。

11

风格即人。尤其对于一名诗人来说，正是风格而非其他因素使他的形象能够在公众视野里牢固地确立下来。在华州幕府的短暂时光里，年轻的李商隐完成了自己一生文风与诗风的最后确立。

风格即人，秾丽繁缛的不仅仅是李商隐的骈体公文，亦是他本人，因此亦是他今后全部的诗骨。有人评价李商隐的诗风说："如百宝流苏，千丝铁网，绮密瑰妍，要非适用。"这话没错，百宝流苏也好，千丝铁网也罢，绮密瑰妍有余而实用性不足。在古代诗言志的传统里，诗一定要"有用"才行，要么于心有裨，要么于世有补，怎能为美而美呢？

无奈李商隐天生就是一个耽于绮美的人。美，对于常人而言只是点缀，于他则是阳光、水和氧气。为美而美，为艺术而艺术——近代英国唯美主义者这些大逆不道的口号，早在中国的唐代就已为李商隐不露声色地遵行过了。

唯美主义的极致只讲求形式之华彩而无所谓内容为何，世俗中所有美丑善恶的标准对于唯美主义者来说都是不起作用的。正如哲学上"道"无所不在，美学上"美"亦无所不在；哲学有所谓道在屎溺，屎溺又为何不可以入诗呢？

人们总以为《锦瑟》《碧城》以及诸多《无题》是李商隐唯美诗歌的典范，但那只是典范，而非李商隐个人风格的极致。若论极致处，不甚知名的《药转》才是最为当之无愧的一首：

郁金堂北画楼东，换骨神方上药通。

露气暗连青桂苑，风声偏猎紫兰丛。

长筹未必输孙皓，香枣何劳问石崇。

忆事怀人兼得句，翠衾归卧绣帷中。

·

首句点明位置：厅堂之北、画楼之东，也就是整座宅邸的东北角上。不过是叙写方位而已，"郁金堂"与"画楼"这般明媚馥郁的字眼给人以缱绻的想象。次句所谓"换骨神方"，传说仙家有"六年易筋，七年易骨"的灵丹妙药，"上药"即上等药物，"通"是通畅的意思。

颔联描写诗人当时所感受到的风露，一"暗"一"偏"，暗示诗人当时所在的位置是既褊且狭的。露气、风声、青桂、紫兰，样样都清雅得紧。如此美景，只应与梦有关，与爱情有关，与知己有关。谁也想不到，诗人接下来安排了那么"惊世骇俗"的内容。

颈联是一对倒装句，正确的语序是"未必输孙皓长筹，何劳问石崇香枣"。这里连用两则典故：三国时期，吴国在都城建业的后园里偶然挖出了一尊佛像，吴主孙皓素不信佛，故意将佛像置于厕处以放置厕筹。四月初八浴佛节，孙皓变本加厉地尿于佛像头上，不久阴处肿痛难耐。诗中"长筹"即厕筹，是用竹片砍削打磨成的刮板，作用相当于现代的手纸。对句用晋代石崇的典故：石崇生活奢靡，厕中有婢女数十人。婢女身披绫罗，手持漆箱，箱子里盛有干枣，供人如厕时塞鼻之用。有一次大将军王敦在石崇家做客，如厕时见到箱内有枣，径自取来食用，婢女们无不掩口讥笑。尾联写诗人通泰归卧，在舒畅的感觉中忆事怀人，并且觅得佳句。

诗句又是偶俪，又是用典，典雅而暧昧，很有几分迷离恍惚之美，然而这首诗描写的主题着实难登大雅之堂，只是服用通便药物后的一次如厕经历而已。以秽物入诗，且入得如此妥帖而不俗，在整部古典诗歌史上，仅此一例。

所以前辈注家往往不肯相信，非要舍近求远地探索诗中根本就不存在的所谓深意，这只说明了李商隐越过自己的时代有多么远。其实以秽物入诗，在现代诗坛上早已不是什么稀罕事。我们早已熟悉了波德莱尔和叶芝，但谁能想到我们会在千年之前的唐朝，寻到如此具有现代性和先锋意味的诗歌？

当然，这样的诗过于前卫，或者说过于实验性，所以注定不可能流传。从来都是中庸最易于流行，从来流行的物事都跳脱不出中庸的审美，比如白居易那些连无知老妇都能读懂的诗。

李商隐不是疏狂恣肆的人，他那些极端的诗歌实验，只是在自己小小的天空里飘忽闪耀的吉光片羽罢了。他必须去做一名入世的人，所以他得慢慢学会如何隐藏自己，如何迎合主流审美趣味。对于藤蔓一般的人，这不过是举手之劳；对于劲竹一般的人，天性是自己最大的阻力。在失眠的夜晚，李商隐大约也感叹过，除却老师的提问、科场的考试，原来人生还有太多难题。

学生时代我们频频祈祷快些毕业，让考卷、习题和分数通通见鬼去吧。毕业之后，踏入世界疯狂的旋涡，遭遇太多误解和无解之后，才开始怀念那段每道难题都有正确答案、每场竞争都有监考老师的清澈岁月。

12

年轻往往和朝气、希望、蓬勃这些词联系在一起，属于同一个集合。即便是天性偏傲而敏感的人，在年轻的时候也总还不失几分朝气。没错，在年轻的时候，一点微渺的希望就会使人迅速忘记刚刚仿佛灭顶之灾似的打击。除了死亡，再没有什么能够彻底扼杀年轻所专属的生命力。

无论是科举的屡试屡败，还是颂圣奏表的石沉大海，所有灰色的情绪都被萧浣的礼遇与崔戎的激赏涤荡无迹。既然年轻，总还有大把的时间可以挥霍，有大把的气力可以消磨。想来天子龙体违和，就算勉强接见一下近臣，总不会还有更多精力去读来自全国各地的每一封奏表吧，何况要想在所有大同小异、充满陈词滥调的奏表中独独注意到来自华州的华采辞章，也实在太为难天子了些。即便是一个精力旺盛的人，也会在倦怠和腻烦的惯性里将华州的文卷不经意地忽略过去。但是，这又有什么关系呢，既然生花妙笔业已练就，总会有下一个机会留给自己。

李商隐的骈文技巧日臻化境，所谓獭祭鱼的风格越发凸显，而他的诗，也越发如他的文章一般骈俪绮美。文与诗的唯一区别是：他把文章留给了理性的自己，留给了努力迎合世人期待的自己；他把诗歌留给了感性的自己，留给了私密的、掺不得半点虚伪的自己。

年轻的朝气，骈俪的格律，丰赡的典故，同时兼备这三者的诗歌在李商隐的作品里着实不多，只有《牡丹》等寥寥几首。因为他最终选择了用后两项特色来更多地抒写缱绻与企慕，吟咏沧桑与怆痛，青春即将成为李商隐所有奢侈品里最高端的一款。

任是如何卓尔不群的人，在青春时代亦不会对所有的潮流与时尚一概拒绝。唐人狂爱牡丹，李商隐就是在这样一个已被前人与时人写滥的主题里，写下了足以为全唐牡丹诗压卷的杰作。而这首《牡丹》风格之鲜明，已经足以令人甫一读诗便笃定作者为谁：

> 锦帏初卷卫夫人，绣被犹堆越鄂君。
> 垂手乱翻雕玉佩，折腰争舞郁金裙。
> 石家蜡烛何曾剪，荀令香炉可待熏。
> 我是梦中传彩笔，欲书花叶寄朝云。

李商隐的诗之所以难于流行，是因为它对读者的要求过高，不仅要求读者有副柔软温暖的心肠，方能体会到李商隐百转千回的思虑和心绪；还要求读者与诗人拥有同等程度的阅读量与知识储备，否则单是典故一关便迈不过去。许多情意被李商隐掩埋在典故之下，读者用头脑破解典故之后，心肠才能派上用场。

《牡丹》短短八句，且仅仅是咏物，就用到了六则典故，且并非众人耳熟能详的典故。首句是用孔子见南子的故事：南子是乱政之君卫灵公的夫人，春秋时期著名的艳女，声誉一向不佳。她多次约见孔子，孔子辞谢不得，只得赴会，隔着一层锦帏向南子行稽首之礼，南子自锦帏中答拜，环佩玉声瑾然，令人怦然想象帏幕中的风光。李商隐替南子卷起了这层锦帏，但只是"初卷"，稍稍揭开美丽的一角而已，以这无限春光幽幽乍泄比喻牡丹初绽时的明艳。

第二句用鄂君子皙的故事，前文已述，这里是以越女身上五彩斑斓的披风形容牡丹花瓣的雍容层叠。世间斑斓的物件甚众，能够用来比喻牡丹华美的物件多了去了，而诗人偏选了这样一件有故事的披风来形容牡丹。正是有了故事，风情全出。

三四句形容牡丹随风摇曳的媚态，虽未用典，却用到唐代舞蹈的术语。所谓"垂手"是一种舞姿，古人记载说"有大垂手、小垂手，或如惊鸿，或如飞燕"；"郁金裙"是指熏有郁金香料的舞裙，而非郁金香颜色的裙子。古代诗词里常见的所谓郁金，与今天的郁金香毫无关系，不是花朵，而是一种外来的香料，汉译佛经译为茶矩摩。由于茶矩摩稀有而昂贵，人们常以较廉价的红花、郁金来代替，在名称上便发生了混淆。真正的郁金是一种姜科植物，被用作香料和药物。至于诗词里常常提到的郁金香，是指郁金的香气。我们今天概念中的郁金香花传入中国尚不过百年的历史，古人并没有这份眼福。

第五句用石崇的典故：石崇是晋代首富，平生最喜炫耀奢华，厨房里不用柴火，而是用精美的蜡烛烧饭，现实版的焚琴煮鹤恐怕不过如此了。诗句以石家蜡烛比拟牡丹光彩天然，花蕊如烛芯挺拔而出，不劳人工修剪。

第六句用荀彧的故事：荀彧性喜香，常将衣服熏香，每到人家做客，所坐之处接连几天香气不绝，后来人们便以"荀衣""荀香"或"荀令衣香"来比喻人的风流倜傥或花的异香扑鼻。诗中"可待"即"不待"，是说牡丹的香气天生浓郁逼人，不待香料熏染。

第七句用江淹的故事：江淹是南朝的文学大家，某日他在冶亭留宿，梦见一位老人自称郭璞，对自己说："我有一支笔放在你那里很多年了，现在应该取回来了。"江淹向怀中探去，果然摸出一支五色笔，还给了老人。从此以后，江淹所作的诗歌再也没有佳句，故而后来才有了"江郎才尽"这个成语。

第八句用宋玉《高唐赋》中巫山神女的故事：宋玉陪同楚襄王嬉游于云梦之台，望见高唐之观上笼罩着特殊的云气。楚襄王甚觉怪异，宋玉解释道："这就是所谓的朝云。当年我们楚国的先王也曾来高唐游玩，在倦怠中小憩，白日入梦，梦见一名女子自称巫山之女，自荐枕席，先王便宠幸了她。女子告别的时候，说自己住在巫山之阳、高丘之阻，且为朝云，暮为行雨。朝朝暮暮，阳台之下。先王在第二天清早向山上望去，果然见到一种奇特的云气。感叹之下，先王为那女子立庙设祭，名为朝云。"

诗的前六句写尽牡丹的情态香色，而在最后两句诗里，诗人自己竟跳入了牡丹的世界中，相当自负地说自己在梦中得到了郭璞相授的五色笔，世间还有谁的文采及得上自己呢？自己要用这支五色笔在牡丹的花瓣上题写最美的诗句，打破人神之间的阻隔，寄到巫山神女的手上，让她看到自己的才华，读懂自己灵魂隐秘处的倾慕。

年轻的诗人并非立志做一名爱情歌手，而是在美人香草的诗歌传统里，以示爱的语言比喻对理想的执着求索。在牡丹盛开的繁华世界里，一个自负文采无敌的年轻人，渴望以这份文采铺就所有的进身之阶，在璀璨的未来里尽情璀璨。

13

终南山是秦岭之余脉，绵延数百里，从京城长安绵延到华州之南，在唐代既是隐修的圣地，又是做官的捷径。崔戎和令狐楚都是眼光长远的人，栽培人才从不急于一时之用。

崔戎既有心栽培李商隐，便必须帮他通过仕途上的第一道关卡，即李商隐已经屡战屡败的进士举业。为了能使李商隐安心应考，崔戎特地将他送到终南山的一座佛寺里，不再给他安排任何幕府冗务。

李商隐后来在《安平公诗》里回忆崔戎对他的器重说："华州留语晓至暮，高声喝吏放两衙。明朝骑马出城外，送我习业南山阿。"留语则从清晨直至日暮，送行则以刺史之尊亲至城外，器重与赏识至此，无以复加。

太和八年三月，春暖花开、莺飞草长的季节，崔戎在幕府僚属的簇拥下特意登山探望李商隐，随行还带来了美酒佳肴，毕竟佛门也要为官府破例："三月石堤冻销释，东风开花满阳坡。时禽得伴戏新木，其声尖咽如鸣梭。公时载酒领从事，踊跃鞍马来相过。"

在这宾主尽欢、契阔谈宴之际，仰望山寺楼台，仿佛高接霄汉；从山巅俯视大地，地上的房屋树木宛如粒粒微尘。在经声梵呗之间，恍惚那寺院里初开的繁花便是从天散落的雨花，这正是"仰看楼殿撮清汉，坐视世界如恒沙。面热脚掉互登陟，青云表柱白云崖。一百八句在贝叶，三十三天长雨花"。

那段日子里，还有"仲子延岳年十六，面如白玉欹乌纱。其弟炳章犹两卝，瑶林琼树含奇花"，那是崔戎的两位公子，尚在少年的崔雍、崔衮兄弟。李商隐与他们交游，颇有几分当初在令狐楚幕下与令狐绪、令狐绹兄弟同游共学的味道。这样的日子，没理由不用诗歌来怀念。

多年之后，李商隐途经长安郊外的骆氏亭，在无眠的雨夜里深深地思念起崔雍、崔衮兄弟，写下了"留得枯荷听雨声"这一刻骨伤心的句子：

> 竹坞无尘水槛清，相思迢递隔重城。
>
> 秋阴不散霜飞晚，留得枯荷[1]听雨声。
>
> ——《宿骆氏亭寄怀崔雍崔衮》

越是神经脆弱、心思敏感的人，越懂得这首诗的力量。《红楼梦》第四十回里，宝玉荡舟兴起，嫌池塘里的残荷碍事，想赶紧叫人拔去。黛玉说："我最不喜欢李义山的诗，只喜他这一句：'留得残荷听雨声'，偏你们又不留着残荷了。"

黛玉的伤心不是从阅世来的，而是从骨子里带来的。曹雪芹安排这一处情节，实在是因为"残荷"一句写尽了黛玉的气质。若她是一句诗，必是"留得残荷听雨声"，再找不出任何一个哪怕只是差强人意的句子。

李商隐的伤心却是由阅世而来。在华州幕府的时候，在终南山僧舍的时候，他还无法设想自己将会在迢递重城之外相思，在雨打枯荷的夜晚无眠，他还沉迷在"我是梦中传彩笔，欲书花叶寄朝云"的自信与自负里，然后"仰看楼殿撮清汉，坐视世界如恒沙"，将天堂看得忒近，将险阻看得忒小。

14

年轻人走向成熟要学会很多事情，其中有一件很重要，但往往不被人想到的事情是：如何拒绝别人的善意。每个人都会出于各种缘故而拒绝别人，只是

---

[1]"枯荷"一作"残荷"。

方式各不相同。低智的人总是直言不讳，半点也不顾及旁人的感受；软弱的人总是太过轻易地应承别人，哪怕是违心的，他们甘愿牺牲自己来成全别人，但他们往往会对不同的人做出彼此矛盾的应承，把自己逼到进退维谷、左右为难的尴尬境地；幼稚的人总是说谎，在第一时间编造出某个合情合理而不致伤人的借口，而在以后的日子里，为了不使这个谎言败露，必须不断费心费力地编造更多的谎言。

而一个成熟的人，既会维护自己的利益，又会顾及别人的感受，会根据理性的考量而非感情的一时冲动或软弱来做决策，还会最小化决策成本，不使自己陷入无穷无尽的折磨里去。这种问题从来都不是容易解决的，而名声渐响、运势渐盛的李商隐很快就会面临这个问题。

不知道是通过怎样的渠道，御史中丞宇文鼎对李商隐表达了延揽之心。鱼与熊掌不可得兼，李商隐必须有所取舍。职业生涯上的取舍问题与感情生活里的取舍一般，最忌讳的就是暧昧，想要左右逢源、两面讨好的人往往都会死得很惨。尤其在那个朋党之风极盛的时代，人人怀着"非我族类，其心必异"的念头，忠诚成为所有素质中最重要的一项。李商隐若想要显示对崔戎的绝对忠诚，就必须以毫无挽回余地的姿态，回绝宇文鼎的邀约。

当然，这完全是一个成熟投机者的理路，李商隐若真如此想，也就不成其为李商隐了。他确实对崔戎怀着强烈的亲近与感恩之心，也确实想回绝宇文鼎的好意，而让他挂心的只有一个问题：写一封怎样的回绝信才足够得体，既能明确表达自己的取舍，又不至于拂了对方的面子。

李商隐的回绝书信是一首七言绝句，题为《赠宇文中丞》：

> 欲构中天正急材，自缘烟水恋平台。
> 人间只有嵇延祖，最望山公启事来。[1]

---

[1] 句下自注："公盛叹亡友张君，故有此句。"

　　四句诗里用到三则典故，这样密集地用典，完全是律诗的写法，在绝句里极少见。用典在诗歌语言里有一种相当实际的功效，就是使意图变得更加含蓄、委婉。这首《赠宇文中丞》的含义其实再简单不过，无非是谢绝对方的好意，言明自己更愿意留在幕府，并且拜托宇文中丞：您既有延揽人才之心，那么您已故好友张君的公子才是最需要得到汲引的人，请您莫要忘记他。

　　但是，将这些意思用三则典故包装起来，就显得隽永温柔，使得明确的谢绝不仅是含蓄的，而且是美的，使对方在吟咏玩味中，不能生起一点点被拒绝之后的负面情绪。

　　诗的首句用《列子》的故事：周穆王时，从遥远神秘的西方来了一个善于幻化的人。他能够凌空飞行，在水火金石中穿行无阻，能够移山倒海，使河流逆行，还能够随意改变物态与人心。周穆王敬之如神、奉之若君，甚至让出正宫与这位高人居住，并进献最好的饮食与歌舞美女。但高人嫌宫室太卑陋，嫌饮食有土气，嫌侍女有腥气，一切举国最佳的东西都只能被他嫌弃。周穆王并不生气，反而为他另造宫室，耗尽了全国的人力物力方告落成。这座新宫倚终南山山势而建，楼台高达千仞，有摩云接天之壮观，号称中天台。"欲构中天正急材"便是以这样一个波澜壮阔的典故，形容宇文中丞正急于为国家延揽人才。那么，这样可贵的延揽难道是诗人可以拒绝的吗？

　　次句便是婉拒的意思，用汉代梁孝王的典故：梁孝王是汉景帝之弟，窦太后之少子，与皇室关系最亲，且在平定七国之乱中立有大功，得到的封赏不计其数。梁孝王于是耗费巨资营建宫室，最大的手笔便是在王宫和位于平台的离宫之间，修建了一条长达三十余里的空中走廊。这样宏伟而浪漫的工程即使放在今日也足以令众人瞠目结舌，何况在两千年前？不仅如此，梁孝王还招揽天下豪杰，广制兵刃弓弩，所以平台离宫成为当时所有藩王辖区内最为人才济济的地方。李商隐以梁孝王的平台离宫比喻幕府，诗句字面上是说自己留恋平台一带的烟水风光，实则道出对幕府生活的深恋，故而不愿他往。

　　诗的最末两句，嵇延祖是晋代名士嵇康之子，名绍，字延祖；山公是指嵇康的故交山涛，字巨源。山涛与嵇康都是"竹林七贤"里的人物，交谊甚深，后来嵇康因为傲岸不群的性格，受奸人谗害而死，临刑时对儿子嵇绍说："只要有巨源在，你就不会成为孤儿。"山涛后来位致显达，长期负责官员铨选，以眼光独到、甄选公允而闻名。凡是山涛举荐人才的奏章，每一份都标有题目，时人称为"山公启事"。在所有的启事当中，有一份便是为简拔故人之子嵇绍而作的，称嵇绍平简温敏，有文思，晓畅音律，荐以为秘书丞。后来嵇绍亦没有辜负山涛的举荐，成为国之栋梁，最后从容死节，名入《忠义传》。文天祥《正气歌》里的名句"为嵇侍中血"，说的就是这位心地高洁的嵇绍。

　　于是，"人间只有嵇延祖，最望山公启事来"，以山涛比宇文中丞，以嵇绍比宇文中丞亡友张君之子，这既是极大的恭维，亦是得体的礼让。这首诗的诗艺未必高绝，但诗人的处世之方显然有了几分成熟的味道。年轻人总希望自己能在弹指间变得老练，给人以成熟、得体的印象，但对于那些天真得不可救药的诗人来说，这种心态与姿态毕竟是强装来的，永远不会成为自己的骨中之骨、血中之血。

15

　　抉择之难，在于一个人不可能掌握全部的信息，不可能预知未来的不测。所以每一次抉择都是和命运的一次赌博，而赌徒最重要的素质就是愿赌服输的平和心态。

　　终南山僧舍里席不暇暖，李商隐便要追随崔戎离开华州，远赴一千六百里外的兖州。以今天的地理来说，这一程是从陕西走到山东，从西部内地走到东部沿海。

崔戎调任兖海观察使，统辖兖、海、沂、密四州，重新辟李商隐为幕僚。李商隐为崔戎撰写谢表，答谢朝廷的任命，说兖海一带"古为诗书俎豆之乡，今兼鱼盐兵革之地"，仿佛这里是文化重镇、经济命脉似的。其实从崔戎的角度来看，无论兖海地位是高是低，这次调任分明是政敌将自己逼出权力中心，并且一去就是千里。

对于年轻人来说，远行总能使自己开阔眼界，增长阅历。看一些闻所未闻的风土人情，尝一些家乡绝无的珍馐美味，无论好歹，只要足够新奇，总不失为人生快事。总有一些新奇——哪怕很小，都是值得纪念的。在初抵兖海的一次宴席上，李商隐第一次尝到鲜嫩的竹笋，这难道不是一件值得大书特书的奇遇吗？

为了第一次吃到的竹笋，李商隐写了一首分量很重的诗。在唐代的宴席里，诗歌常常沦为为酒肉助兴之物，当然，对于低级僚属、年轻后进来说，这也是展现才华的大好时机。即席作诗，容不得你深思熟虑、字斟句酌，所以苦吟派的诗人注定败阵，只有那些思维敏捷、富于急才的人才会胜出。

而这一回，李商隐并非以急才应付惯例，而是真的有感而发。这首诗题为《初食笋呈座中》：

> 嫩箨香苞初出林，於陵论价重如金。
> 皇都陆海应无数，忍剪凌云一寸心。

幼嫩的竹笋刚刚在林中破土而出，这种东西虽然在温暖湿润的南方盛产，在干燥寒冷的北方却是相当珍贵的食材。但是啊，山陵林莽、川泽湖海里已经有了太多的美味，难道就不能放过这小小的竹笋吗？它分明和我一样，也有一颗凌云之心，希冀挺拔直上，有一个不可限量的未来。

比起之前在天平军幕府宴会上写下的《天平公座中呈令狐令公》，这首

《初食笋呈座中》再无骈俪之对仗与繁复之用典，纯以白描手法写出，在一气呵成中更见自我；而不见了的，非但是他一贯的拘谨，甚至还有他一贯的朦胧与含蓄。

一个人心态越放松、精神越自由，表达方式也就越直接、越有力。这是一个放之四海而皆准的规律，对于芸芸俗子如此，对于天才诗人亦如此。所以这首《初食笋呈座中》是李商隐诗集中难得的一抹亮色，但那字里行间隐隐含有的悲剧意味使这首诗成为李商隐一生的诗谶。

第六章

命途上首座分水岭

迢递高城百尺楼，绿杨枝外尽汀洲。

贾生年少虚垂涕，王粲春来更远游。

永忆江湖归白发，欲回天地入扁舟。

不知腐鼠成滋味，猜意鹓雏竟未休。

1

一切都是无常。

当佛陀提出这个经典命题之时，其含义远比我们普通人所想的深奥。春花秋叶，桑田沧海，除了变是不变的，世间还有什么是永恒的？甚至我们自己，每一刻都有旧的细胞死去，新的细胞诞生，这一刻的我不是前一刻的我，今天的我不是昨天的我，每一个"我"都只是四大与五蕴在瞬息间的因缘和合罢了。

世界有成住坏灭，人生有生老病死，这层意义上的无常总是被人们感受得更直接些。古人与今人不同，哪怕你贵为帝王将相、王子皇孙，对疾病也没有比布衣百姓更强的抵抗力，轻易就会在某种伤病的袭击下失掉性命。在人生七十古来稀的时代，疾病的力量总是使人们对命运生出更多的无常感来。

谁能想到，崔戎甫至兖州不及一月便暴病身故，而李商隐以幕僚身份为崔戎撰写的谢表墨迹尚未尽干。世事与生命如此无常，而任何一位大人物的生杀升沉所影响的何止是自己与家人呢？崔戎一死，兖海幕府风流云散，昨天还一同工作、一同宴饮、一同畅谈未来的同僚今天便要各谋生计，各奔东西。胸怀尚热，酒杯未冷，天地乾坤却突然变了。

李商隐为崔戎的命运而悲，亦为自己的命运而悲，无论如何，他以最后的恪尽职守报答了崔戎的知遇之恩。他虽是兖海幕府里年资最浅的一个，却执起五色笔来，将崔戎的遗言写成奏表，上呈长安，向朝廷也向自己的伯乐，做最后的交代。

这一篇《代安平公遗表》用典一如既往地繁复，偶俪一如既往地精工，只是多了一分用技巧表达不来的深沉。"风叶露华，荣落之姿何定；夏朝冬日，短长之数难移"，这已不再是脱胎于《庄子》《列子》的凄美辞采，而是一个年轻人对无常命运的过早亲历，是切肤之痛、入骨之寒。

翌年年初，李商隐第四次赴长安科考，第四次落第而归。其时途经恩主崔戎在长安的故宅，只见到门庭冷落车马稀，而那宾客盈门、车马喧腾的盛况不过是一夕之前的光景。

这实在是意料中的场面，因为权力场的定理就是这样，人们追逐的只是权势，而不是你身上除权势之外的任何特质。有几个人真心钦慕你的人品，叹赏你的才华，或与你以道义为友呢？机关算尽、尔虞我诈的权力场，永远都是势利小人翻云覆雨的地方，只偶尔才容得下几个正人君子罢了。除了李商隐这般正直善感的人，还有谁会对崔戎故宅的冷落萧条感到吃惊呢？

李商隐也不该吃惊，他早已熟读《史记》《汉书》，怎会不晓得翟公的故事：翟公为官时宾客盈门，罢官后门可罗雀，复官后门客们又想投奔，翟公便在门上大书："一死一生，乃知交情；一贫一富，乃知交态；一贵一贱，交情乃见。"这是人情世故的千古至理，李商隐的确曾从书本上读过。

也许是纸上得来终觉浅吧，当书上的故事变成现实的活剧，一时间他实在无法接受。

这是李商隐在权力场上感受到的第一次震撼，此前所有圣贤书里的谆谆教诲，所有父母师长的耳提面命，所有对世界"本应如此"的信念，突然被眼前这"本非如此"的赤裸裸的真实击得粉碎。这样的痛楚与惶惑，是每一个时代里的年轻人都会遭遇的。

在崔戎故宅，李商隐与崔戎的同族子侄崔明把酒话旧，旧事与新闻不断在两人心中激荡冲突。人类社会进化几千年，野蛮还是同样野蛮，只是换了种野蛮的方式：从前的野蛮是茹毛饮血、生吞活剥，今时的野蛮是钩心斗角、唯利是图。来来来，请君杯莫停，若不用酒醉来模糊双眼，哪敢直视这血腥荒谬的世界？

那一首充满诚挚与讥嘲的五言律诗，《过故崔兖海宅与崔明秀才话旧因寄旧僚杜、赵、李三掾》，就是在这个时候写成的：

> 绛帐恩如昨，乌衣事莫寻。
>
> 诸生空会葬，旧掾已华簪。
>
> 共入留宾驿，俱分市骏金。
>
> 莫凭无鬼论，终负托孤心。

首联"绛帐"用东汉大儒马融的故事：马融讲学颇具排场，自己端坐于高堂之上，以一幕绛纱帷帐隔开前后，前授生徒，后列女乐。这里用绛帐之典，是将崔戎当作自己的恩师看待，而不仅仅视为幕府之主。幕主辟用僚属，这只是单纯的雇佣关系而已；但崔戎对僚属既有礼遇，更有指点与提携的恩遇，李商隐对此深怀感激。

"乌衣"用乌衣巷的故事：晋室南渡，王导、谢安两大家族聚居于建康（今南京）乌衣巷，使这里成为俊彦云集的所在。刘禹锡的名句"旧时王谢堂前燕，飞入寻常百姓家"，说的就是这里。"绛帐恩如昨，乌衣事莫寻"，这是说崔戎亡故虽已多时，但想起他当初施与自己的恩情，仿佛还只是昨天的事情。然而毕竟世易时移，当初人才鼎盛、俊彦纷纷的崔戎幕府，再也寻不到往日繁华的踪迹。

颔联是说崔戎的门生故吏在会葬了恩师幕主之后便星散而去，重新谋求个人的生路与发展，其中已经有人在这短短不及一年的时间里谋到了不错的职位。

颈联"留宾驿"用西汉名臣郑当时的故事：郑当时年轻时以豪侠仗义自诩，广交天下能者，尤其喜欢结交年高德劭的人。汉景帝时，郑当时担任太子舍人的职务，每逢休息日，他就会在长安四郊调配驿马，忙不迭地接待或拜访四方宾客，夜以继日，生怕对任何人有失周到。

"市骏金"用战国时燕昭王的故事：燕昭王即位之后，立志延揽贤才以兴复国家，谋臣郭隗便向他讲了一个千金买马骨的奇闻："古代有一位君王，以千金高价求购千里马，三年而未能如愿。宫中有一名掌管扫除的小吏向君王自荐，说自己有办法买到千里马。得到君王的委任之后，这名小吏在三个月后就找到了一匹千里马，只可惜马已经死了。小吏以五百金买回马骨，向君王交差。君王大怒道：'我要的是活马，你怎能在一匹死马身上就浪费掉五百金呢！'小吏从容答道：'如果天下人知道君王真爱千里马，一匹死马尚愿以重金相购，何况活马。君王不必心急，很快就会有人主动进献千里马的。'果然，此后不到一年时间，被主动进献来的千里马就有三匹。大王若有心招揽贤人，不妨从我郭隗开始，如果天下人看到连我郭隗这种才能的人都受到大王的礼遇，那些比我更贤能的人定会不远千里前来求见您的。"

"共入留宾驿，俱分市骏金"，是说崔戎虽为幕主，却能礼贤下士，无论李商隐自己还是收到他这首寄诗的三位同僚，当初一同受着崔戎的眷顾与厚遇，这份恩德岂是须臾即可忘怀的？

尾联"无鬼论"是指否认人死后有灵的论调。《世说新语》记载有晋代名士阮修的无鬼之论：阮修认为世上并无鬼神，那些声称亲眼见鬼的人都说鬼穿着生前的衣服，若是人死有鬼，难道衣服也有鬼不成？《幽明录》记有阮瞻的故事：阮瞻是"竹林七贤"之一阮咸的公子，平生不信鬼神。于是有鬼通报姓名，求见阮瞻。此鬼颇具才情，与阮瞻相谈甚欢。后来谈到鬼神的话题，两人各执己见，互不相让。见言说无益，此鬼终于勃然作色道："鬼神之事，古今圣贤都说其有，您为何独说其无呢？"说罢变为鬼形，须臾间即在阮瞻的面前消失。阮瞻大骇，一年后便病逝了。

"莫凭无鬼论，终负托孤心"，这两句诗颇见谴责，是劝说崔戎的旧僚：不要以为世上并无鬼神就罔顾崔戎的恩遇，只顾个人的发展，再不理会崔戎那些尚年少的子侄如何生活，如何在残酷的现实中求得立锥之地。

世界的法则就是如此不堪，人以利合，亦以利散。因着与崔戎话旧，他益发鄙夷那些寡义的同僚。当初在一起的时候，多少个水槛花朝，多少个菊亭雪夜，多少次契阔谈宴，多少次吟诗作赋……那些似乎来之不易的感情与经历，原来是可以被他们随意弃置的，就像是逐渐长大的孩子清理掉曾日夜陪伴自己的玩具。而这一段被他人弃置的过去，却在诗人的心里久久过不去。所有人都长大了、成熟了，懂得了更多的利害关系，唯有他，抱住褪色的玩具留恋不已。

连烈酒都无力排遣的愁绪，除非长歌当哭，再没有其他排遣之法。那首不惜篇幅的《安平公诗》就是李商隐此时的长歌与悲哭：

> 丈人博陵王名家，怜我总角称才华。
> 华州留语晓至暮，高声喝吏放两衙。
> 明朝骑马出城外，送我习业南山阿。
> 仲子延岳年十六，面如白玉欹乌纱。
> 其弟炳章犹两丱，瑶林琼树含奇花。
> 陈留阮家诸侄秀，逦迤出拜何骈罗。
> 府中从事杜与李，麟角虎翅相过摩。
> 清词孤韵有歌响，击触钟磬鸣环珂。
> 三月石堤冻销释，东风开花满阳坡。
> 时禽得伴戏新木，其声尖咽如鸣梭。
> 公时载酒领从事，踊跃鞍马来相过。
> 仰看楼殿撮清汉，坐视世界如恒沙。
> 面热脚掉互登陟，青云表柱白云崖。
> 一百八句在贝叶，三十三天长雨花。
> 长者子来辄献盖，辟支佛去空留靴。
> 公时受诏镇东鲁，遣我草诏随车牙。

> 顾我下笔即千字，疑我读书倾五车。
>
> 呜呼大贤苦不寿，时世方士无灵砂。
>
> 五月至止六月病，遽颓泰山惊逝波。
>
> 明年徒步吊京国，宅破子毁哀如何。
>
> 西风冲户卷素帐，隙光斜照旧燕窠。
>
> 古人常叹知己少，况我沦贱艰虞多。
>
> 如公之德世一二，岂得无泪如黄河。
>
> 沥胆咒愿天有眼，君子之泽方滂沱。

在这首诗里，李商隐历数当初与崔戎的过从往还，无一句不动容。而在崔戎死后，李商隐于翌年抵京的时候，"明年徒步吊京国，宅破子毁哀如何。西风冲户卷素帐，隙光斜照旧燕窠"，在崔戎故宅竟然见到"宅破子毁"的模样，这是他万万不曾料到的。

当年的风帘锦帐被蛛网代替，烟柳金桂被野草代替，雕栏玉砌今犹在，只是朱颜改。曾在崔宅里载歌载舞的名伶已不知去向，她们唱的歌、他们吟的诗也早已吹散在风里。

他的哀伤，不仅因为目见人心凉薄、世事无常，不仅因为失去了恩主与师长，更因为他失去了一位知己。"古人常叹知己少，况我沦贱艰虞多"，知己古来已少，何况自己这样一个寒微中的沦贱者，觅一个纯以文学、道义相交的知己有多么不易。难得而易逝，这究竟是什么道理！

2

这一年的长安城，照例处处散落着浇薄的人情，但也不同寻常地在空气里弥漫着恐慌。萧浣，李商隐的第二位贵人，才从郑州刺史调还中央，连新官帽都未曾焐热便再度被排挤出朝，到遂州担任刺史去了。

坊间盛传着牛李党争的新闻与旧事，朝廷上无论牛党、李党，只要沾了一个"党"字，或硬被安上一个"党"字，即在仓皇中打点行装，出朝外任。十年河东十年河西，现在的朝廷已经是李训和郑注的天下了。这两匹政坛黑马从寒微而至通显，异军突起的势头只能用"奇迹"二字方可形容。

李训、郑注是标准的政坛暴发户，得势之后的所作所为完全展现出了暴发户的极致嘴脸。二人几近疯狂地卖官鬻爵、打击异己，以新党的姿态高调排斥旧党，将牛、李二党的几乎所有骨干纷纷逐出京城，撵至核心权力圈的千里之外，因而史书上悲戚地记载："贬逐无虚日，班列殆空。"

高层政治的任何变局都遵循着"城门失火，殃及池鱼"的法则，此时此地，只要稍具政治敏感度的人无不人人自危，明白某种莫名的灾难迫在眉睫，却不晓得它究竟会在何时发生，又会在哪个方面、以何种程度波及自身。

长安无限繁华，却不是久留之地。这年秋天，李商隐收拾起行李，收拾起落第的失意，收拾起对恩主的缅怀，打包对世态人情稍显成熟的认识，返回了寂寞的郑州老家。令狐楚自顾不暇，萧浣远赴遂州，崔戎尸骨已寒，短短数年里的波澜遭际，如梦如幻，如露如电。

这是山雨欲来的太和九年，郑州夕阳楼上，李商隐当真生出"风满楼"的窒息感来。

夕阳楼，这是萧浣在郑州刺史的短暂任期里修建起来的，楼阁面西背东，供人尽赏夕阳迟暮。官场中人患得患失，成败利钝每难逆料，故此总比常人更多几分迷信。若依官场的迷信，萧浣建这夕阳楼真可谓不祥之兆，预示着仕途入暮，人向西贬。遂州即今日之四川遂宁，位于郑州西南。李商隐此时登夕阳楼西眺，遥望萧浣所在的方向，怎会不生出一楼成谶的苍凉感呢？

夕阳西下，孤雁南征，楼上所见的哪一种风景不是触绪伤怀、献愁供恨呢？自古诗人最怕登楼，因为在临高俯低的时候难免抚今追昔，在天地苍茫的

广阔视野里悲叹人生的渺小与无常。《夕阳楼》，李商隐七绝中的名篇，就是在
此时写成的：

> 花明柳暗绕天愁，上尽重城更上楼。
> 欲问孤鸿向何处，不知身世自悠悠。

孤鸿远去，不知道飞向何方；恩主萧浣远贬，不知道这一次的遂州可就是
贬官的尽处；自己高楼独立，一任腥风满楼、斜风满袖，不知道明天将会站在
哪里，不知道未来的道路究竟通向何方。对个人命运的隐忧，对时局乃至大唐
帝国命运的隐忧，在这寥寥的二十八个字里被说尽了。

3

太和九年这一年发生了太多的事，书一开头提及的与少女柳枝的偶遇就是
发生在这一年。那一场没有结局的爱情故事，算是这一年唯一的温柔颜色了，
似乎悲剧的大时代偏偏容不下小人物的美丽恋情。十一月间，"甘露之变"爆
发，李训、郑注败亡，宦官借反扑之机广为株连，猖狂屠杀朝廷大臣，宰相王
涯、贾𫇭死于是难，明哲最终未能保身。这位贾𫇭，就是在进士科举中一连三
度黜落李商隐的人。在天翻地覆的国难面前，多年来萦心切齿的个人恩怨忽然
变得无足轻重了。

"甘露之变"是前无古人的风云巨变，是中晚唐世道人心的一大转捩点。
自事变以后，变幻莫测的政局与血雨腥风的手段，彻底消磨掉了朝臣与士子们
最后一丝积极用世的壮心。所谓哀莫大于心死，当越来越多的人对国家大事冷
眼旁观、漠然无谓的时候，当人心一颗颗地寒去、死去的时候，王朝命运的丧
钟也就逐渐响了起来。

在赤裸裸的倾轧与明晃晃的屠刀面前，一个个曾经有胆有识的文人朝士纷纷做出了退避与噤声的选择，毕竟这世上多的是明智与怯懦之人。

整部诗歌史上，大唐诗人向来以飞扬不羁的性情著称，诗笔所向，什么当代的宫闱秘闻、帝王秽事都在横扫之列，从不知避忌为何物。然而"甘露之变"一起，连诗人们都袖起了手、闭上了嘴。所以这样一起堪称天翻地覆、亘古未有的大事件，在《全唐诗》里居然找不到几篇记闻抒愤的诗作。

其时闲居洛阳、稳坐诗坛头把交椅的白居易未回避这一千古难得的题材，写下《九年十一月二十一日感事而作》：

> 祸福茫茫不可期，大都早退似先知。
> 当君白首同归日，是我青山独往时。
> 顾索素琴应不暇，忆牵黄犬定难追。
> 麒麟作脯龙为醢，何似泥中曳尾龟。

另有《咏史》，题下自注"九年十一月作"：

> 秦磨利刀斩李斯，齐烧沸鼎烹郦其。
> 可怜黄绮入商洛，闲卧白云歌紫芝。
> 彼为菹醢机上尽，此为鸾皇天外飞。
> 去者逍遥来者死，乃知祸福非天为。

两首诗都是感慨政坛变幻，祸福无常，仕途的高回报永远伴随着高风险，与其甘冒杀身之祸求取功名富贵，不如明哲保身、隐遁江湖，选一条低回报亦低风险的人生旅途。"可怜黄绮入商洛，闲卧白云歌紫芝"，这是赞许商山四皓睹乱世而早知机，在远避世事的小天地中陶然自乐。

白居易毕竟老了，而名与字都取自商山四皓的李商隐却在万马齐喑的恐怖时局里艰难地写下了感时伤世的政治哀歌。虽然他不是刘蕡那样的勇士，虽然他小心地将议论、抨击与伤悼隐藏在一重重繁复曲折的典故里，但也正是如此这般的隐晦，既见证了他无论如何都不肯隐瞒真性情、真嗓音的天真，亦成就了他"诗家总爱西昆好，独恨无人作郑笺"的独到诗艺。

李商隐为"甘露之变"写下《有感二首》，题目虽然不是"无题"，实质上已经是标准的无题诗了——天下诗歌，有哪一首不是有感而发呢？无论真情实感抑或虚情假意，终归都是有感，而究竟因为何人有感，因为何事有感呢，李商隐什么都没有说。在险恶的时局里，心中的波澜翻滚只能在压抑中深沉地爆发。

4

《有感二首》，是李商隐政论诗的极致之作，但在今天，许多唐诗选本却总是遗漏不录。这是因为李商隐的诗歌向来以用典幽隐、含义晦涩著称，而《有感二首》更把这种风格发挥到了极致，以至于若不做出连篇累牍的考索与注释，就会陷在诗人的迷宫里再也走不出来。而事情的另一面是，若想真正把握住李商隐的风格，无论如何要把《有感二首》读通。

《有感二首》之一：

> 九服归元化，三灵叶睿图。
>
> 如何本初辈，自取屈牦诛。
>
> 有甚当车泣，因劳下殿趋。
>
> 何成奏云物，直是灭萑苻。
>
> 证逮符书密，辞连性命俱。

竟缘尊汉相，不早辨胡雏。

鬼箓分朝部，军烽照上都。

敢云堪恸哭，未免怨洪炉。

首联"九服归元化，三灵叶睿图"：周代礼制将天子统辖的地区由中央向边疆依次划分为九类区划，统称九服。"元化"的本义是大自然的周流运行，引申为帝王的德化。"三灵"即日、月、星，"叶"通"协"，"睿图"指英明的图谋计划。古人相信天人感应，认为天象与人事相呼应，天下有道则日、月、星各就其位。

第二联"如何本初辈，自取屈牦（氂）诛"：本初，即袁绍，字本初。东汉末年，宦官专权乱政，袁绍兴兵闭锁宫门以剿灭宦官，只要是没长胡须的人，不分少长，一概斩杀，死者逾两千人。屈氂，即汉武帝时期的丞相刘屈氂，因遭小人诬陷而遭灭门之祸。以上四句是说：圣朝原本无事，奈何有人偏偏生事，而那些图谋诛戮宦官的人只是自取覆亡罢了，反而被宦官所杀，身死族灭，下场凄凉。

第三联"有甚当车泣，因劳下殿趋"：晋成帝时，苏峻叛军攻入京城，逼迫晋成帝迁往石头城。晋成帝一边哀泣一边登车，宫中哭声一片。这段历史，正与"甘露之变"的一个细节相似：宦官们发觉中伏之后，急忙挟持唐文宗避往深宫。这一举正是成败的关键，唐文宗从此处于半软禁的状态，只能在默默饮泣中忍受宦官的呵斥与欺凌。

第四联"何成奏云物，直是灭萑苻"："云物"指气色灾变，天下各地若有祥瑞或灾异照例都会上奏朝廷，由史官记录在册，"甘露之变"就是以奏报左金吾厅后的石榴树上夜降甘露为发轫的。"萑苻"是春秋时期郑国的一处大泽，是盗匪聚居的地方，时时发生杀人越货的勾当，后来郑国派兵攻打萑苻，尽杀盗匪。以上四句是说宦官挟持皇帝，使郑注、李训之谋彻底失败，权宦仇士良急调神策军入宫反扑，这哪还有什么祥瑞之迹？分明是将皇宫当作荒野，无所顾忌地挥舞屠刀，见人就杀，不肯放过一个。

　　第五联"证逮符书密，辞连性命俱"："符书"即政府公文，"辞"即嫌犯之供词。"甘露之变"中，宦官集团借势反扑，株连极广，无论是素来的政敌还是一贯明哲保身的中立派，只要是稍稍碍事的人，借着这个机会一并铲除，以确立宦官集团的无上权威。经过这场杀戮，《新唐书》称"公卿半空"，这是何等酷虐的景象。

　　第六联"竟缘尊汉相，不早辨胡雏"：上一句用王商的故事，是说汉代丞相王商身材魁梧，气度威严。单于使者来朝之时，仰视王商的相貌，不觉怯畏退缩，天子闻而感叹："此真汉相矣！"李训亦有王商一般的身材样貌，亦如王商一般富贵显达，朝廷上下无不忌惮，然而唐文宗信用李训，终铸大祸。下一句用石勒的故事，是说晋朝时，年仅十四岁的少年石勒随着同乡人到洛阳贩卖货物，倚洛阳上东门而长啸，这景象刚好为晋朝名臣王衍看在眼里，顾谓左右说："刚刚长啸的那个胡族少年一定心怀奇志，将来恐怕会成为天下之患。"王衍派人去捉拿石勒，却扑了个空。后来石勒果然成为一方之主，点燃无数战火。这两句以王商比李训，以石勒比郑注，惋叹唐文宗用人之不察。

　　第七联"鬼箓分朝部，军烽照上都"：在惨烈的杀戮中，朝臣半已成鬼，帝都刀兵纷起，从歌舞升平的繁华场变作血流成河的战场。

　　末一联"敢云堪恸哭，未免怨洪炉"：上一句语出贾谊《陈政事疏》，贾谊分析天下兴亡得失之理，直陈当代局势"可为痛哭者一"。下一句语出《庄子》，天地造化如洪炉一般陶冶万物。这两句既沉痛亦无奈，慨叹在这国难当头的时刻，只听到归怨苍天、嗟叹命运的哀歌，但没有一个人敢于像贾谊那样倾肺腑而直言。在斧锯之下，在鼎镬之畔，在累累尸骨之间，人的声带总会突然就萎缩掉，这又有什么奇怪！

5

《有感二首》之二：

> 丹陛犹敷奏，彤庭欻战争。
>
> 临危对卢植，始悔用庞萌。
>
> 御仗收前殿，兵徒剧背城。
>
> 苍黄五色棒，掩遏一阳生。
>
> 古有清君侧，今非乏老成。
>
> 素心虽未易，此举太无名。
>
> 谁瞑衔冤目，宁吞欲绝声。
>
> 近闻开寿宴，不废用咸英。

首联"丹陛犹敷奏，彤庭欻战争"："丹陛"代指朝堂，汉代朝堂以丹朱漆地面，故有此称。"敷奏"一词出自《尚书·舜典》，大舜每五年巡视天下，接受诸侯朝见，听诸侯"敷奏以言"，即历数自己的政绩。"彤庭"典出《汉书》，汉成帝立赵飞燕为皇后，而最为宠爱赵飞燕的妹妹赵合德，让她住在内饰精美的昭阳舍，庭院漆以彤朱。

诗句以彤庭代指后宫，暗指在"甘露之变"中，宰相们正在朝堂上处理政务，对四伏的杀机茫然不觉。转眼间变乱突起，宦官仇士良等人挟持唐文宗避入深宫，调神策军入宫屠杀，使皇宫沦为战场。从宁静到风波，从狙杀到反扑，从生存到死亡，都只是倏忽间的事情。

第二联"临危对卢植，始悔用庞萌"，诗人在这一句下有自注说："是晚独召故相彭阳公（令狐楚）入。""甘露之变"的第二天，胜负已分而尘埃未定，文宗将令狐楚和郑覃二人留在政事堂，代行宰相职务。令狐楚既以文章知名，这时候自然要承担起草诏书的责任。诏书要遵照宦官的意思，向天下公告，诬称宰相王涯、贾𫗧谋反。

在令狐楚平生所拟的诏书里，再没有比这一篇更棘手的。如果坚守节操，一定会招致杀身灭族之祸；如果在强权下低头，写一篇颠倒黑白的违心之论，不但会被天下人唾骂，今后亦只能死心塌地地依附阉党，再没有回到士大夫行列的可能了。当初，一手出众的骈文使令狐楚青云直上；此刻，同样是这一手骈文本领将他逼到了这个进退维谷的绝境。

令狐楚不是忠贞死节的英雄，所以他选择了屈服；但他亦不是趋炎附势的小人，所以他屈服得并不彻底，在屈服中保留了最后的一点不屈，一点安全限度之内的不屈：他拟了一篇大失水准的诏书，当然，诏书里严厉声讨了王涯、贾𫗧，语气虽然严厉，罪名却拟得浮泛，这真是犯了文章大忌。若是不了解文章背景的人，一定会说令狐楚盛名之下其实难副，说什么一代文宗，文章竟然写得这般有情而无实。

这样的指责总在发生着，因为令狐楚的做法其实正是历代知识分子在强权的淫威下最常用的办法，若是你不能对那种极端处境感同身受，就永远无法理解当事人的艰难抉择。令狐楚这种有限度的屈服，引来了权宦仇士良有限度的不满，因此失去了入朝拜相的机会，这应该是老于世故的令狐楚期待的结局了。

年轻的李商隐尚不能体会令狐楚的老练，只是以年轻人特有的爱憎分明与私恩带来的偏袒将令狐楚比作东汉名臣卢植，全不觉令狐楚其实当不起这个褒奖。若换作卢植处在令狐楚的境地，一定会成为殉难的烈士。

卢植生活的东汉末年也是一个宦官乱政的时代，大将军何进如同李训、郑注一般，谋诛宦官却反为宦官所杀。宫廷震荡中，宦官挟持太后与天子出宫，百官茫然失所，只有卢植一人在夜幕中纵马疾追，击杀逆臣，终于迎天子还宫。当然，这不是令狐楚能做的，也不是令狐楚敢做的。史书里的英雄可以燃烧起诗人的热血，却不会撼动一名老练政客的心。

诗句以卢植比令狐楚，以庞萌比李训、郑注，后一比显然比前一比贴切。庞萌是东汉初年的名臣，因为为人谦逊恭顺，很受光武帝刘秀的信爱。刘秀常常对人称道庞萌说："可以托六尺之孤，寄百里之命者，庞萌是也。"后来拜庞萌为平狄将军，与盖延共击董宪。

但是，当委任下达时，程序上出了一点故障，只有盖延接到了诏书，庞萌却没有接到。老于世故的庞萌不轻忽每一点风吹草动，完全想不到这只是一个技术失误而已，误会是盖延进谗，自己受到猜忌，于是当机立断，起兵造反。光武帝闻讯大怒，亲自率兵讨伐庞萌，并在写给诸将的书信里说："我常以庞萌为社稷之臣，各位将军一定觉得这话太可笑了吧？庞萌老贼该当族灭，请各位将军整顿兵马，在睢阳会合！"

李训、郑注一如庞萌，志大而才疏，貌忠而内奸；唐文宗却不如汉光武帝，虽有用人失察之悔，终乏力挽狂澜的本领，最终被宦官胁迫，"御仗收前殿，兵徒剧背城"，眼睁睁地看着朝臣与近卫被神策军捕杀殆尽。

第四联"苍黄五色棒，掩遏一阳生"：曹操年轻时曾任洛阳北部尉，管理洛阳城四门秩序。曹操才一任职，便造五色棍棒悬挂在城门左右，有犯禁者，不避豪强，一律用棒击杀。这是指"甘露之变"中，李训、郑注一方以金吾卫士与御史台从人骤然发难，仓促中扑击宦官，但最终不是神策军精兵的对手。

而那天正是冬至日，古代历法以冬至为阴消阳长的转捩点，认为阳气从这一天复生，即《周易》所谓"一阳来复"。而这一年一阳来复之日正值国难突生、杀戮初兴之时，阳气被遏止不发，长安城很快便大雪纷飞，陷入更深的阴寒。

第五联"古有清君侧，今非乏老成"：清君侧的事情自古有之，乱政擅权的宦官确实也该被铁腕剪除，然而文宗为何偏偏将这样的大事托付给李训、郑注这样的人，朝廷内外难道真的就没有可以信托的元老忠臣不成！正所谓"素心虽未易，此举太无名"，本心虽好，但举措也太过草率了。

"谁瞑衔冤目，宁吞欲绝声。近闻开寿宴，不废用咸英"，末四句以悲叹作结。所谓"咸英"，即三皇时期的太平雅乐《咸池》《六英》，这里代指帝王所用的音乐。"甘露之变"的来年上元，文宗在长安郊外的游览胜地曲江之畔赐宴百官，只有令狐楚认为新近刚刚有大臣被诛，不宜赏宴，故此称病不赴宴。令狐楚总算特立独行了一次，而上至皇帝，下至百官群僚，就在这杀声尚未尽歇、血迹尚未尽涸的时候，忙不迭地做出一派太平景象以自欺欺人，用酒香与乐韵掩盖住天下的不平。这就是政治。

6

愈是末世，愈会逼出隐晦的语言，所以文字的隐晦与避讳从来都是末世的征兆。

而这恰恰成就了诗歌，因为诗歌之美，正是美在含蓄，美在丰富的想象空间。只不过末世难免给世道人心笼上一层低迷的氛围，所以末世诗歌总呈现出一种特殊的凄美，总让人在华丽却似乎不知所云的辞章里不自觉地落泪。那些诗句越发不像语言，而越发像是音乐，不表达任何明确的意思，读起来只有如梦如幻的幽思与如泣如诉的音调。你也许不明白诗人在讲什么，但你偏偏被感动了，感动而不明被感动的缘由。

时局越来越险恶，诗句越来越晦涩。这《有感二首》，若不晓得写作时间与典故背后的深意，慢慢读下来，莫名的幽怨会在心底盘桓不去；若是晓得，心灵只要稍稍脆弱一些，便会被诗句里浓郁的悲剧感压垮，一定要等到春和景明、天高气爽的时候才能平复。

李商隐从来不是一个强硬的人，他无法坦白利落地与世界对抗，但也不能容忍噤若寒蝉。于是，他越来越爱用隐语来抒写时政与历史、志向与爱情，他越来越喜欢恍惚迷离的词句，那是他人生中的全部攻势与守势。

　　不仅李商隐一人。自"甘露之变"以来，各地文书的风格或多或少发生了这样的变化，人们更喜欢雕琢辞采，显得写作态度认真而恭谨，但总是将意图表达得华丽而模棱，甚至有点莫名其妙，以至于官场的语言风格无限趋近于禅宗机锋了。文书奏章里往往洋洋洒洒、斐然成章，但在你陶醉于写作者的文学才华之余，却不知道这里除了文学意趣之外，究竟还有什么。

　　唐文宗终于忍无可忍，在一次朝廷会议上提出了自己的担忧。新任宰相李石答复道："古人写文章时，总是根据内容的需要来选择文章的体裁和辞藻，现在的人为了追求文采不惜妨碍对事实的表述。"

　　唐文宗的担忧没错，宰相李石的答复也没错，但没有人敢更进一步，触及文风嬗变的真实原委，或提出任何解决方案来。

　　仅仅两个月之后，唐文宗和宰相探讨历代诗歌的优劣，大约流露出一点点技痒的意思，于是郑覃说："历代诗歌都不能与《诗经》媲美。《诗经》里边都是当时的国人赞美或讽谏朝政得失的作品，天子派人四处将这些诗歌采集回来，以了解民间风貌以及国人对朝政的意见，天子自己并不写诗。《诗经》以后的诗歌大都华而不实，对朝政毫无裨益。陈后主和隋炀帝都很会写诗，但都是有名的亡国之君，不值得陛下效仿。"

　　郑覃是儒学大师，很受文宗器重。但这依然没有打消唐文宗对诗歌的喜爱，何况自"甘露之变"后，唐文宗处处受制于宦官，只能以诗酒消愁解闷。在被软禁的日子里，酒是身体的慰藉，而诗则是灵魂的唯一出口。

　　翌年，唐文宗诗兴又发，打算设置诗学士一职。宰相李珏说："现在的诗人都很轻浮，设置诗学士对朝廷不会有好处。"事情终于作罢，诗人的形象再没有盛唐时的风采。

　　于是，在新一代的中央政府里，文采不可避免地被人厌弃，无论你的文章究竟是华而不实还是既华且实，文采本身已经变成一种罪过了，尽管撰文的人们仍然不得不追求文采，以谨小慎微的姿态，甘愿冒着"华而不实"的指摘。那么，一心以文采博通显的李商隐，他的未来究竟能向何处去呢？

7

唐文宗开成二年（837年）新年伊始，长安城结驷连骑，选色征歌，绮窗丝障欲开，十里珠帘初卷，主称既醉，客曰未晞，又是一派天下举子云集的盛况，李商隐的身影再一次夹杂其中。

这是李商隐的第五次应试，那位对自己成见甚深、连番将自己黜落榜下的宰相贾𫗧已经惨死于"甘露之变"，这一次的主考官换作了礼部侍郎（相当于教育部副部长）高锴，事情也许会出现某种转机吧。

不错，李商隐正是在这一届进士及第的。不知内情的人或许会赞叹说功夫不负有心人，说一个人只要不懈努力最终一定会得到回报。这些激励人心的老生常谈虽然总不乏光彩照人的特例，但在昏庸世界的普遍规则里，真正由个人努力得到的回报往往都微小得可以忽略不计。

开成年间，曾与李商隐同游共学的令狐绹凭着父亲的荫庇，进入中央政府担任右拾遗的职务。右拾遗，这只是一个再普通不过的官职罢了，但每一个老练的官僚都看得出，年轻位卑的令狐绹分明是一颗潜力十足的政坛新星，要巴结就得趁早。

当然，巴结不是简简单单的厚颜无耻就可以的，这里要讲时机，讲技巧。礼部侍郎高锴就是一个眼光敏锐、头脑活络的人，他向令狐绹问了一个似乎漫不经心的问题："在您的朋友里，谁和您的关系最好呢？"

这不是闲聊，而是堂而皇之的人情买卖。令狐绹是官宦子弟出身，自幼见惯了这种官场机锋，自然听得出高锴话里的玄机。他装作听不懂的样子，以单纯的答案回应单纯的提问，一连好几次提及李商隐的名字。如此高的提及频率，已经很说明问题。人情买卖就这样做得不着痕迹，没人能抓到任何把柄。

放榜之日，进士科及第者四十人，榜单上终于出现了李商隐的名字。他的兴奋里夹杂着一点苦涩，因为他知道若没有令狐绹的举荐与令狐楚的暗中用力，单凭自己的力量，不知道何年何月才能榜上有名。进士名额这样寡少，连权贵的请托都不够安排，连那些同样才华横溢却甘心自媒自荐的人都不够安排，谁还会顾得上一个顾盼自雄、不屑为任何请托的李商隐呢？

无论如何，李商隐毕竟中试了。唐人称进士及第为"登龙门"，意味着此道难关一过，等在未来的就是辉煌璀璨、不可限量的政治前途。

所以放榜之后是新科进士的狂欢节，平康里狎妓是必不可少的项目，所谓"好是五更残酒醒，时时闻唤状元声"，多年的压抑在这一刻彻底释放。有多少红牙碧串，妙舞清歌，洞房绮疏，湘帘绣幕，名花瑶草，锦瑟犀皮，曾经连远观都不及的美好物事终于可以尽兴亵玩，没有人会责备他们的放荡。而他们在红烛的光焰下所作的诗，在香泽的微醺里所吟的歌，每每使楚润相看、态娟互引，从此传诵于名伶美姬之口，辗转为大唐诗库里的一页墨迹。

在这"非正式"的狂欢之外，新科进士照例还要有一些正式的项目，曲江宴会与雁塔题名就是其中之大者，每日里的活动安排得简直比应试之前的备课还要紧张。尤其是曲江宴会，王公贵族之家每每倾城纵观，拿出抢购的劲头为女儿选婿，新科进士十之八九都会在这个时候定下终身大事。

洞房花烛夜总是追逐在金榜题名之后，世人懒于雪中送炭，但从不吝于锦上添花。

8

曲江之畔，东床选婿，这是一场热闹得近乎滑稽的盛事。

一个个青年俊彦才从平康里的安乐窝里出来，耳畔还萦绕着昨夜的丝竹声，睡眼尚显惺忪，就被达官贵人们生拉硬拽到不知道哪一场宴会里去了，在丫鬟与小厮们擦肩而过的窃笑声里，恍惚看到某一幕珠帘背后，有曼妙的人影似乎正在向自己这边偷窥。

　　进士及第既然被称为"登龙门"，择新科进士为婿当然是纳得"乘龙快婿"了。女儿需要才貌双全的佳偶，家族势力需要更多的潜力股和生力军，庸俗归庸俗，倒也合乎常情。唯一被忽略的，只有爱情，然而爱情每每在这样的非常时刻里非常容易萌生。

　　就在这混乱的情形里，李商隐遇见了泾原节度使王茂元最小的女儿。

　　当时王宅里来往宾客众多，从晨光微露到夜色深浓，无一刻清静。于是王家在客厅里设一架屏风，将客人与家中女眷的生活分隔开来，屏风前谈笑有鸿儒、往来无白丁，屏风后秋千院落、斗草寻花。屏风前的人暗自欣赏映照在屏风上的秀丽剪影，心下羡慕女儿家无须参加这世界残酷的拼抢；屏风后的人侧耳聆听外面的高谈阔论，幻想闺阁以外的世界遍是英雄、功绩和辉煌。

　　小女儿就那样毫无征兆地出现，轻步在屏风之后，环佩发出悦耳的叮叮当当，仿佛是一串欢畅的心跳。屏风上绘着不知名的雍容花朵，比晴日暖风中的芍药更为富丽，少女芬芳的面颊就在花朵后若隐若现，略一晃神，只觉花正从她的笑窝开出。少女偶尔探出头来，与李商隐的目光不期而遇，她倒也淡然，兀自含笑观察英俊少年，倒是李商隐率先不安起来，急忙低头饮茶。

　　她举手投足皆是名门风范，却比其他名门闺秀多了一分明快，不做作，不顾影自怜，柔嫩的青春就从她的裙角向四周蔓延。她眼中分明有一个小小宇宙，里面住着金子般的风、香甜的雪、五彩斑斓的月亮、绽放千年的桃李以及快乐明媚的她自己，你从她眼底可以望见各式各样的奇迹，就是望不见谎言与阴影。

　　远远凝视着她，便觉温暖和煦；凝视久一些，你就忍不住要叹息：多么幸福的人啊，幸福得令人眩晕，她的生活一定只有春夏两季，秋之衰落与冬之凋零和她相去千里。

　　那么多恰逢最好年纪的美丽女子，唯有她让李商隐相信，世界上存在没有瑕疵的幸福人生。非礼勿视，非礼勿听，李商隐明白这道理，仍禁不住对她多看、多听。不，这不只是年轻男性对妙龄女子的渴望，毋宁说，这是一个未曾幸福过的人对幸福的渴望。

　　然而，惶惑不安的情绪攫住李商隐不放，他清楚地知道自己此刻的功名与荣耀究竟从何而来，亦懂得自己必须知恩图报，而王茂元与他的恩人令狐一家分属不同党派。他不晓得自己该不该和同榜的那三十九名进士一样，在狂喜中放纵自己，放胆做一些从来不敢做也不敢想的事情。

　　在所有的同榜进士里，韩瞻和他最是投契。他们因同榜因缘而结下的友谊绵延至今后的漫长岁月，他们也同样爱上了王茂元的女儿。所幸，他们不是情敌，韩瞻爱上的是王茂元的第六女，并且借着曲江择婿的好时机成功娶到了风姿特秀的她；李商隐爱上的是王茂元的第七女，王家捧在手心里娇滴滴的小女儿。

　　不经意中，韩瞻已匆匆成婚。长安的婚房尚未落成，这位贵婿便暂住于岳父王茂元的宅邸里。按照当时的风俗，李商隐半认真、半戏谑地写诗相贺，这诗当然是写给韩瞻的，但他也暗暗期待着诗句里的隐喻会被另外的某个人读出：

> 帘外辛夷定已开，开时莫放艳阳回。
> 年华若到经风雨，便是胡僧话劫灰。
>
> 龙山晴雪凤楼霞，洞里迷人有几家。
> 我为伤春心自醉，不劳君劝石榴花。
>
> ——《寄恼韩同年二首（时韩住萧洞）》

　　第一首里，辛夷即木兰，于春季发花最早，南方称为迎春花。劫灰是佛教掌故，传说汉武帝开凿昆明池，从地下挖出黑灰，不知为何物，问东方朔，东方朔说："可问西域梵人。"后来西域僧人竺法兰来到长安，众人向他询问其事，竺法兰答道："世界终尽，劫火洞烧，此灰是也。"这首诗是戏谑着劝韩瞻珍惜春光，珍惜与夫人相处的时日，免得韶华匆匆流过，春意再难追回了。

第二首用刘晨、阮肇遇仙的故事：东汉时候，刘晨、阮肇进天台山采药，在桃溪边上遇到了两位美女，郎情妾意之下就住了下来。半年后，这两位饱享艳遇的男人起了思乡之心，美女倒也体贴，指示给他们回乡之路，便由他们回去了。两人回到家里，发现物是人非，现在住在这里的竟然已是自己的第七世孙，这才知道自己遇到了仙女。再回山时，却再也寻不见那两位露水之妻。

诗歌末句的"石榴花"是指石榴花酿成的美酒，这一来诗意便多了些耐人寻味的地方：刘晨、阮肇同入天台，仿佛诗人自己与好友韩瞻一同走入王茂元的府邸，而"洞里迷人有几家"岂不是说，仙境里迷人的仙女不止一人，而王家待嫁的女子恰恰也有两位。

若刘晨已结仙缘，阮肇为何仍孤身一人呢；若韩瞻已获佳偶，诗人自己为何偏偏就得不到另一位女子的爱情呢？于是"我为伤春心自醉，不劳君劝石榴花"，我为春天而忧戚，我为爱情的失落而忧戚，这忧戚的情绪足以令我陷入难以自拔的醉梦，何劳你韩瞻在欢喜中不停地向我劝酒？

多年之后，李商隐历尽浮沉，写一首《水天闲话旧事》缅怀一段往昔的企慕与追求。斟酌诗意，似乎就是此时此地的心思与故事，似乎又别有寄托，隐喻着苍茫的身世感怀。迷离恍惚，真幻莫辨，毕竟这就是李商隐的风格：

> 月姊曾逢下彩蟾，倾城消息隔重帘。
> 已闻佩响知腰细，更辨弦声觉指纤。
> 暮雨自归山悄悄，秋河不动夜厌厌。
> 王昌且在墙东住，未必金堂得免嫌。

首联道出那一位心仪的女子，仿佛月宫里的仙子下凡，而那倾国倾城的姿容偏偏掩在层层帘幕之后，无法与她通问消息。

　　颔联是从细微处的遐想，听闻帘幕后边环佩作响，想象她腰肢款款缓步低徊的样子，而琴声忽然传来，那柔缓悠扬的乐音会出自何等纤纤十指的弹拨呢？

　　颈联写诗人的落寞，在闻声而不见影的怅惘中悄然离去，夜色清冷如水，人无寐，看耿耿银河定定地挂在中天。

　　尾联用王昌与莫愁的典故：王昌的故事今天已经无从稽考，只晓得唐人诗歌里多用王昌来代指风姿翩然、才情茂美的男子；"金堂"即江南美女莫愁所居的郁金堂，初唐诗人沈佺期的名作里就曾写过"卢家少妇郁金堂，海燕双栖玳瑁梁"。这两句是说：那位俊逸而多情的男子就住在那美丽少女的邻近，难道彼此间就不曾生出过某种朦胧的情愫吗？

　　这首诗里，诗人对一位美丽的少女怀着绵长的企慕，然而可望而不可即，空自怅恨，在无寐的纠结中甚至无端生出了妒意，怀疑那女子的爱慕是否送与了他人。

　　在《离骚》以来的诗歌传统里，美人香草的引申永远令人不敢对诗句只做字面上的理解，然而所有诗句里的美人香草难道都含着政治的寄托或理想的比附吗？事实未必尽然。李商隐这首诗，若解作对一名美丽而身份高贵的女子的爱慕，是爱情萌生时的患得患失，是怯步时的嗫嚅与没来由的忐忑，是在关关雎鸠声里的辗转反侧，是说不清是否真是醋意的醋意，是一点点明知不该却偏偏挥之不去的自惭形秽，是所有年轻人的爱情里所有可能发生的纠结，又为什么不可以呢？

　　在所有的青年俊彦里，在其他三十九名同年进士旁，在好友韩瞻的幸福边上，那个怯生生的诗人曾经这样想象过王茂元的季女。

　　他也许没理由这样忐忑，因为他分明进士及第，前途无量，他应该是达官显贵们争相招揽的对象，而不是由他去企慕他们想要给他的东西。他再不是那个寒窗苦读、寄人篱下的寒士了，而摇身变作一位成功人士。他真的成功了，在世俗得再世俗不过的标准里。

而李商隐半是兴奋，半是索然。这份成功是自己从童年就期待的，亦是从童年就下苦功追求的，如今真是来得一点都不轻松。本以为自己一定会欣喜若狂，哪里想到当成功真的来临时，以这种人情请托的方式来临时，心里竟然生出了几分落寞。

黑白分明的人从来都不适应这个灰色的世界，但这不知是真是幻的成功毕竟带给他一点实实在在的喘息之机，他终于可以稍稍松懈下来，在黑色与白色之外关注一点美丽的彩色，那是一瞬间爱的感觉，来如春梦不多时，去似朝云无觅处。

9

他的爱情尚未真正开始，便不得不被黑色与白色的世界突然打断。

进士及第之后，李商隐又顺利地通过了吏部考试，从此便可以释褐为官了。他还不清楚官场究竟是什么样子，他仍燃着热血，茫然不知他即将走进的那个地方是一座积满淤泥的千年冰窖，是一切热血最有效的冷凝剂，是掩埋理想的乱葬岗。

在他还来不及知晓这一切的时候，那年秋天，他听说萧浣死了，死于遂州贬所。

萧浣，这位牛党骨干，汲汲于弄权的庸碌之臣，李商隐人生中的第二位贵人，最终没能在党派斗争中等到下一个翻身的机会，就这么带着遗恨，死在了偏远的遂州。念及萧浣任郑州刺史时对自己的知遇之恩，李商隐悲从中来，一发而不可遏止。

这时，李商隐已经踏出了仕途的第一步，理应变成一名审慎而无情的政治小爬虫了，但他没有。无论萧浣在别人眼里是怎样的，无论其政治角色是怎样的，对于李商隐来说，萧浣始终是自己的恩主，他对萧的全部记忆都与美好有关。此时此刻，他唯一能为萧浣做的，就是以诗歌与诔文寄托哀思，并且传扬萧浣这一生中的人品与政绩。

就诗歌而言，这样的内容不是短篇可以胜任的，李商隐以五言排律为之，题为《哭遂州萧侍郎二十四韵》。就李商隐重情重义的天性而言，这是一首必须写且必须写到极致的诗；而就李商隐的人生发展而言，这首诗就显得有欠斟酌了：

遥作时多难，先令祸有源。
初惊逐客议，旋骇党人冤。
密侍荣方入，司刑望愈尊。
皆因优诏用，实有谏书存。
苦雾三辰没，穷阴四塞昏。
虎威狐更假，隼击鸟逾喧。
徒欲心存阙，终遭耳属垣。
遗音和蜀魄，易箦对巴猿。
有女悲初寡，无男泣过门。
朝争屈原草，庙馁莫敖魂。
迴阁伤神峻，长江极望翻。
青云宁寄意，白骨始沾恩。
早岁思东阁，为邦属故园。
登舟惭郭泰，解榻愧陈蕃。
分以忘年契，情犹锡类敦。
公先真帝子，我系本王孙。
啸傲张高盖，从容接短辕。
秋吟小山桂，春醉后堂萱。
自叹离通籍，何尝忘叫阍。

不成穿圹入，终拟上书论。

多士还鱼贯，云谁正骏奔。

暂能诛倏忽，长与问乾坤。

蚁漏三泉路，蝥啼百草根。

始知同泰讲，徼福是虚言。

　　萧浣之死，对于李商隐而言可谓一次微妙的政治考验。恩主死于贬所，若是漠然置之，一定会被讥为不近人情、忘恩负义，所以缅怀是必需的；若是以诗文缅怀，哪些当说，哪些不当说，必须逐字逐句审慎才行，稍不小心就会给自己招来数不清的烦扰。

　　然而他沉浸在失去知己的伤感之中，全然顾不上利害关系。他只是因为哀悼，所以哀悼罢了。至于权力场上那危如累卵一般的游戏，没人告诉他规则，他亦从来不问。

　　这首诗处处都在触犯政坛的禁忌，尤其是以下几句："初惊逐客议，旋骇党人冤"，这是直言不讳地将萧浣被贬视为朋党斗争的结果，而人们自然会想：诗人自己究竟站在哪一个阵营呢？"公先真帝子，我系本王孙"，萧浣是梁武帝萧衍的后人，李商隐与李唐皇室同属一脉，这虽然是事实不假，但两句并举，分明给人的感觉是诗人在标榜自己与萧浣同道，与萧浣同为一党。"自叹离通籍，何尝忘叫阍"，自己尚未正式入仕，更未步入通达，虽然一心不忘为萧浣鸣冤，暂时还只是有心无力，这样的表态绝不是萧浣的政敌们乐于看到的。

　　这一首纯然发自肺腑的诗作误打误撞地成为李商隐仕途上一次成功的政治投机：因为在朋党之争里，这简直就是一份献给牛党的投名状。

　　权力场上最受人排斥与提防的，就是那些派系身份暧昧不明的人。只要你明确表达出自己的派系立场，敌对党派虽然会立时将你列在黑名单上，但你也会迅速得到政治盟友们不遗余力的支持，接下来的成败利钝总还是有五五之数，并且中高层的职位从此都是可以期待的了。

任何一名不甚鲁钝的政客都会将这首诗当作牛党的投名状来做解读，何况牛党大佬令狐楚与牛党新贵令狐绚呢？他们高估了李商隐的情商，不知道在他的心里，虽然有黑白，有是非，有正邪，有恩仇，但偏偏没有一点政治站队的念头。

10

事情接二连三，发生得太多太快。唐文宗开成元年（836年），令狐楚调任山南西道节度使兼兴元尹。翌年，就在李商隐在长安等候吏部授官的时候，突然接到令狐楚病危的消息。李商隐不做任何耽搁，急赴兴元，日夜侍奉在恩主床前，并且接受重托，代撰遗表，以备受赏识的文采书写令狐楚一生中最后的哀音。

刚刚进士及第，忽然恩主永诀，乍喜乍悲的感觉真不是敏感的诗心所能承受。开成二年十二月，李商隐伴随令狐兄弟护送令狐楚的灵柩返回长安，一路上的凄风苦雨无时无刻不在折磨着诗人的心。

一路前行，走到嶓冢山了，这个地名以前只在《山海经》里读到过，本以为只是个荒诞不经的传说所在呢。记得《山海经》里说，汉水发源于此，向东南流入沔水；嚣水也发源于此，向北流入汤水；山中多有犀、兕、熊、罴，还生长着一种叫作蓇蓉草的奇异植物，它的叶子像蕙草的叶子，茎根像桔梗，开黑花，不结实，人们吃了这种草就会失去生育的能力。

这些记载都是真实不虚的吗？不知道，只是李商隐似乎真的嗅到了蓇蓉草的味道，分明感觉到体内的生机正在被山里的阴霾一点点地埋葬。无论如何，这里真的是一处分水岭，江水从此中分，正如人生的轨迹从此转折。

水面汤汤，水流泱泱，逝者如斯夫，不舍昼夜，诗人对此，越发为恩主而悲伤，为前途而恐慌。年轻生命里的恐惧感莫过于此：你清清楚楚地知晓自己已走在了命运分水岭上，却不可预期分水岭的前端究竟有什么在等候着你，于是悲从中来，不可断绝。那首《自南山北归经分水岭》正是在这时写成的：

　　　　水急愁无地，山深故有云。

　　　　那通极目望，又作断肠分。

　　　　郑驿来虽及，燕台哭不闻。

　　　　犹馀遗意在，许刻镇南勋。

　　从此与恩主天人永隔，是为断肠之分；从此歌筵雅集、宾主相得的日子一去不返。伤心何止于此呢，人生中全部的三位恩主，令狐楚已死，崔戎已死，萧浣已死，而在这个门阀观念深重、朋党派系横行的时代，人，作为一个失去了一切依托与荫庇的个体，究竟还能走出多远呢？此时，李商隐毕竟已阅世深了些，再也不对个人的才华与勤勉抱以过分的笃信了。现实从来都是这般现实，那些常被人们挂在嘴边的种种激励与劝勉的陈词滥调啊，总有一天会让那些往昔的轻信者在伤痕累累之后抛诸脑后。

　　然而幸或不幸的是，正是在这个人生的分水岭上，李商隐结识了刘蕡。刘蕡，就是那个在科考试卷上仗义执言、斥责宦官乱政、一点也不避讳政治敏感词的刘蕡。当初刘蕡因为触怒宦官而彻底葬送了政治前途，从此流落江湖，依人入幕，能保住性命已是意外之喜。再没有第二个人甘愿以数十年寒窗之苦换来这样一个潦倒的结果，所以人们尽管敬佩刘蕡的正直与磊落，却没人愿意起而效仿。

　　高尚是高尚者的墓志铭，乱世里的规则从来如此。但高尚者自有一种特殊的人格魅力，令走近他的人不由自主地生出敬畏之感。李商隐惊讶地发现，在恩主的幕僚行列里，名满天下的刘蕡赫然在列，而天真的心总是容易被正直的气场吸引。

　　人生的轨迹总有一些很微妙的地方，当李商隐站在人生的分水岭上为前途而惶惑的时候，假若是一直陪在心机深沉、前程似锦的令狐绹的左右，也许会沾染一些后者的圆滑，在不自觉中学一点与现实妥协的技巧，而他偏偏结识了刘蕡，偏偏被刘蕡的强大气场吸引了去。真不知道在未来人生的发展上，令狐绹的气场与刘蕡的气场，究竟哪一种才算是正能量呢？

对于悲伤与惶惑中的李商隐而言，令狐绹与刘蕡分明象征着这分水岭上的两派江流：一条迤逦蜿蜒，一路上随方就方、随圆就圆，小心地改变自己的形状以适应变化无穷的外物；另一条仿佛水面上结着坚冰，在春澌融泻的时候汪洋西下，而坚冰不愿改变固有的轨道，总是在山崖阻隔的时候将自己撞得粉身碎骨。

李商隐如同分水岭上的一叶扁舟，会被风与水推上哪一条岔路呢？每个人的人生都会遇到这样的时候，而最后的抉择往往不是来自理智的审慎，而是来自天性的好恶。李商隐的抉择，是一开始便注定了的。

11

护送令狐楚灵柩的队伍终于抵达长安时，已是开成二年的年末。李商隐错过了任官调选的时间，只有等待来年春天的吏部考试，在三位恩主都已辞世的情形下赌一赌自己的运气了。那个曾经同游共学的令狐绹忽然成为自己人生中唯一的依靠，这番况味真的有几分怪诞。

翌年春天，吏部开试博学宏词科，这样的考试简直是为李商隐量身定做的，然而，既博学又宏词的李商隐竟然没有考中。但他已经不再愤愤不平了，因为他已经稍稍知晓了社会上的升沉通则，知晓了个人才华与勤勉在这个游戏场上实在是再轻微不过的筹码。

某位高官以"此人不堪"的理由轻易地抹去了李商隐的名字，而李商隐究竟如何不堪，根本就没有追问的必要，反正在权力游戏里，强者如何处置弱者从来不需要什么认真的理由。而弱者走向成熟的重要标志之一，就是对种种不公，对种种加诸己身的侮辱与损害变得更宽容了，其极端形式就是会站在加害者的立场上为之辩解，仿佛这一切都是天经地义的。

幸或不幸，李商隐只是稍稍成熟了一点而已，不知什么时候又会滑回他那纯真的轨道。对于这一科博学宏词的荒唐判词，他已经或多或少地麻木了些。官职一时间是得不到了，但日子还要继续。他只是一个既无背景又乏家底的闯荡者，当务之急就是谋一个差使，使自己能在这个荒唐的世界上苟活下去。

恩主已逝，令狐绹也正在百务缠身中无暇他顾，李商隐这才发觉，当曲江盛宴的痛饮高歌乍然消散之后，自己新添的这个进士身份原来是如此轻贱。长安城物价高昂，自己不可能像前辈韩愈那般为了求官而一年年在这里空耗下去。可自己还会什么呢，除了再觅一处幕府，给人家做做文书工作之外？

当年暮春时节，李商隐接受了王茂元的聘任，远赴泾原，重操幕职。命运兜兜转转，诗人的生活似乎又回到了原点，但毕竟出现了几点不同：第一，他已经进士及第，总可以名正言顺地在幕府里博取升迁了；第二，他将很快发现，泾原节度使王茂元亦如令狐楚、萧浣、崔戎一般赏识自己的才华，继这三人之后成为自己生命旅程中的第四位恩主；第三，泾原节度使的府邸里有他爱慕的人——王茂元的幼女，韩瞻的妻妹，曾在长安的邂逅中让自己一见倾心、周身洋溢着幸福感的女子。

我们不知道究竟是哪个因素真正促成了李商隐的泾原之行，不知道他究竟是谋求生计抑或谋求爱情。我们更愿意相信后者才是唯一的决定性因素，因为纯良如李商隐，任何一点世俗的负累于他都是玷辱。

12

泾州，泾原节度使治所所在，隋代称安定郡。这里几乎算得上是西北边陲了，若登上城楼远眺，那浮云远岫与孤城落照的景象怎不令人发出百感茫茫的太息呢。无论青年还是老者，无论有所思的人还是无所思的人，在登高远眺的时候总难免被这种毫无来由的悲怆击中。钱锺书有一言以蔽之："囊括古来众作，团词以蔽，不外乎登高望远，每足使有愁者添愁而无愁者生愁。"所以古代文士为我们留下了如此众多的登临之作，其中之佳者甚至比吟咏家国与爱情的作品更能触动人心。

若你怀着一些无望的追求，压着一些难伸的愤懑，就不要轻易登临。远赴泾原的李商隐，当他终于站在安定城楼上登临怀远的时候，那茫茫百感便再也控制不住了。一首《安定城楼》里，究竟蕴含着多少百转千回的心事呢：

> 迢递高城百尺楼，绿杨枝外尽汀洲。
> 贾生年少虚垂涕，王粲春来更远游。
> 永忆江湖归白发，欲回天地入扁舟。
> 不知腐鼠成滋味，猜意鹓雏竟未休。

这是李商隐登临之作中最出色的一篇，首联点出登楼远眺，颔联因远眺而感怀，联想到两位与自己目前处境相似的前人：贾谊青年时即被汉文帝破格擢升，建议屡被采纳，因此遭到元老大臣们的忌恨，终被排挤出朝廷。贾谊向汉文帝上书有所谓"可为痛哭者一，可为流涕者二"之语，沉痛恳切，但最终不为所用。李商隐这里以贾谊自比，认为自己应试而不中的心情与贾谊类似。王粲是汉末著名才子，"建安七子"之一。东汉末年天下大乱，王粲逃离京城长安到荆州避难，依附于荆州刺史刘表，那时他只有十七岁。在荆州的日子里，王粲曾于一个春日登当阳城楼，痛悼身世，写出传世名篇《登楼赋》。而此时，李商隐在政治乱局中远赴泾原，依附在王茂元幕下，个中况味正与王粲依附刘表相类。

颈联是名句中的名句，是说自己希望能做一番回天转地的事业，然后功成身退，归隐江湖，并无功名利禄之心，而这样的高洁志向却屡屡不容于险恶的现实，所以才有了尾联的激愤。尾联用《庄子》里的一则寓言：惠子在魏国为相，庄子素来与惠子交好，便要去魏国拜望他，不料谣传四起，说庄子此来别有用心，恐怕是要夺取惠子的相位。惠子大为惶恐，一连三日三夜在国中大搜庄子。庄子径去见他，说南方有一种鸟，名叫鹓雏，从南海飞到北海，一路上非梧桐不栖，非练实不食，非醴泉不饮，而一只刚刚捉到腐鼠的猫头鹰却对着飞过头顶的鹓雏发出恐吓式的叫喊，生怕他来抢自己的腐鼠。

细玩诗意，泾原幕僚对李商隐这位新来的才子一定生出不少猜忌。事实上，李商隐终其一生都是在旁人的猜忌中度过的。

一言以蔽之，他在人际交往上障碍多多。他只会与师长相处，只会与兄弟相处，只会与爱人相处，却从不会与同僚相处——对于那些和自己之间的联系主要是公事和利益的人，他都不晓得如何相处。

当我们悬隔千年，怀着仰慕的心情走进李商隐的诗歌与人生，我们只会觉得一切的一切都是旁人负他，是污浊肮脏的世界在日夜不休地欺凌着他，是低能的同僚们在背后咬牙切齿地妒忌他、陷害他，但是，倘若没有这千年的距离，没有这份对大诗人的仰慕之心，倘若我们就生活、工作在他的身边，作为标准的凡夫俗子的我们，亦未尝不会像他在千年前真实相处过的那些同僚一样。

旧谚有所谓"世事洞明皆学问，人情练达即文章"，其实对于那些天生具有诗人气质的人来说，对于那些文学上的天才来说，他们的学问与文章恰恰源于不谙世事的赤子之心，而所谓的"世事洞明"与"人情练达"都会玷污他们与生俱来的诗人本真，玷污他们身上为凡夫俗子所不具备的高贵的诗性。他们不见容于现实世界，而在现实世界里，这样的人从来都不是容易相处的。

他们看不懂你的眼色，听不懂你的弦外之音；他们还总是口无遮拦，时不时就会说些令你不快的话来；他们缺乏团队精神，对集体总是若即若离，虽然不得不牵挂一些俗务，却时常又在忘乎所以的状态下忘记了那些俗务的重要性；他们甚至会在眼神和语言里，在所有的一举一动里表露出对你的轻蔑，看不起你的才华和智商，当你跟不上他们的思路时，他们会刻意地掩饰住自己的不耐烦，然而又总是不到片刻的工夫就会掩饰不住……

那么，这样的人，怎能不招致同僚的忌恨呢？而这样的忌恨，究竟是不是腐鼠对鹓雏的忌恨呢？他们绝对会这样想，而你绝对不会同意。李商隐，这样一位毫无背景的年轻新进，凭什么偏偏赢得了节度使的爱宠，凭什么偏偏对节度使的小女大献殷勤？在对仕进与婚姻的一切世俗考量里，偏偏是欣赏与爱慕这两个最基础的因素被放到了最不重要的位置。

流言蜚语四起，李商隐却怀揣一点幼稚的相信，相信只要自己无愧于心，便可以化解所有恶毒的猜忌，最终得到所有人的信任与理解。道理没错，书本上是这样讲的，师长们也是这样教的，然而真实的世界从来都不是这样运转的。

二十六岁的年纪，已有过多少次入幕依人的经历了。从郑州到太原，从太原到郓州，从郓州到兖州，从兖州到泾原，从中原腹地到东部沿海，从东部沿海到西北边陲，这里是人生的又一个中转站还是真正的天尽头呢？当初到底是应该留在长安等待机会，还是应该北上泾原呢？若是前者，自己当下的处境究竟是更好还是更坏呢？

选择即人，选择即命运。每一处人生岔路口上的每一个选择积累起来，铸就了你的命运，也铸就了你这个人。

13

泾原的春天也有牡丹，这真是一个意外发现。

牡丹，大唐帝国的第一花，在每一年的花期里吸引着西京长安和东都洛阳的狂迷，这种时尚竟然也远达西北边地了。

　　回中，这个古老而略显哀伤的地名，听起来仿佛在劝人赶紧回返中原。汉文帝的时候，匈奴攻入萧关，焚毁了回中的宫阙，那已经是很久以前的事情了。如今这里属于泾原的辖境，暂时看不到烽烟，只看到暮春的雨中散乱着败落的牡丹。这本应属于皇都、被豪家贵人们精心呵护的雍容之花，在这西北边地上却寻不到躲避风雨的亭台，如同此刻看花的人一般。百感交集，付诸诗句：

> 下苑他年未可追，西州今日忽相期。
> 水亭暮雨寒犹在，罗荐春香暖不知。
> 舞蝶殷勤收落蕊，有人惆怅卧遥帷。
> 章台街里芳菲伴，且问宫腰损几枝。
>
> ——李商隐《回中牡丹为雨所败二首》之一

　　首联所谓下苑即宜春下苑，长安东南角的曲江池，西州即泾原。诗人追忆当初在曲江盛宴里未能亲近牡丹的芳泽，殊不料而今来到西北泾原，却与牡丹不期而遇。花与人一般，本该在京城之内，在所有人视线的中心绽放光彩，却一并出现在不属于自己的地方。

　　颔联写雨虽然停了，但水亭里暮春的寒意依然未散；牡丹挨过了雨打，还将在这寒意里缓缓地凋残吧。暮春即将入夏，本应有的暖意究竟飘向了哪里，为何在这雨后的水亭里竟浑然不觉呢？花如此，人亦然，有多少流言蜚语，有多少猜忌妒恨，正似这暮雨过后的春寒，让人浸在幽凉的空气里，而那些善意与温存，究竟还能继续支撑自己走多久呢？

　　颈联写落花的破败与人的惆怅，无人怜惜的花与无人怜惜的人遥遥相对，皆从对方身上看到了自己。尾联忽然凌空遥想，章台街是长安的游冶所在，芳菲伴是章台街上婀娜的垂柳。这是回中的牡丹探问长安的杨柳，不晓得当自己被雨打寒侵的时候，那帝都的柳色可还是青葱的吗？诗人的那些同伴，那些留在长安谋求仕途的才子，都在得意的春风里捕获着各自的梦想，而诗人自己，为什么偏偏在波折的命运里继续偃塞下去，偏偏在这偏僻的回中败落一般地和败落着的牡丹在一起？

> 浪笑榴花不及春，先期零落更愁人。
> 玉盘迸泪伤心数，锦瑟惊弦破梦频。
> 万里重阴非旧圃，一年生意属流尘。
> 前溪舞罢君回顾，并觉今朝粉态新。
> ——李商隐《回中牡丹为雨所败二首》之二

首联看似白描，其实用到一则典故：隋朝末年，孔绍安任监察御史，被派到李渊那里监军，很受李渊的礼遇；后来隋朝灭亡，李渊建立唐朝，孔绍安前来投奔，被封为内史舍人。夏侯端也在隋朝做过监察御史，也曾在李渊处监军，后来也归顺了唐朝，唯一与孔绍安不同的是归顺的时间更早一些，被任命为秘书监。内史舍人是正五品上阶，秘书监则是三品官，孔绍安为此愤愤不平。后来在一次筵席上，孔绍安应诏咏石榴诗，诗句有"只为时来晚，开花不及春"，言下之意是，自己的才干并不在夏侯端之下，仅仅因为投靠的时间稍晚，所以得到的官职不如人家。

牡丹嘲笑石榴花开花不及春日，殊不料一场风雨反使先开的牡丹先期零落了，这字里行间，隐隐抒发着对博学宏词科被黜落之事的不平。于是推出颔联，白牡丹硕大的花苞如同玉盘，这玉盘上雨水迸溅，仿佛无数伤心的泪水，而雨声如锦瑟凄凄的乐曲，一声声惊散睡意，令人彻夜无眠。

颈联从当下的伤心坠入永恒的伤心：在连绵万里的阴霾里，远离故乡的牡丹与远离故乡的诗人无望地希冀着光明，而一年来，一生中，所有的生机都被这雨水摧折，零落成泥，归为尘土。

尾联所谓"前溪"非指溪水，而是歌舞。古代有《前溪歌》："忧思出门倚，逢郎前溪度。莫作流水心，引新都舍故。"后来《前溪歌》被编入舞曲，成为一种婆娑忧伤的舞蹈。这一联以《前溪》歌舞形容牡丹风雨中零落时的姿态，而花的零落难免触动了零落中的诗人，让他起而兴叹：待这零落的花舞结束时，对着空落落的枝条，怕是更要伤感了，觉得当初那零落时的花姿终归也是好的。

14

失落与感激，功名与爱情，在帝国西北的泾原无数次纠结在诗人的心里。泾原，究竟是人生的又一处客舍，还是永久的栖息之地呢？连诗人自己都不清楚。

也许每一次跌落都是另一次攀升的前奏，就在诗人惶惑不安、去留难定的时候，命运再一次眷顾了他，替他做出了选择。

节度使王茂元虽然是将门之后，却酷爱文学，懂得李商隐的才华，也懂得李商隐的爱情。他喜欢在公务之余将李商隐引至后花园里，一起谈诗论赋，在文学的趣味里做半晌的消闲。他就这样赏识着他，扶持着他，终于，将自己最小的女儿嫁给了他。

推理起来，小女儿应该也属意商隐。王家自身家世煊赫、实力强劲，无须用儿女的婚姻为家族换来光明壮丽的前途；即便真有这种需要，王家亦有大把大把青年才俊可选，实在不必勉强女儿嫁给不合心的人，大可在众多人选中挑一个既有前途又让女儿满意的。所以这场婚姻，想来小女儿也是欢喜的。

爱情什么时候发生，小女儿是如何对李商隐产生了好感？或许是因为在父亲的书桌上翻看了商隐的锦绣文章，或许是因为在屏风后听闻了他对时事或历史的高见，或许是因为他对待父亲和其他达官贵人的态度谦卑却不谄媚，或许是因为他不太懂得在不同场合变换不同嘴脸的规则，也或许只是因为，那一天商隐与她目光相遇后慌忙低头饮茶的孩子气的姿势让她心疼。

最后一个推测不是无稽之谈，爱情确是人生屈指可数的几件大事之一，但爱情的诱因常常简单到荒唐。一个转身，一句口头禅，一阵风，一束光线，都可以引发一人对另一人产生天长地久的渴望。别说原来爱情这么不靠谱，相反，我认为正是因为诱发爱情的因素那么荒诞、简单，爱情才更值得珍惜。若要等到将双方条件码放整齐，仔细比对之后再决定要不要爱，爱情哪里还配称是世间的奇迹？

缔结姻缘的过程，出人意料的平淡：没有什么轰轰烈烈的斗争，没有什么私相授受的浪漫，没有某个恶劣角色处心积虑的刁难与破坏，没有苛刻的条件与勉强的许诺，李商隐平生最深刻的一次爱恋就这样静悄悄地发生，静悄悄地从梦想变成了现实。

一切就是这般平淡，如此从容，几乎没有什么记载流传于世，而令人印象最深的是婚后小别中的一首小小情歌：

> 东南一望日中乌，欲逐羲和去得无。
> 且向秦楼棠树下，每朝先觅照罗敷。

这首诗题为《东南》，诗人在黎明中眺望东南新升的朝阳，想象着自己也可以每一天都随着朝阳升起，在天空中一路向西，迅速行至妻子的妆楼之上，切切探看她。这是每天的第一件事，再没有其他事情比这更迫切的了。甚至于天子的婚姻，难道就比自己这庶民的爱情更动人吗？

任何一个沉浸在新婚幸福里不能自拔的人都会生出这样的念头，所以就在那一年里，李商隐写出了"如何四纪为天子，不及卢家有莫愁"的句子。那一首被很多人误认为是怀古讽谏的《马嵬》，其实是歌咏爱情的心曲。

新婚之后，李商隐继续着泾原幕府的差使，有时会往返于泾原与长安之间。马嵬坡，安史之乱中杨贵妃缢死的地方，是李商隐行程中必经的地方。念及唐明皇与杨贵妃那轰轰烈烈、生离死别的爱情，念及自己与新婚妻子那平淡而渺小，但彼此牵肠挂肚的爱情，真令人生出自矜的感觉。

李商隐写有《马嵬二首》，以第二首七律最为知名：

> 海外徒闻更九州，他生未卜此生休。
> 空闻虎旅鸣宵柝，无复鸡人报晓筹。
> 此日六军同驻马，当时七夕笑牵牛。
> 如何四纪为天子，不及卢家有莫愁。

马嵬坡事变之后，有方士说曾在海外仙山见到杨妃，这是何等荒诞的言辞啊。想当初七月初七在长生殿里，明皇与杨妃许愿，愿生生世世结为夫妇，但来生究竟是有是无，究竟是否达成今生的心愿，这一切都是未知之数；无论如何，今生毕竟已人鬼殊途，再也没有重聚的可能了。

想明皇仓促中避难西蜀，每一夜只听到军旅中报时的更柝，再听不到皇宫里的滴漏声了。马嵬坡上，军士们驻马不前，要斩杨妃兄妹，明皇无法禁止，杨妃缢死于佛堂，尸身被草草地埋葬在驿西道侧。这皇帝与贵妃的日子，难道就及得上平常人家的恩爱夫妻吗？

【小考据】能臣未必清

李商隐最服膺的时人是李党领袖李德裕，所以多次写诗或称道他的功绩，或为他的遭遇鸣不平。李德裕的确称得上中晚唐历史上首屈一指的能臣，唐王朝能在风雨飘摇中危而不坠，仰赖李德裕之功颇多。

但李德裕绝非传统意义上的理想宰相，至少和"两袖清风"的标准差距太大。李德裕是宪宗朝宰相李吉甫之子，是个自幼便习惯于锦衣玉食的人。时人有笔记记载说，李德裕每食一杯羹，都杂以珠玉、宝贝、雄黄、朱砂煎服，所费高达三万钱，这约略相当于一名节度使一个月的薪俸。

第七章

爱情决定命运

昨夜星辰昨夜风，画楼西畔桂堂东。

身无彩凤双飞翼，心有灵犀一点通。

隔座送钩春酒暖，分曹射覆蜡灯红。

嗟余听鼓应官去，走马兰台类转蓬。

1

李商隐在豪门间辗转多年，阅人无数，如何绝妙的檀口翠蛾、纤手细腰、花钗蝉鬓，于他不过是寻常，但王女的美好，终于让他心折。

唐朝多是牡丹一样的女子，热烈奔放得紧，一挑眉一转眸，全是风情；王女不同，王女更像是兰，静静生长于草木泉石深处，散发盎然生意。你从她身边路过，她清郁的芬芳便悄悄漫过你的衣衫，她不作声，你却被她安闲舒适的情绪所感染。她不疾不徐，不慌不乱，她就那样漫不经心地，让你觉得很幸福。

二十六岁的李商隐深深地沉醉在平常夫妻的平凡恩爱里，但他很快发觉，一切快乐都有代价。婚姻的仪式同时也是贷款的手续，在婚后的日子里，还有太多的债务要偿还，还有太多人的期待要满足，连本带利。

婚姻从来不只是两个人的事情。他一个贫寒出身的后生，竟然挫败了不知多少位看似更有资格的竞争者，娶到了这个温婉优雅的女子，做了一方节度使的乘龙快婿。

他明白，岳父不是把爱女嫁给现在的自己，而是嫁给将来的自己。而自己能否成为岳父所期许的那个"将来的自己"呢，他的心里总有几分忐忑。他已经栽过了太多的跟头，他已经明白，在这个绝无公平竞争可言的世界里，只晓得公平竞争的自己究竟能有几分胜率呢？

同僚的猜忌越来越深，这怪不得他们，人之常情而已。但是，种种议论、脸色、刁难和冷嘲热讽都不是一个不失自尊心的人能够承受的。就算你如何努力证明自己，但如果你的每一次升迁都被看作裙带关系的结果，如果你的每一分成绩都给你带来一分误解，增添一分愤懑不平，你的热情究竟还能持续多久呢？就是这样，当李商隐终于从新婚的甜蜜中醒来的时候，才发觉，自己娶来的是一个自己娶不起的女人。

妻子不懂李商隐的烦恼。她永远温润如玉，带着盈盈切切的笑，为李商隐缝补陈年的青衫，或是刻意烹调他从未尝过的味道。丈夫送予她的一切，她都连连称好，无论是一首愤世嫉俗的诗歌、一枚昨日落下的花钿，抑或是一支廉价简陋的步摇。闺阁寂寞，她却不怨不闹，自在枯燥的日子里寻觅乐趣：刺绣也好，绘画也好，整理书籍也罢，侍弄蔬菜也罢，每件事她都做得欣欣然；哪怕只是打扫院落、清洗碗筷，她也没有丝毫不快。这样的随遇而安，即使风流名士也未必能做到。

自小生活幸福的人，成年后比较容易满足，更能抵御世人的冷眼或社会的打击，因为拥有幸福童年的人，心中满满的都是爱和安全感，他们不需要很多东西来证明自己富足。而从小生活艰辛的人，成年后在感情和金钱方面往往更显贪婪，只因他们需要很多东西为灵魂填空；即使再也不能回到童年，童年时的饥饿感也会纠缠他们一生，逼迫他们争取更多的爱、更多的安全和更多的钱。

李商隐当初没有看错，妻子的确是个幸福的人，因为一直幸福，所以轻易就满足。但他必须证明自己，证明自己配得起妻子的诸般美丽，配得起岳父的青眼有加，所以他必须离开泾原，必须在妻子的裙带之外打拼出属于自己的一片天地。他不愿离开妻子一天，但是，为了获得与妻子长相厮守、日日耳鬓厮磨的资格，他只能打点行装离她而去许多天。

他以为爱情可以超越门第，爱情的确也可以超越门第，然而这种超越只发生在两个有情人心里；在世人的目光里，他注定会被当作一个攀龙附凤的投机分子。

常有人说，一个人只要做好自己，不应该生活在别人的眼光里，然而每个人都不得不在别人的眼光里生活，为了改变别人的眼光而改变自己，这就是人类的天性，与生俱来，无法逆转。无论是非对错，这都是注定且无可奈何的事情。

唐文宗开成四年（839年），李商隐辞别了供职仅仅一年的泾原幕府，南下长安，参加吏部书判拔萃科考试。

他必须摆脱幕职，必须进入中央政府，必须以朝臣而非幕僚的身份循阶而上，以摸不着的才华博取看得见的功名。世人习惯以成败论英雄，管你才高八斗还是学富五车，管你忠孝仁义还是温良恭俭，这些都不在他们眼中，你只能拿头衔和名位说话。要想改变俗人的冷眼，唯一的办法就是取得头衔和名位，无论你用了怎样的手段。

这对于李商隐来说是一件何等艰难的事情。他只有才华，没有手段，有一些人脉却不愿凭借，那么，唯一能够凭借的东西就只有那飘忽不定、永远令人无法琢磨的运气了。

2

幸好，诗人这一次等来了自己的运气。吏部书判拔萃科考试通过，李商隐被委任为秘书省校书郎，级别是正九品上阶，就在京师长安供职。

秘书省校书郎，这是一个真正意义上的九品芝麻官，且毫无实权，待遇也远远称不上优渥，但诗人为此狂喜不已。

他从来都不是一个善于掩饰的人，对喜怒与好恶缺乏自制的能力。之前的种种担忧与不快弹指间烟消云散，他兴奋地抓住了这个新生的起点，忽然忘记了人生与仕途的艰险，想象着妻子的笑靥、岳父的嘉许、幕府同僚的惭愧，想象着未来日子里可能发生的种种美好。从层云乍露的缝隙里透出了一线阳光，他从这一线阳光里想象出了万里晴空。

李商隐的兴奋并非全无道理，校书郎职位虽低，却是清要之美职，是文士

将来平步青云的第一步阶梯。如果翰林缺员，需要补选，秘书省校书郎最有机
会。一旦入选翰林，便成为天子近臣，从此有宰相之望。

　　简单如李商隐，一下子忘记了此前的所有坎坷，发现世界竟然如此美好，
并且从来都是如此美好。手之舞之，足之蹈之，《玉山》一诗便记录了诗人的
这份狂喜：

　　　　　　　　玉山高与阆风齐，玉水清流不贮泥。
　　　　　　　　何处更求回日驭，此中兼有上天梯。
　　　　　　　　珠容百斛龙休睡，桐拂千寻凤要栖。
　　　　　　　　闻道神仙有才子，赤箫吹罢好相携。

　　玉山，即传说中的群玉之山，此山阿平无险，周遭山形颇中绳墨，上古帝
王以此为珍藏书册的府库。唐人以秘书省地位清高、富藏文书典册，便以玉山
比之，《玉山》首联正是形容秘书省的清要与闲逸。

　　颔联是说得到这个职位实在心满意足，不必更求其他，因为从这里出发便
可以攀上天梯，直达帝王身边。颈联祈望君主能给自己实现理想的机会，因为
凤凰定要栖息在梧桐树上，有才华的人亦定要寻到适合自身才华的职位。尾联
是对秘书省同僚而发，愿各位才子互相扶持，一同在这条金光大道上走得更高
更远。全诗五十六个字里，尽是一名仕途新进者的踌躇满志，他那甘苦相杂的
所有过去，只一瞬间，便真的过去了。

3

　　　　　　　　初来小苑中，稍与琐闱通。
　　　　　　　　远恐芳尘断，轻忧艳雪融。

只知防皓露，不觉逆尖风。

回首双飞燕，乘时入绮栊。

——李商隐《蝶三首》之一

咏物诗从来都有借物寓怀的传统，无论是春花秋叶、粉蝶鸿鹄，在诗人的笔下总会变得物我难分、虚实莫辨，不知是庄周梦为蝴蝶，抑或蝴蝶梦为庄周。李商隐这首咏蝶诗，作于入职秘书省校书郎的三个月后，字里行间的复杂况味哪儿还有《玉山》的潇洒从容呢？他究竟遭遇了什么，又在感怀什么？

诗中的那只蝴蝶新来小苑，飞进了层层闭锁的宫闱，它有几分幸运，亦有几分忐忑。它生怕花期即将不再，生怕翅膀上如雪一般的蝶粉也将如雪一般飘落、消融。它小心翼翼地躲避着清晨的寒露，不承想撞上了逆袭而来的寒风。于是它被寒风摧折，如一片凋零的落叶被狂卷出门，而依依回首时，只见一双燕子翩翩然趁着自己的离去，飞进了小苑的帘栊。

这首诗写的不是蝴蝶，分明是诗人自己。幸运来得太突然，亦太短暂，仕进的狂喜心情尚不见稍稍减弱的时候，仅仅上任三个月的工夫，诗人便被降职调任，从京城长安调到了四百三十里外的弘农县城，从正九品上阶降为从九品上阶，从校书郎降为县尉，从清职沦为俗吏。他不知道自己究竟做错了什么，只是模糊地察觉到自己似乎得罪了谁。

新来的幸运儿顶替了他的位置，此时此刻，家中的妻子正一脸春风地读着自己报喜的书信吧？妻子向来脱俗，李商隐的仕途光明或黯淡，她都不甚挂怀；但她以丈夫之乐为乐，与丈夫同喜同悲，看着李商隐书信中雀跃的言辞，她必定也为之开怀，不想，快乐转瞬即逝。

李商隐难过的，不仅是自己的远大前程再一次失去着落，还有自己没能力让妻子快乐得长久一点。

4

唐代县制，分为赤、畿、望、紧、上、中、下七等，弘农县属于七等中的紧县，位于西京长安与东都洛阳之中，倒也算不得一个十分偏僻的去处。只是校书郎为清职，是读书人初入仕途的首选，县尉素来被视为俗吏，要处理数不清的基层杂务，也没有什么升迁的机会。仅仅三个月的时间，诗人骤然从喜悦跌入愤懑，从京职外任地方，这样的遭遇对自尊心稍强的人而言，总有一些屈辱的感觉。

生性敏感多情的李商隐远没有"不以物喜，不以己悲"的境界。当境遇好转的时候，他的兴奋总会溢于言表；但挫折陡至的时候，他的愤懑也总是难以隐藏。他实在看过了太多的不公，亦渐渐明晓了世界的运作，但无论他怎样用理性来说服自己，在理性上看得开的同时，感情上总忍不过。

行至弘农，要不要给妻子报个平安呢，要不要给岳丈大人通个消息呢，要不要给泾原的旧同僚们写几封信札呢？多少不愿做却不得不做的事情突然堆积在身，折磨着他的每一根神经，压迫着他的每一寸呼吸。自己纵可以忍下这口气来，图谋下一次的机会，此时此刻，种种不想交代的交代究竟又该如何交代呢？

人哪，不得不在别人的眼光里活着。人从来没有真正意义上的自尊，所谓自尊，不过是为了赢得别人的尊重罢了。哪怕是偃蹇，哪怕是饥寒，都比别人的冷眼好受。这就是世界的规则，这就是人类的天性，是再多温柔的开导与善意的欺骗都无法改变的。人生，就是这般无能为力又无可奈何。

他竟然没有懈怠，他最终接受了这次挫折，勉强给自己注入了些许新的勇气。他终于成熟了一点，为了心爱的妻子，为了岳父的期待与旧同僚们的嫉恨，他必须让自己爬起来才行。县尉的工作也可以是另一个起点，这没有什么，大丈夫赢得起也输得起。

若他不曾成婚，若他娶的是一个门当户对的女子，他定不会如此纠结。弘农县尉，这分明也是一个不错的差使，有国家俸禄可领，有升迁的机会可以争取，有全县百姓的尊重，何况这里也算肥沃富庶的中原腹地，离家乡也不是很远。至少，从此有了一份稳定而体面的工作，再不必佣书贩舂，也不必像在幕府里那样，职位会随着幕主的调职或亡故而突然丧失。但情形就这样变了，在爱情与门第中他选择了前者，他必须为此付出高昂的代价，必须在尽可能短的时间里证明自己。

于是，诗人甫一到任，便硬生生地调整心态，准备认认真真地做事。他收起了当世无双的生花妙笔，走访基层、提点刑徒、缉捕盗贼、整顿治安。他从没想过自己会做这样的工作，但仔细想想，就算是真有一天自己可以握着如椽大笔为皇帝拟撰诏书，这些基层的历练也一定会帮到自己的吧。

但他竟然做错了，犯下了一个理想主义者最容易犯的错误。

5

县尉，主管一县的治安防务工作，打交道的尽是一些窃贼、劫匪、凶犯之类的人物，做的尽是一些与诗歌、文章、唯美主义恰恰相反的俗务。

在诗人所有畏惧的事物里，排第一位的是现实，排第二位的是琐屑，县尉的工作偏偏二者兼备。李商隐以惊人的毅力在现实与琐屑中挣扎，正如一个溺入深水的人用力挣脱着缠在腿上、身上的密密匝匝的水草。

他认真地侦办案情、审讯囚徒，用自幼学来的儒家价值观理解着每一项罪行，然后判断哪些人罪有应得，哪些人无辜被枉，哪些人虽然有罪却情有可原。他甄别一切，忽然感受到这份职务的沉重。在秘书省舞文弄墨，舞弄出来的也许是事关天下苍生的大事；在县城督办治安，事务虽细碎得不值一提，却直面着一个个鲜活的生命，你轻轻的、绝无任何文采的一笔往往就决定了你面前那个怯生生望着你的县民的死活，也决定了他所有家人的命运。这感觉太令人生畏，一个人怎能就这样轻易地掌握了他人的生死呢？

诗人不由得紧张起来，用自己微不足道的权力为每一桩冤狱平反。他发现法律是如此的混乱，人命是如此的轻贱，他发现这个缔造过贞观、开元、天宝盛世的伟大帝国，在烜赫的宏图大业之下，有多少草民百姓的日子配得上它的荣名与霸业呢？

他做不到更多，只是为无辜者脱罪，为冤狱翻案，履行一名县尉应尽的义务，仅此而已。他万万没有想到的是，如此尽心尽力、尽职尽责的工作，偏偏触犯了官场的忌讳，给自己招致了又一次磨折。

6

冤，不是不可以申；狱，不是不可以活。问题的关键在于一条为大家心照不宣的官场通则：责任要勇于揽在自己身上，功劳要无私地归于上级。

人在仕途，谁都愿意立功受赏，谁都不愿意犯错受罚；奸猾之人还会贪占别人的功劳，推卸自己的责任。同僚之间往往如此相处，但是，在上下级的关系里，规则就发生了变化：李商隐积极活狱，当然会为自己赢得美名与感激，但也彰显了上级官员制造冤狱的恶名；若他有几分精明与狡黠，就会巧妙地将活狱之功归于上级官员，宣称这一项那一项每一项成果都是上级英明，自己不过是奉命办事而已。

这实在是再基本不过的官场行为通则，只有笨拙的李商隐才摸不到门道，当然也就不懂得照办。李商隐的上级，陕虢观察使孙简果然怒不可遏，准备罢免这个不会做官的蠢货。

这一次打击几乎让李商隐情绪失控了，他不请罪，不求情，将满腔愤懑写入一封辞呈。他就是不能接受，为什么自己自幼所学全是圣贤的至理，上至天子下至百官朝夕所讲的也是同样的一番至理，而这番至理偏偏在现实中处处碰壁，为什么他们实际所奉行的全是与他们所推崇的、宣讲的、教诲的截然相悖的东西？

诗人首次在现实世界里切身地看到了虚伪，触目惊心。官场上的污浊与不平让人生出归隐的念头，让人怀疑为仕途所付出的一切究竟值或不值。《自贶》这首诗就是写于此时的：

> 陶令弃官后，仰眠书屋中。
>
> 谁将五斗米，拟换北窗风。

陶渊明不肯为五斗米折腰，弃官隐居，过着躬耕自给的日子，给后世文人开创了田园生活的理想范型。史书记载了陶渊明解印辞官之后的高隐，说他"尝言夏月虚闲，高卧北窗之下，清风飒至，自谓羲皇上人"。一边是趋避小心的荆棘仕路，一边是自由自在的北窗清风，究竟哪个才是真正值得追求与拥有的东西，舍后者而取前者究竟是不是一种明智的抉择呢？

古往今来，陶渊明拥有无数的倾慕者，而真正的追随者寥寥无几。李商隐也只是说说气话罢了，他不可能再过回佣书贩春的日子，他必须改变家族的窘迫命运，必须让妻子为自己骄傲，让岳丈的期待得到满足，让所有嫉恨自己的人乖乖地闭上嘴巴。至于什么经邦济国、安定苍生，少年时一心为天下的伟愿就放到一边吧，能够被坚持下来的理想从来都是打过折的理想。

辞职只是一怒间的事情，而辞职后去向哪里，又如何解决生计，难道还要回到泾原依靠岳丈大人的接济不成？他是无论如何都不肯迈出这一步的，他绝不能容忍自己在心爱的女人面前颜面尽失，连带她也在人前抬不起头来。但孙简已被触怒，辞呈也已经提交，退路已断，难道还有第三条道路可走不成？

世事当真柳暗花明，就在李商隐进退维谷的时刻，事情突然出现了谁也意料不到的转机：孙简忽然调任他方，姚合接替了孙简的职位。

开元名相姚崇、宋璟，这是直到今天依然家喻户晓的人物。这位新任的陕虢观察使姚合就是姚崇的曾侄孙，也是大唐诗歌史上的一位名宿。诗人对诗人总有几分惺惺相惜，姚合才一到任，便驳回了李商隐的辞呈，以诗人而非上级的真心劝慰这个已经诗名在外的年轻才子。

只有诗人才懂得诗人，姚合的这番挽留，李商隐将用一生来感念。

7

因为姚合的挽留，李商隐终于留在弘农，继续着捕盗察狱的差使，而已经冷过一次的心难以再次温热起来。从开成四年到开成五年，远在弘农的李商隐遥聆长安的消息，期待着命运的转机，不期然听到了文宗皇帝的死讯。

文宗驾崩，武宗即位，最高权力的交接少不了阴谋与杀戮来做背景。俗语说"功高莫过救驾"，其实在真实的历史上，存在着一种比救驾更高的功劳，那就是拥立——如果因为你的努力，使一个原本没机会入继大统的人意外地成为皇帝，新皇帝对你该有何等程度的倚重和报答呢？

在文宗病重的时候，不同的政治派系纷纷寻觅自己拥立的对象。这是一场用家族性命做筹码的豪赌，赢家将会位极人臣，输家将被株连九族。在这样的赌局里，赌徒们自然会不择手段，抛弃了一切礼义廉耻，抛弃了一切使人之所以成为人的东西。尘埃渐渐落定，人头纷纷落地，权宦仇士良成为最大的赢家，成功拥立了武宗皇帝。这不是父死子继，而是兄终弟及，是对皇朝继承法的大胆破格。

新皇登极，一朝天子一朝臣，朝廷上至宰相，下至低级官吏，迅速完成了规模空前的人事大换血。牛党宰相杨嗣复和李珏因为在继统大事上不曾拥戴过武宗，断送了自己的政治前途，被逐出京城，再不可能得到起用。而牛党宰相被逐，正是李党翻身的时机。果然，开成五年九月，李德裕重返长安，复居相位，牛李党争的形势至此陡然一变。

牛李党争，是当代史学研究中的一个经典课题，至今也没有一个盖棺论定的说法。因为结党从来都是事实上的必须、名义上的大忌，是做得而说不得的。所以对着模糊的史料，有学者认为所谓牛李党争，牛僧孺一派确实结党，李德裕却不曾结党；也有学者认为牛僧孺结成小人一党，李德裕结成君子一党；还有看法说，王茂元虽然结交李德裕，却不属于李党的成员……今天的学者们饱参史料，却看不甚清当时的派系，身在此山中的李商隐其实更看不清。

他至今仍看不清自己这些年来为什么命运一波三折，似乎总有某种莫名的力量在暗中和自己作对，他以为最高权力场上的每一点微妙变化或许关系着自己的机会，却不可能关系着更多的什么。他误以为自己是个站在边缘的卑微看客，却不晓得自己早已被卷入了斗争的旋涡。

党争素来有一大特色，即没有人可以置身事外。非此即彼，这是人类天生的认知模式。如果你说自己厌恶黑色，旁人就会认为你喜欢白色；如果你说自己厌恶集权，旁人就会认为你喜欢民主。然而事实上，你厌恶黑色，也厌恶白色，在所有的颜色中唯独喜欢粉色；你厌恶独裁，也排斥民主，对任何政治体制都不抱有任何好感。但旁人往往等不及你的解释，他们总是在下意识中，在第一反应中对你的表现做出非此即彼的判断。

以己度人，这是人类天生的认知模式，人们总会不自觉地根据自己来想象别人，毫不考虑到天下之大，人和人在心态、兴趣、习惯、价值观上可以千差万别。

所以，设若你拒绝了牛党的拉拢，牛党就必定认为你属于李党；设若李党并不存在，真的只存在牛党一个党派，而当你拒绝了牛党的拉拢，牛党就必定以自己的党派之心来揣摩你的用心，笃定你属于一个对立的党派，而不会想到你其实是一个无党无派的人。

这一点世故人心，少年时意气风发的李商隐不屑去想，成年以后的他曾试图琢磨通透，最终却败下阵来，承认自己缺乏为官结党的天赋。在弘农县里的开成五年，在他聆听着长安城里人事巨变的时候，他不晓得这一切究竟与自己有着多大的关联，更不晓得在党争的战场上，那些道貌岸然的人究竟可以无耻到何等地步。

8

　　不知道从什么时候起，牛党党魁牛僧孺的一部叫作《周秦行纪》的笔记在文人雅士中流行起来。

　　其中最为人们津津乐道的是这样一段记载，当然，用的是牛僧孺的第一人称：我在贞元年间进士落第，回返河南，在暮色中迷失了方向，偶然走进了一所大宅。大宅的主人竟然是汉文帝的母亲薄太后，更加离奇的是，薄太后唤出了历代绝色女子与我作陪，她们有王昭君、戚夫人、杨玉环、潘淑妃，然后宾主答拜，相谈甚欢。席间，薄太后问我如今是谁做皇帝，我答说是唐代宗的长子李适。杨玉环笑道："没想到沈婆的儿子做了天子。"后来，薄太后与一众美姬各自作诗以助酒兴，我也赋诗作答。待到夜色渐深、人须归寝时，薄太后使王昭君与我为伴。一夕欢好，第二天未明时依依作别。天明之后我行至大安，询问当地人，当地人说离此十余里的地方有一座薄后庙。但是，待我返回薄后庙时，只看到一片断壁残垣，全不复昨夜之所见。一切恍如梦幻，只有我衣服上沾染的香气一连十余日不散。

　　书生艳遇，这在唐传奇里屡见不鲜，但这则故事实在与众不同。牛僧孺位居宰辅，竟然自曝年轻时的荒唐，而荒唐倒在其次，那昭然若揭的僭越之心才是最令人瞠目的。所有艳遇的对象非仙非妖，非是大家闺秀或小家碧玉，却是历代帝王后妃，尤其借杨贵妃之口称当时天子为"沈婆的儿子"，这是何等的轻蔑与讥诮呢。就算这不是什么认真的笔记，而是一篇第一人称的小说，这样的笔墨也逃不脱大不敬的罪名。

偏偏牛僧孺真的会写小说，唐文学里极著名的《玄怪录》就出自他的手笔。若说这《周秦行纪》真是牛僧孺写的，在当时难免会有不少人相信。

这篇故事其实是李德裕一党编派牛僧孺的，作者就是李德裕的门人韦瓘。党争时期，各人无所不用其极，那些才华横溢、文采斐然的读书人每每编造小说攻讦对手，李党还编写过《牛羊日历》《续牛羊日历》，很有技巧地将牛党人物逐一丑化。

用形象化、标签化的语言丑化对手，这是所有政治技巧里最常用也最有效的一项。刻薄的形象总会直指人心，尖酸的标签一旦贴上，生生世世都别想揭下来。

诗人对文字敏感，对爱情敏感，偏偏对世故人情比什么人都更迟钝。政治可以丑陋到何种程度，这是李商隐想象不出亦理解不来的。他只是模糊地看到国运衰颓，这也许是运，是势，是人力所无法察觉的什么理由。他以诗歌哀悼文宗、感叹国运，而就在这首著名的《咏史》里，他其实既不解文宗的真正死因，也不解国运的真正原委：

> 历览前贤国与家，成由勤俭破由奢。
> 何须琥珀方为枕，岂得真珠始是车。
> 运去不逢青海马，力穷难拔蜀山蛇。
> 几人曾预南薰曲，终古苍梧哭翠华。

纵察历史，无论一国还是一家，从来兴于勤俭，亡于奢靡。唐文宗深知国弊，是历史上屈指可数的勤俭帝王，连皇袍上都打着补丁，却为什么反而屡遭败绩，最后受制于家奴，落到连周赧王、汉献帝都不如的下场呢？是国运不再，皇帝所倚仗的只有李训、郑注这样的投机分子，怎能拔除根深蒂固的宦官势力，怎能使大势已去的帝国得到中兴的生机呢？

9

开成五年，最高权力新旧交接的一年，李德裕重新入朝为相，王茂元也终于打通关节，从边陲泾原调至京城长安。没人能看出将来的局势会向着哪一边发展，一切都来得太快，风瞬间就变了方向，不给人思考的余地。

李商隐的妻子也随着父亲住进了京城的宅邸，这是一所奢豪的大宅，配得上王茂元的身份，却使李商隐渐渐生出了怯意。

在弘农县已经一年了，没做出任何耀眼的成绩，看不到任何升迁的希望。他不甘心就这样放弃，不愿意就这样去恳请岳父的援手。他想到长安和妻子团聚，但以此时此刻的境遇，又怎么直得起腰踏进岳父那所豪宅的门槛呢？

他忽然想到，有一个人应该可以帮到自己。那个多年来与自己同游共学、本该有兄弟一般情谊的令狐绹，明明在长安宝地一路顺遂，却为何眼睁睁看着自己潦倒，从没做出过任何表示呢？这个最应该帮助自己的人，这一年来究竟为自己做过什么？

他忽然感觉到令狐绹似乎已经疏远了自己，是的，为什么自己没有早一点感觉到呢？自己一直奔波着，忙碌着，投奔泾原幕府，迎娶王氏幼女，赶回长安参考，入职秘书省校书郎，外任弘农县尉，因活狱险些被孙简罢免，因为姚合的到来而留在了弘农任上……这一切都发生得那么仓皇，当心绪稍稍可以安定的时候，又赶上天崩地变，皇位交替，高层人事重新洗牌，戏剧化的事件每每令人目不暇接。令狐绹在自己生活中的分量似乎就被这些令人目不暇接的东西在不经意中冲淡了，究竟是自己疏远了他，还是他疏远了自己？

秋风萧瑟的时候，李商隐写下《酬别令狐补阙》一诗，这首诗乍看上去是一封写给朋友的书信，但字里行间隐隐抱怨着对方对自己的疏离。他不知令狐绹缘何疏远了自己，不知这份隔阂究竟是如何出现的。

　　敏感的心能够感觉到最细微的变化，而天真的眼睛望不穿变化背后的原因：

> 惜别夏仍半，回途秋已期。
>
> 那修直谏草，更赋赠行诗。
>
> 锦段知无报，青萍肯见疑。
>
> 人生有通塞，公等系安危。
>
> 警露鹤辞侣，吸风蝉抱枝。
>
> 弹冠如不问，又到扫门时。

　　这首诗里，第三联最是耐人寻味。"锦段知无报"，语出《四愁诗》"美人赠我锦绣段，何以报之青玉案"，是说令狐一家对自己有恩，自己却唯恐无以报答；"青萍肯见疑"，语出邹阳的狱中上书，说哪怕是明月之珠、夜光之璧，若在黑暗的道路中投向陌生人，对方也必定戒惧狐疑，按剑以对。李商隐已隐隐觉察到令狐绹的冷淡，却不知道自己究竟做错了什么，难道是有了什么误会，使令狐绹对自己生出不该有的猜忌吗？

　　第五联写得也妙，"警露鹤辞侣，吸风蝉抱枝"，虽然匆匆离别，虽然在仕途中各有各的通塞际遇，但自己始终会像高洁的蝉抱着旧枝那般恋着旧日的恩主，生死不弃。这两句说得感人，然而一到尾联，才令人发觉，那感人的背后居然藏着一点卑微而凄凉的功利追求。

　　尾联用到两则汉人掌故。汉代王吉与贡禹交好，世称"王阳在位，贡公弹冠"，这是说王吉若是做官，贡禹就会弹去帽子上的尘土，知道王吉一定会举荐自己的。魏勃年轻时想要求见齐相曹参，但自己出身贫寒，没有拜见曹参的门路，于是便常常在天还没亮的时候到曹参舍人的门前打扫，终于被舍人引荐给曹参，如愿以偿地得到了官职。李商隐以这两则故事恳求令狐绹说：若你不念旧交，不肯汲引我上位，那么我只好仿效魏勃的榜样，扫门以求仕进了。

这首诗读来，真令人心里百味杂陈，有种难以言喻的凄楚。清代纪晓岚有过一句评论，说"末二句太无骨格，遂使全篇削色"，这话一点没错。魏勃扫门的事情不是君子应该做的，求人汲引求到这等谄媚无耻的嘴脸，这全然不是李商隐的一贯姿态。人生在世，总要为自己取一种姿态，而李商隐此前的姿态，绝非卑躬屈膝。

李商隐是真的慌乱了。从小族叔为自己立下的楷模，出世后决不肯自媒行卷的气概，一直在逆境中坚守着、自持着的道德底线终于在现实生活的层层压逼下轰然崩溃。为了在妻子家族中赢得自尊，为了让妻子骄傲，他宁愿在令狐绹面前放下自尊。

这是一场赤裸裸的交易，是一场以自尊换取自尊的交易。他很清楚，无论交易的结果如何，他都已经赔掉了卑微的人生里最珍视的本钱。就算真的赚到了什么，也只是咬牙苦笑中的惨胜。他察觉到了令狐绹的冷淡，但此时此刻，除了令狐绹之外，已经再没有旁人可以依傍。

10

等闲变却故人心，却道故人心易变。令狐绹没有变，在他的眼里，真正变了的人不是自己，而是李商隐。

当初是父亲将贫苦无依的李商隐从千万人中简拔出来，视之如子侄，还将毕生的写作本领悉心传授；当初自己视之如手足，同游共学，毫不计较身份地位的悬殊；是父亲背后用力，是自己反复举荐，才使李商隐在根本没有希望的科举考试中金榜题名。令狐家为李商隐所做的，与其说是恩情，不如说是亲情，而李商隐是如何回报的呢？

父亲一死，他便以为失去了靠山，急急投奔了泾原节度使王茂元，居然还娶了王茂元的女儿。他难道不晓得王茂元是靠行贿郑注才觅得美差，还与李德裕过从甚密吗？他难道不晓得令狐一家一直站在牛僧孺、李宗闵的阵营里，与李德裕一党是势同水火的对手吗？天下难道还有比这更忘恩负义的事情吗？

不同的人，终归想不到一起。迟钝的李商隐哪里看得清政坛人事的错综复杂呢？他一刻未曾忘记令狐一家的恩情，只以为投靠王茂元一如当初投靠萧浣和崔戎一般，全不知这背后的关节。

至于妻子，他哪里想到爱情与政治会有如此重的关联。他爱她的温婉、娴雅与幸福的笑容，这纯然是私事，旁人有什么资格来指手画脚呢？他以自己的心思揣摩令狐绹的心思，以为他一定懂得自己，甚至以为所有人都会懂得自己，因为所有的人难道不是一般的心思吗？

偏偏每个人都有各自的心思。令狐绹是天生的政治动物，所以他出于本能，就会将别人的一举一动解读出深刻复杂的政治含义。他就是无法相信一个年近而立的人竟然会单纯得像一个未经世事的孩子，竟然会单纯到从爱情的意义理解婚姻，竟然明知道宦官、藩镇、朋党是当今政坛的三大难题，偏偏对身边的朋党暗流毫无察觉，甚至不知道自己最亲的人究竟站在哪一边的立场。令狐绹，天生的宦门子弟，认为所有人都有着与自己一般的市侩心理，正如李商隐认为所有人都有着与自己一般的真挚情怀。

世人常常就这样以己度人，有人以小人之心度君子之腹，有人以君子之心度小人之腹。他们认为旁人一定是自己这样想的，所以他们总是以臆想决定着态度。

李商隐毕竟不是魏勃，令狐绹自然也不是曹参。李商隐终归做不出扫门的事来，只是默默地期待，他曾自谓与令狐绹"一日相从，百年见肺肝"，如今却不确信这份感情究竟有没有经受住时间的考验；而令狐绹，终归不肯原谅这个"背弃家恩的无常小人"，冷笑着看着他的困窘与落败。

令狐绹唯独不曾想过，李商隐若真是忘恩负义的小人，难道还会落得这步田地吗？在乱世的官场上没有"小人得志"的说法，因为凡是得志的，一定都是小人。

11

在弘农的日子终归没有出路，来自令狐绹的汲引又始终没有得到，焦灼中的李商隐终于做了个破釜沉舟的决定：辞掉县尉的差使，打点家乡的一切，举家迁至长安。

其实他哪有足够的财力来做这样的赌博呢，他只觉得必须做出改变，哪怕把自己投入更加险恶的境遇里。小小的县城没有机会，幽寂的故乡没有机会，只有京城长安才是满载着艰险与机遇的地方。也许除了这一点点文学才华，自己再没有什么可以倚仗，在那个升沉荣辱时时处处关联着金钱与人脉的地方，索性就凭着这点孤高的才华，与现实世界拼个你死我活吧。

长安，有妻子的等待，有岳父的盼望，有旧日的同僚们在等着看自己的新笑话。但都无所谓了，他渴望与妻子团聚，就由自己再享受一点温存好了，至于其他，任人笑骂与评说吧。

移家长安可不是简单的事情。他不愿接受别人的资助，却最终不得不放下最后一点可悲的自尊。接济他的是他的妻舅河阳节度使李执方，这使他再次欠下了岳父家的恩情，他不知道这对自己将来的仕途究竟意味着什么。

接受与拒绝，这是人情世故中最难把握，也最易被轻忽的项目。对于别人的好意，哪些可以接受，哪些必须接受，哪些不必拒绝，哪些必须拒绝，每一点分寸都不是容易拿捏的。一个毫无背景而希图仕进的人，纵使一开始误打误撞地接受了牛党的恩惠，从此就必须表现出坚定的派性立场，绝不可染指李党的好处，不可因为眼前的利益而动摇了自己的派性。

李商隐行差踏错，在李党的阵营里一步步陷得更深了，而牛党的血统又不可能彻底洗净，所以，牛党自然会以雷霆手段对付他这样的叛徒。即便在李党的阵营内部，人们也会因此而质疑他的品格，终不放心将这样的人提拔到重要的岗位上去。李商隐不是市侩，不是政客，他感觉到了越来越多的敌意，却不明白这敌意究竟是因为什么；他感觉到自己在仕途上越发步履维艰，却不明白种种看得见或看不见的阻碍究竟来自何方。

李商隐终于把家迁到了长安，定居在长安城南之樊川。这是一处宜人的所在，连接着芙蓉园与曲江，倒也配得上诗人的一片诗心。杜牧的樊川别业就在不远的地方，晚唐诗坛上齐名的"小李杜"忽然做了邻居。李商隐甚爱这个地方，从此以地为号，自号樊南生。

古人取号常是以新生结束往事，随着樊南生的新生，玉谿生在无人察觉的时候寂寞死去。

12

移家长安，靠的是河阳节度使李执方的资助；在物价高涨的长安生活下来，又将依靠怎样的经济来源呢？李商隐似乎从没有认真考虑过这个问题，纵使自己还有机会取得吏部授官，那也不知道是何年何月的事情，而就在眼下，一家人的生活难道要靠妻子的妆奁和岳父的施舍吗？

王茂元确实是一代财阀，最大的本领莫过于聚敛财富。他清醒地知道，在这个污浊的官场上，权力与财富从来都是互为保障的，缺乏权力支撑的财富只如梦幻空花，缺乏财富支持的权力也只是无根的浮萍。假如你渴望财富，你就必须不择手段地攫取权力；假如你渴望权力，你就必须有一掷千金的使钱本领。清廉的人从来都是官场中的异类，异类从来不见容于主流。

若没有使钱弄权的本领，是没可能在权力的鳄鱼潭里过关斩将、跻身高位的。那些以清廉知名见用的权臣一样都是贪得无厌的家伙，只不过手法更加巧妙和谨慎罢了。当初牛僧孺以拒贿受到皇帝的器重和提拔，其实牛僧孺所拒的是粗俗的金钱，喜欢聚敛的却是高雅的太湖奇石，而这奇石的开采与转运，耗费之大又何以万千钱计。李德裕也有同样的雅好,以高雅的名义行卑俗的权钱交易,在无金而有石的豪华别业里哪里嗅得出一点点清廉的气味呢?

王茂元也是一个使财弄权的高手,当初以重金行贿郑注,换取了节度使的美差,"甘露之变"后,郑注身败名裂,王茂元倾尽家财打点禁军权宦,不但保全了性命,甚至继续被封侯授节。官场中人,敛财敛得轻易,使财使得豪爽,只要权力不失,即便是一时间家财尽空又有什么关系呢?权力不但是投资回报率最高的商品,也是回笼资金最快的商品,所以官场上最讲"舍得"二字,也挤满了既敢舍也敢得的人,这是一群真正视金钱如粪土的豪客。

他们虽是豪客,却绝不似纨绔子弟那般滥用钱财。对于王茂元而言,在倾尽家财打点权宦的时候可以不皱一下眉头,但是,若让他对一只眼见得回升无望的股票追加投资,他的脸色绝不会比乡下的土财主更好看一分,哪怕这里融有亲情。

他已经在长安站稳了脚跟,在云谲波诡的政治斗争里成了一棵真正的常青树,他有十足的能力为李商隐打点关节,但他没有。若不是人事上突然又发生了一点变故,这同住长安的一翁一婿真不知道将来会处成什么样子呢。

13

文宗驾崩,武宗即位,李德裕由淮南入相,就像推倒了第一张多米诺骨牌,引发了从中央到地方的一系列人事变动。王茂元才入长安不久,便被外任为陈许节度使,由闲职而握实权。

王茂元离长安赴许州,一时间堆积起海量的文书工作。这时候的文书不同于常时,虽然照例都需要四平八稳的官腔,但有太多微妙的表达需要文章高手来做。李商隐没法儿留在长安,在这样的关键时刻,只有重入王茂元的幕府,以当世翘楚的骈文技巧为岳父效力。无论如何这都是亲人对亲人该做的事情,也正是因为这样的人之常情,无论李商隐是否真的在政治立场上成为李党的一员，牛党都会百般猜忌他，令狐绹对他的恨意也越发难以遏制了。

赴许州的行程中，最难处理的文书要算是替王茂元写给李宗闵的私信。李宗闵是牛党党魁，牛党失势后被安置在东都洛阳担任一个闲职。王茂元家在洛阳，此时从长安赴许州，洛阳本是必须经过的一站，所以在回家的同时顺道拜望一下李宗闵，这本是必要的人情和礼数。但问题是，在李德裕刚刚入相的时候去拜望牛党党魁，可想而知这会招来太多不必要的麻烦，王茂元忽然陷入一个两难的境地。

王茂元是李党骨干，绝不能冒着开罪李德裕的风险去亲近李宗闵，但政治风云从来瞬息万变，谁知道哪一天李党又会败落，牛党又会得势呢？所以此刻既要与李宗闵保持一定的疏离，又不可不留任何回旋余地地公然开罪他，其中的分寸，实在很难拿捏。

王茂元毕竟是个老练的政客，他干脆另觅捷径，不走洛阳老路，将难题消弭于无形。但他必须给李宗闵一个可以接受的理由，切不可让李宗闵觉得自己是在故意怠慢他。这个微妙的解释工作，就交给了李商隐。

李商隐为王茂元代书，一方面夸赞李宗闵功德昭彰，宠辱不惊；一方面解释说，宰相对自己这一趟赴任许州督期甚紧，所以不得不另觅捷径，以免愆期获罪。辞谦礼恭，不动声色地将责任推到了李德裕的身上，而督责日期的事情又确确实实像是李德裕做得出的。

就这样，李商隐理解了王茂元的种种顾虑，以自己优美的文辞包装着岳父大人这一番苦涩而狡黠的用心。他越发懂得王茂元了，因此也越发悲观起来。他从王茂元的身上看到了自己与官场的万里悬隔，他知道自己永远都没有混迹官场所必备的那种八面玲珑。

回想当初依附令狐楚的时候，他信心满满地在幕府中舞文弄墨，只觉得天下文章没有什么能难得住自己；而今世易时移，自己恍然明白了幕府文书的要诀，明白这要诀非关文采而只在机心，才自嘲当年是如此没有见识。但明白了又如何，事到如今，自己难道还有另外的道路可以选择吗？

无论仕途究竟是怎样的，他也只能或一往无前，或自暴自弃地走将下去。这已经不是他还能选择的事情，他唯一能选择的只是进取长安或退归幕府，在这一处幕府或那一处幕府。他不愿在许州常住，因为事情正如之前一样，为了满足岳父的期许，为了堵住同僚的谗口，为了能够和心爱的妻子堂堂正正地厮守在一起，他必须像一个真正的男人一样，在妻子家族的羽翼之外，凭借自己的能力打拼出属于自己的一片天地。

于是，在帮助岳父完成了最紧迫亦最棘手的文书工作之后，他离开了许州，在有些恓惶的心绪里，辨认着辽远地平线之外的点点微光。

14

该向何处依凭，该向何处进取，此时此刻皆不是易做的决断。他忽然发现在这个极重人脉的仕途上，自己浪迹多年，仍然是一个无着无落的人。旧时的恩主一一亡故，旧时的同学一味疏远着自己，旧时熟络的同僚们风流云散，全力打拼着各自的前程，而自己的立身行事究竟有哪点差池，以至于各种猜忌与妒恨层云一般地拥积在自己的前路上，遮天蔽日，仿佛要阻断所有的通路。思前想后，大约只能在周墀那里碰碰运气了。

记得当初应试博学宏词科的时候，一位名叫周墀的主考官颇欣赏自己的文章，点选了自己的名字，在李德裕入相带来的人事大变迁里，周墀被外任为华州刺史兼镇国军潼关防御使，这个职位如节度使一般有自行开府的权力，故而未尝不是一个可以一试的去处。

于是，在随王茂元途经华州的时候，李商隐便早早地为自身的前途做了一点铺垫，写信给华州刺史周墀，说自己"方从羁宦，遽远深恩。昔日及门，预三千之弟子；今晨即路，隔百二之关河"，他期待周墀可以接纳自己，给自己一个在妻族的势力之外一展才华的机会。

他只是不曾想到周墀是牛党中人，他这样做当然会引起王茂元的不悦，而那个先入之见已深的令狐绹也只会越发觉得他是一个首鼠两端、反复无常的人。此时此刻，即便李商隐深知其中利害，只要他执意脱离妻族的羽翼，那么除了周墀之外，究竟还有多大的选择余地呢？

唐武宗会昌元年（841年），李商隐被周墀聘入幕府。他知道，这只是暂时的栖身之地而已，自己终不能就在幕府与幕府之间辗转一生。

他渐渐变了，曾经是那么的自负才华，深深鄙薄自媒行卷的行径，而今稍稍领会了这个世界的现实，也开始和那些市侩一般地多方请托，打点人脉。以人脉博未来，对于任何一个出身寒微的人来说都是十分不易的事情，何况一个本性天真的唯美诗人呢？

在周墀幕府度过了短暂却焦灼的一年之后，会昌二年，李商隐再次通过了吏部考试，终于如愿以偿地重返秘书省。这一次的职位是秘书省正字，正九品下阶。三年的时间，李商隐的人生轨迹似乎画了一个圆圈，秘书省还是旧日的秘书省，自己的职位却从三年前的正九品上阶降到了下阶，对于常人来说真是不知情何以堪。

李商隐已不在意这小小的升沉了，无论如何，他终于获得了原先不慎失去的那个原点，只要还在秘书省，还在长安，还在中央政府的朝官谱系之内，当年那由秘书入翰林、再由翰林入相的高远理想便再次为自己透出了些微希望。只不过，当初那兼济天下的志向早已被残酷的现实打击得支离破碎，他早已降格以求，只求活出个人的尊严，延续家族的书香，对得起妻子的下嫁与岳父的期许，不使那些嚣嚣谗口的嫉恨者看自己的笑话。

也许这真是一个全新的开始。母亲和妻子已经安顿在了长安樊南，自己可以靠体面的官俸而非幕职的临时收入或妻子的妆奁来支撑起这个不大的家庭。历尽了一切崎岖坎坷，自己该是一个沉稳成熟的男人了，不复有当年的心浮气躁；能接受更多的现实与污秽了，族叔的教诲与影响该在自己身上渐渐淡去了吧？

15

他真的有些变了。有一点点沉默寡言，即便说点什么，在得体的辞令里也总带着几分审慎、含蓄甚至隐晦。他试图做一个比真实的自己远为沉稳的人，他不像我们这般珍视他身上天真而唯美的诗人天性，设若天性可以交换，他宁可用它换来仕途中最是八面玲珑的市侩嘴脸。

就是这般，他的理智努力背叛着他的天性，而他的诗不自觉地背叛着他的理智。种种隐秘的心曲、难言的情愫、深沉的寄托，尽写入华美而迷离的无题诗里。李商隐的无题诗，为中国诗歌史开创了朦胧诗这一类型，引发了千余年来无数人的猜想与考索，每个人都沉迷于诗句背后扑朔迷离的美丽意境里，却谁也说不准他要表达的究竟是怎样的含义，不晓得诗句的背后究竟是爱情还是身世的寄托。

也许，连诗人自己都说不清楚。

昨夜星辰昨夜风，画楼西畔桂堂东。
身无彩凤双飞翼，心有灵犀一点通。
隔座送钩春酒暖，分曹射覆蜡灯红。
嗟余听鼓应官去，走马兰台类转蓬。

——李商隐《无题二首》之一

闻道阊门萼绿华，昔年相望抵天涯。
岂知一夜秦楼客，偷看吴王苑内花。

——李商隐《无题二首》之二

　　这一组《无题》里的第一首无疑是李商隐全部无题诗中最有名的一首，诗句里含着隐约的指向现实的线索，即诗的尾联"嗟余听鼓应官去，走马兰台类转蓬"。所谓兰台，正是秘书省的旧称；所谓听鼓应官，唐代长安，每天五更二点时宫廷鼓楼开始击鼓，各个街道上鼓声相应响起，坊市纷纷启门，这是新一天工作的开始，李商隐其时任职秘书省，这鼓点就是催促他赴署上班的声音。所以对这一组诗我们唯一可以确定的是，写诗的时候正是诗人任职秘书省的时候。

　　诗歌描写一场盛宴，时间是昨夜，地点是画楼西畔桂堂东。盛宴上有某位女子吸引了他的注意，他们对面遥隔，彼此无言，但千言万语尽在心领神会之中。隔座送钩，分曹射覆，这都是当时流行的游戏，为酒宴增添了几多笑声。就在笑声与醉意里，人们欢饮达旦，突然街上有鼓声传来，那就让笑的人继续笑吧，饮的人继续饮吧，只有诗人在自嗟自叹中匆匆离席。

　　宴会只是官场上的闲暇，在座者哪有什么纨茵浪子与萧瑟词人呢？都是些有品有爵的人物。在一切垂杨影外、片玉壶中、秋笛频吹、春莺乍啭的时候，有哪个低级官吏能像那些流连忘返、醉饱无时的长官一样，放下心中的紧张与眉目间的拘束呢？

　　他就是这样无奈，不得不随着长官出来会饮，不得不随着鼓声离席上班，一切都是不由自主的，正如那个与他心有灵犀的女子，她在宴会上的一颦一笑、一歌一舞，又有哪一点是自由为之的呢？她或许是一名歌女，或许是某位王公贵戚的姬妾，与诗人一般是一个不由自主的人，如风中的飘蓬。他们的心有灵犀，其实是同病相怜。

　　在第二首诗里，诗人以萼绿华指代一位美丽的女子。萼绿华是一位仙女，曾在晋代夜访过修道的羊权。关于这次访问，有两种不同的说法。一种是正统的道家之言，说萼绿华给羊权讲了很多修道的至理，赠给他仙家尸解之药，从此隐遁不见；另一种说法就比较世俗化了，说萼绿华看上去二十岁上下，美艳绝伦，在升平三年十一月初十的夜里降于羊权的家里，从此常和羊权往来。她说自己本姓杨，赠给羊权一首诗、一条火浣布手巾（大概这种布弄污之后可以放进火里去洗）和金玉条脱（一种手镯）各一枚。萼绿华叮嘱羊权："你不可将我们的来往泄露出去，否则你我都会获罪。"寻访这位萼绿华的底细，应该就是九嶷山中一位叫作罗郁的得道女子，因为杀了人，所以被贬到人间。

这首诗的字面似乎是说：自己曾久慕一位女子的美丽，朝夕盼望与她相会，哪料想竟然真有一天来到了她的身边，在切近的距离外偷偷地窥视着她。虽然有无边情愫，无奈身份悬殊。

句意便是如此，但细细品来，在字里行间之外似乎别有寄托。有注家以为寓意应该是这样的：诗人一直苦苦追求，希望考入秘书省为官，为此经历了百般挫折，后来终于入职秘书省，本拟梦想成真，没想到只是有缘翻检一下秘府书籍罢了，不多时便不得不离职而去，只留下无穷的怅惘。

他这次重返秘书省，本来重新燃起了一些热情，但那毕竟是个党争纷纭的时代，牛党恼恨他的背叛，李党顾忌他的出身，究竟有谁还愿意交结与扶持这样一个人呢？何况他虽然才高八斗、学富五车，但在人情世故上终归不如聋聋。达官贵人们尽可以利用他的文学才华，却不容他在政坛上有任何发迹。这是官场，官场自有官场的规矩，这规矩永远都排斥那些天真烂漫、纯善正直的人。

【小考据】牛僧孺的为人

　　牛僧孺在未成名前，曾经带着自己创作的诗文去拜访文坛名宿刘禹锡。刘禹锡当着牛僧孺的面提笔在诗文卷上批批改改，毫无顾忌地指点这位后辈。二十余年后，刘禹锡被贬官外放，与牛僧孺在途中相遇。牛僧孺酒酣赋诗，诗云："粉署为郎四十春，今来名辈更无人。休论世上升沉事，且斗樽前见在身。珠玉会应成咳唾，山川犹觉露精神。莫嫌恃酒轻言语，曾把文章谒后尘。"刘禹锡睹诗大惊，这才想起当年为牛僧孺批改诗文的旧事，而揣摩牛僧孺这首诗中的言语，分明一直对此事怀恨在心，二十余年犹未释然。刘禹锡连忙和诗，以谦卑的语气表达歉意，酒宴的气氛终于融洽起来。后来刘禹锡以这件事告诫两个儿子说："吾成人之志，岂料为非；汝辈进修，守中为上。"

第八章

理想主义者的现实生存

深居俯夹城，春去夏犹清。

天意怜幽草，人间重晚晴。

并添高阁迥，微注小窗明。

越鸟巢干后，归飞体更轻。

1

　　在又一次困在秘书省的龃龉里时，一场意外的打击使李商隐暂时从官场中脱身出来。母亲病逝，他必须丁忧守丧，三年之后（实为二十五个月后）才能重回仕途。

　　世界有成住坏灭，人生有生老病死，一切本是自然流转，偏偏亘古惹人伤心。曾经眼睁睁地看着母亲一天天地衰弱下去，他知道这一天必会来临，无人逃得了大自然残酷的规律，他只是期冀这一天来得晚些，让母亲看到自己凭借才华与勤勉跻身朝臣班列，光宗耀祖，从自己这一代逆转家族的命运。但母亲只看到了自己的坎坷、焦虑与辛劳，还有什么事情会比这更令人遗憾与慨叹呢？

　　母亲的死，使李商隐骤然从仕宦的迷梦与焦灼中稍稍醒觉。对于家庭，他有太多想要弥补的，如今唯一能做的，只有迁葬这件事了。

　　会昌三年，李商隐丁忧去职，将母亲的灵柩从长安樊南护送回故乡，与父亲李嗣合葬于坛山。以此为始，他将所有亡故的亲属迁坟合葬，使"五服之内，更无流寓之魂；一门之中，悉共归全之地"。这是儒家慎终追远的传统，是他作为家中长子长孙的义务，但这终归有几分凄凉萧索：他知道自己或许已无力完成光耀门楣的使命，无论如何，完成这一系列迁葬毕竟还是自己勉力可以做到的事情。

　　就在李商隐去职还乡忙于家务的时候，唐王朝战云密布，大事迭出。唐武宗专用李德裕，对外击破回鹘的侵扰，对内会战泽潞叛镇，没有人可以置身事外，时任河阳节度使的王茂元也成为会战中的一方主帅，在屡败之后病逝于军中。

烽火终于熄了，战争终于胜了，但天下国民对这来之不易的胜利竟然抱以异乎寻常的冷漠。除了李商隐与杜牧之外，再没有哪个诗人像盛唐时期的前辈那样以汪洋恣肆的笔墨渲染帝国的伟大武功。这赫赫大唐王朝，泱泱大唐子民，越发只像是权贵们的私产与玩物，国家兴亡究竟关匹夫什么事？

这是末世独有的气象，任何光芒都仿佛是回光返照，并未带给人真正的温暖与欣喜。若干年后，李商隐驱车登上长安郊外的游览胜地乐游原，望着西下的夕阳，忽然吟出那首预示着王朝命运的千古绝唱：

> 向晚意不适，驱车登古原。
> 夕阳无限好，只是近黄昏。

这首《乐游原》短短四句，寥寥二十字，却道出了难以言喻的惆怅。这惆怅究竟是因为什么，诗人当时或许也说不清楚，那日薄西山的气象于他这位局中人而言还只是一种氤氲朦胧的况味，那悲怆的意韵要在岁月的沉淀之后才会最终被人看清。

2

古时迁葬，足以使一个中产之家倾家荡产。当李商隐履行完毕作为长子长孙的家庭责任之后，家中的经济状况已经不容乐观了。长安虽好，但物价飞涨，何不在这丁忧赋闲之时，搬离这个令人既憧憬又伤心的城市呢？

暮春三月，草长莺飞，迁葬已毕的李商隐又忙不迭地做起了搬家的准备。这一回离开长安樊南，迁至蒲州永乐（今山西芮城），在躁动的闲居中期待守丧期满、重返秘省的日子。他终归还是要给自己一个交代，给过世的母亲与岳父一个交代，给共守贫贱、不离不弃的妻子一个交代。

所以，永乐只是一个赋闲的所在，并非什么隐逸的乐土。

一个秋日的傍晚，雨后清寂的时节，诗人放下了鸣琴之雅，放下了醴酒之闲，从未放淡的功名之叹再次涌上心头。秋风萧瑟，秋草枯黄，他的心忽然比秋天更凉：

> 桐槿日零落，雨余方寂寥。
>
> 枕寒庄蝶去，窗冷胤萤销。
>
> 取适琴将酒，忘名牧与樵。
>
> 平生有游旧，一一在烟霄。

这首诗题为《秋日晚思》，闲居中的诗人以琴自娱，以酒自遣，仿佛在过着陶潜一般的隐逸日子，忽然念及平生旧游，每一个都在这日陵月替间一步步攀上名利场的高位，而自己这个昔年被冀望、被排斥、被揄扬、被猜忌的年轻俊彦，如今已落在他们身后太远太远。

从来活在他人眼光里的人最是不易，而从来又有几个人可以自娱自适地活在自己的世界里呢？无论是儒家的宠辱不惊抑或道家的超然物外，说起来都何等轻易，但那种种旷言与高谈终归是违拗人性的，只能沦为书本上激扬的言说，骗骗未经世事的少年人罢了。

3

毕竟不能安于闲居的散淡，唐武宗会昌五年（845 年），李商隐应郑州刺史李褒之聘，回到了故乡郑州，重新做起了不咸不淡的文书工作。

　　文书，又是文书，何时才能靠着一纸文书重演令狐楚、崔戎与元稹那般的际遇呢？为何偏偏自己多年间不断重复这些文书事务，一手骈文问当世究竟谁人能及，却永远停在仕途的起点上，被一个又一个庸碌之辈超过，甩在身后？天下已经在盛传他的文名与诗名，而这些文与诗的主人依然挣扎在低级幕僚的职位上，仿佛命运特意针对他似的。

　　幸好李褒与李商隐很有一些共同语言。李褒酷嗜道术，李商隐早年恰有玉阳山学仙的经历。只是李商隐虽然熟谙道仪，精通道典，却从未生出修仙的信念；至于李褒，谁也不知道他的好道真的是发乎灵魂，还是仅仅为了迎合官场的风气。

　　这些年来，官场上缭绕着道家的香烟，愈久愈浓。唐武宗继承了有唐一代帝王崇道的传统，以神仙为重，视天下为轻。他是一位果敢的帝王，当初全不顾群臣的反对，专任李德裕以平定内忧外患，终于取得了能让所有反对者噤声的赫赫功勋；如今他依然果敢，依然无视所有的劝谏，重用道士，服食丹药。

　　男人的迷狂可以分为三个层次，最低级的是对女人的迷狂，等而上之者是对政治的迷狂，而只有对修仙的迷狂可以让男人既无视女色，亦不喜政治。是的，若论对男人征服欲的满足，还有什么比修仙为甚呢？帝王踏上这条道路，实在是一件太容易理解的事情。

　　上有所好，下必甚焉。郑州刺史李褒不失时机地扮演了一名虔诚的修道者。他的道行或许不深，但姿态做得十足，接连上书表达辞官归隐的愿望。这个美好的愿望由李商隐堪补造化的优美文笔包装起来，或多或少显得有些感人，尽管事实上李褒一直都把官位把持得很牢。他颇为明白，一个居官而言隐的人是雅士，一个居贫而真隐的人是蠢材。

　　虽然对于官场上的虚伪李商隐已见怪不怪，但每当事到临头，他始终看不真切。他从来不相信修仙的奇迹，亦从来不认为无功而归隐是士人应走的路线，他竟然真诚地怀着现实主义而非一贯的理想主义的关切来劝解李褒："况古之贞栖，固有肥遁，衣食不求于外，药物自有其资，乃可谢绝尘间，栖迟事表。倘犹未也，或挠修存。若更驻岁华，稍优俸入，向平无家事之累，葛洪有丹火之须，然后拂衣求心，抗疏乞罢。"

文辞写得华丽，读来仿佛超然出尘，然而意味太过实际，只是劝说李褒辞官修道虽未尝不可，但毕竟要攒够钱财，免除辞官之后在经济上的后顾之忧才好。当然，李商隐多虑了，连他都明白的道理，李褒怎能不明白？

4

在郑州栖身数月，李商隐又辗转来到东都洛阳，身心俱疲的他，可还记得自己风华正茂时与柳枝的一面之缘吗？不记得了啊，那些浪漫缥缈的前尘旧事，如今的生活只剩下他病倒了，妻子照拂他；他方才小瘥的时候，又去照拂新病的妻子。病与痛，哀与伤，在这牡丹的故乡更迭发生着。

这里亦是妻子的故乡，他们就住在洛阳崇让坊，住在王茂元的故宅里。那是一段"淹滞洛下，贫病相仍"的日子，他遥望着望不见的前途，唯有偷偷拭泪。洛阳牡丹艳丽依旧，花朵硕大斑斓一如往年，而看花人却败在时间与无常世事的手下，日渐憔悴。

关注一下时局好了，看看政坛上又黜落了哪一位元老，又升起了哪一位新贵，仕宦多年之后，他竟仍然是一棵匍匐的藤，艰难地仰起头，企图寻觅一株可以依附的树。

会昌五年五月十九，李回登庸拜相，李商隐忽然看到了机会：当初应考博学宏词科，李回正是主考官之一，那时便已认可了自己的能力，也许，这一段座主与门生之谊或多或少可以借重一下吧？

数年前那个耻于自媒的少年，如今已经尝尽了孤傲骨鲠的苦头，终于愿意放弃一点曾经甘愿以生命捍卫的自尊。自媒的屈辱感是自己加给自己的，贫贱偃蹇的屈辱感是旁人加给自己的，一个人归根结底是在为旁人的眼光活着。他呈书恳请李回的汲引，而一位新上任的宰相哪里顾得上这等琐屑的人情呢？

李商隐也应该知晓，李回是李德裕的膀臂，是李党的干将。虽然李德裕与李回破回鹘、平泽潞，为天下创公益，远非那些只懂得弄权谋、逐私利的牛党人物可比，但朋党仍是朋党，水火还是水火，一个在政坛上毫无站队意识、只看公益而不辨私利的人，注定会在水与火的夹击下无处容身。

那封请李回汲引的书信非但无益，反而更招致李党的鄙薄与牛党的忌恨。李商隐诚然无辜，他只是不懂谋身之术罢了，关键就在于：其他人都以为他懂得，以为没人不具备这粗浅的眼力与孩童级别的见识。

他在无望中等待希望，看洛阳的牡丹开了又谢，看金风玉露凋谢了这座时尚都市的生机。在崇让坊的那所大宅里，自己照顾着患病的妻子，妻子照顾着患病的自己，在相濡以沫的凄凉中相濡以沫地温暖着彼此。

5

金风玉露时节，不曾等来李回的消息，却意外地收到了令狐绹的书信。

这正是李党进用、牛党失势的时候，令狐绹失了些锐气，有点意兴阑珊了。若非如此，他怕也想不起当年那个同学与玩伴吧。那份故旧的情谊，在多年来的世路风波中，到底还剩下几分呢？

不错，李商隐是渴求汲引的，但他宁肯写信给那位只有一面之缘的李回，也不曾求助于令狐绹这个故友，难道仅仅是因为令狐绹此时此刻正属于党争中失势的那一方吗？以诗代信，他如此回复说：

> 嵩云秦树久离居，双鲤迢迢一纸书。
>
> 休问梁园旧宾客，茂陵秋雨病相如。

这首诗题为《寄令狐郎中》，令狐绹在这个牛党失势的时候竟然连获升迁，做到右司郎中的职位了。嵩云秦树，两人一在长安，一在洛阳，已经久久不曾会面，忽然由这一封书信，李商隐念及种种往事，自己之于令狐一家岂不正如司马相如之于梁王吗？司马相如以文学才华做了梁王的门客，待梁王去世，司马相如抱病居于茂陵，那况味究竟是闲淡还是失意，或是说不清，或是不愿说清，索性请你不必再问吧。

诗句里究竟是怎样的心绪，当真看不清楚。是否他有心唤起故友的同情，是否他只是不自觉地抒写出萧瑟的况味，一切只取决于令狐绹愿意往哪个方向去理解了。只是在这不清不楚的话里，隐隐透出了一点裂痕、几分隔阂。

在稍后寄给令狐绹的另一首诗里，李商隐假托闺怨以抒怀。诗题叫作《独居有怀》，这独居有怀的是诗中的女子，亦是诗句背后那个执笔的人：

> 麝重愁风逼，罗疏畏月侵。
> 怨魂迷恐断，娇喘细疑沈。
> 数急芙蓉带，频抽翡翠簪。
> 柔情终不远，遥妒已先深。
> 浦冷鸳鸯去，园空蛱蝶寻。
> 蜡花长递泪，筝柱镇移心。
> 觅使嵩云暮，回头灞岸阴。
> 只闻凉叶院，露井近寒砧。

这首诗的诗眼就在"柔情终不远，遥妒已先深"两句。诗中女子遥遥地向情人表白：我对你的柔情始终不曾改变，我的心始终不曾稍稍离开你的身边，而你偏偏在千里之外猜忌着我，固执却毫无来由地恼恨着我的不贞。

自《楚辞》以来，诗歌就有以男女情事喻怀君臣之义与朋友之情的传统，这首《独居有怀》里女子对情人的心曲亦正是李商隐对令狐绹的心曲。这般委婉地道将出来，不知道可会避开对方的敌意，引起一点点清明通透的反思？

6

服丧终于期满，李商隐返回长安，继续那个秘书省正字的正九品下阶的职位。这是会昌五年的年末，没人留意这个低级职员的去留，因为人人都已感觉得出，最高权力层很快又会兴起新一波风浪了。谁会被浪头托起，谁会被浪头打下，不到最后揭晓的那一刻，没人知道。

李商隐却已倦怠，想到自己不知还要在这个正九品下阶的职位上消磨多久，或者作为一个失去了任何背景的人，就连这样一个小小的职位也不可能保住多久。风太急，浪太大，一叶扁舟无力左右自己的命运。

唐武宗病入膏肓了。道士们进献的灵丹果然收到了奇效，唐武宗的性情越发暴躁起来，行止几近疯癫，又突然口不能言，眼见得已经支撑不了多久。

会昌六年（846 年）三月二十三，唐武宗在躁狂中辞世。为了争取拥立新君的不世殊勋，最高权力层的几大势力明争暗斗，击碎了最后的道德底线。意料之中的是，最后获胜的依然是宦官集团。

宦官集团拥立宪宗之子光王李怡为帝，李怡更名李忱，于三月二十六即位，是为宣宗。论辈分，宣宗是敬宗、文宗、武宗的叔父，叔父继承侄儿的帝位，说起来总是有点不尴不尬的。所以宣宗有一套独到的政治理念，即标榜自己是继承父亲宪宗的遗志，一反武宗时代的施政纲领。简而言之，一切都要与武宗时反过来做。

十年河东十年河西。当初武宗抬举李党，贬抑牛党，时间风云乍变，宣宗甫一即位，便罢免了李德裕的宰相职务，出贬为荆南节度使，随即李党的所有重臣接二连三地被贬出朝廷，牛党人物重获起用。

权力场上的斗争始终遵循一个规则：斩草不除根，春风吹又生。李党在武宗朝得势的时候仅仅压制了牛党，却无机会将牛党置于死地，陡然间天翻地覆，刚刚翻身的牛党看准了皇帝的心思，绝不给李党喘息的时间，更不给李党留下翻身的本钱。短短的时间里，李德裕被一贬再贬，在南方海疆凄凉地死去，李德裕的左膀右臂李回与郑亚也在贬官的道路上岌岌可危。

李商隐在九重宫阙之下冷眼旁观着一切，他看不清唐宣宗的心思，看不清宦官集团与宣宗正是同利共害的关系，看不清牛李党争的虚虚实实，他只看到为国家立下了赫赫殊勋的李德裕突然无罪被贬；而那些只知钩心斗角，于国家毫无事功的牛党名人窃据高位，世上哪儿还有公道可言呢？

没错，李党也从没放过打击牛党的机会，但毕竟在党争之余为国家建功立业，破回鹘、平泽潞，不都是李党的勋业吗？而牛党除了党争，除了弄权，对天下国家究竟又做过几件好事呢？

忽然，他重新理解了自己的名字，理解了父亲当初的深意。商隐，商山隐者，治世方才现身，乱世合当隐去。

当天下国家只是权力者的私产时，当公平与正义让位于党派的私利时，纵然国未破，家未亡，但与国破家亡究竟又有何异？重过四皓庙，风景依然，人心却已经改变：

羽翼殊勋弃若遗，皇天有运我无时。

庙前便接山门路，不长青松长紫芝。

——李商隐《四皓庙》

当年他也吟咏过商山四皓，但如今的理解全然不同。四皓出山，为汉朝立下殊勋，而功成之时就是见弃之日。秦始皇封禅泰山，遇雨而暂避在青松之下，以五大夫之爵位赏予青松；四皓归隐商山，采紫芝为食，歌《紫芝歌》以明志。时事岂如古事，李德裕以羽翼殊勋不得青松之赏，却见紫芝之弃，这该令多少人心冷齿寒啊！

就在这李党彻底败亡的时节，他偏偏写出这样的诗来，难道还有谁读不出诗中的影射吗？无可奈何，他终归不是一个懂得政治的人。他越来越看不惯政治，正如政治也越来越看不惯他。

7

在这场人事巨变之前，他在秘书省里就已经站不稳脚跟了，巨变之后就更难在这里立足。任你有五彩生花的妙笔，任你有致君尧舜的赤诚，所有的这一切，在这个烂污的鳄鱼潭里又能为你加上几分呢？不得不另谋出路了，天下之大，还给他保留了多少选择的余地？正是在这个时候，他意外地接到了郑亚的邀请。

郑亚，作为李德裕最重要的助手，被宣宗远贬桂林，就任桂管观察使。即便不是明眼人亦不难推知，郑亚的政治前途已经从此终结，接下来若不被一贬再贬，就已经算是不幸中的万幸了。此时此刻追随郑亚，绝对是一件自毁前途的事情，李商隐若做出这样的选择，不啻公然向牛党宣战。

宣战这个词也许用得过大了些，人微言轻的李商隐，哪里拥有宣战的资格？但是，螳臂当车，蚍蜉撼树，在有些人看来是不知天高地厚的愚蠢，对另一些人而言却意味着一种义无反顾的勇气，明知实力悬殊却勇敢地表达出反抗的姿态。

君子喻于义，小人喻于利，李商隐不愧为君子，虽然有时会妥协、有时会退却，但终归不失君子的姿态。

离开秘书省而追随郑亚，帝京之梦终于碎了，仕途上兜兜转转这些年，竟然就脱不出幕职。幕职就幕职好了，南疆就南疆好了，远离少年时不切实际的梦想，远离长安这个是非之地，也许终归是好的。

那些百转千回难以言说的情绪，写进了一组《无题四首》里，以爱的名义。这是唐宣宗大中元年（847年），李商隐三十五岁：

来是空言去绝踪，月斜楼上五更钟。

梦为远别啼难唤，书被催成墨未浓。

蜡照半笼金翡翠，麝熏微度绣芙蓉。

刘郎已恨蓬山远，更隔蓬山一万重。

——《无题四首》之一

　　诗句全是一番情人怨遥夜的口吻：你说要来却迟迟不来，这一去便再无音讯，我痴痴等待，看皓月西沉，听黎明的更鼓响起。一枕梦回，才知道梦中也挽留不住你；提笔作书，急切间等不及将墨研成。烛光照着琉璃灯罩上描金的翠鸟，熏香的烟气轻轻柔柔地穿透了彩绣芙蓉的帘幔。隐隐约约，影影绰绰，这般可望而不可即本已令人怅恨，而你远在千山万水之外，连望都望不见了。

　　这首诗若当作情诗，字面上便是这样的含义，若当作身世之慨，便有更深的一层隐义：重回秘书省只不过一年光景，便要随郑亚远赴桂林，从此长别帝京，怕是再无归期。岭南终年山果熟、水花香，拥有长安所不及的迷人风光，然而，谁愿意离开长安，离开所有唐朝人的精神故乡？

　　没人听得见自己倾诉苦衷，只任自己匆匆而来又匆匆而别。长安宫阙深深如海、隐隐不明，这一去南疆，理想与现实愈行愈远。

飒飒东风细雨来，芙蓉塘外有轻雷。

金蟾啮锁烧香入，玉虎牵丝汲井回。

贾氏窥帘韩掾少，宓妃留枕魏王才。

春心莫共花争发，一寸相思一寸灰。

——《无题四首》之二

　　东风吹来细雨，荷塘外隐约响起情人的车声。熏炉的炉盖紧紧闭锁，心底的氤氲慢慢透出；井口辘轳回转，如丝的绳索深垂井底。这岂不正是我对你的一心向往之深、辗转反侧之痛吗？贾氏窥帘，是爱慕韩寿的青春丰采；
宓妃留枕，是钦慕曹植的八斗之才。我对你的爱慕也与她们一般。但你我终
归无缘，一寸相思带来一寸苦楚，一寸希冀带来一寸决绝。这样的爱，又何
必让它开始？

> 含情春晼晚，暂见夜阑干。
>
> 楼响将登怯，帘烘欲过难。
>
> 多羞钗上燕，真愧镜中鸾。
>
> 归去横塘晓，华星送宝鞍。
>
> ——《无题四首》之三

　　时已暮春，夜已阑珊。想要登楼而上，却怕楼梯吱呀呀地响起被人听到；
想要掀帘而入，却怕帘幕里灯光正盛被人看见。钗头上的燕子常伴美人之身，
镜中的鸾凤从来成双相伴，而我倏忽来去，不获你的爱慕。还是上马远行吧，
清晓的星辰，在你不知道的时候与你远别。

> 何处哀筝随急管，樱花永巷垂杨岸。
>
> 东家老女嫁不售，白日当天三月半。
>
> 溧阳公主年十四，清明暖后同墙看。
>
> 归来展转到五更，梁间燕子闻长叹。
>
> ——《无题四首》之四

　　樱花永巷，垂杨岸边，一片急管繁弦。有人爱这春光，有人怕这春光。
东家女子韶华已逝，却依旧独居未嫁，继续任岁月蹉跎，而看那溧阳公主年
方十四，在盛大的排场里嫁入豪门。人生际遇悬殊如斯，令人辗转叹息，不
能入眠。

四首诗，皆是以情语写身世，百感交集不可断绝。最令人伤心的句子，
"春心莫共花争发，一寸相思一寸灰"，这分明是一个理想主义者在激愤中
对理想的决绝；"楼响将登怯，帘烘欲过难"，有心请托干谒，却过不了自
尊这一关，有心向现实多屈就一分，却不肯使自己真的跌进这龌龊的现实
里去。

<h1 style="text-align:center">8</h1>

赴郑亚之幕，对李商隐而言说不清是一种无奈的选择，抑或一种决然的取
舍。他自己或许也体会不清，理性上纵使说服自己这正是与令狐绹恢复旧交的
时机，借牛党之得势继续从秘书省谋求中央的进路，情感上也为李党不平，终
于以情感的率真逼走了理性的妥协。

"归去横塘晓，华星送宝鞍"，就这么随着郑亚远去，以《海客》一诗向郑
亚表达心迹：

> 海客乘槎上紫氛，星娥罢织一相闻。
> 只应不惮牵牛妒，聊用支机石赠君。

这首诗用到一则美丽的典故：故老传说，大海尽处是天河，海边曾经有人
年年八月都会乘槎往返于天河与人间，从不失期。天河世界难免令人好奇，古
老的传说也许会是真的？于是，那一日，槎上搭起了飞阁，阁中储满了粮食，
一位海上冒险家踏上了寻奇之路，随大海漂流，远远地一路向东。

也不知在浪花中沉浮了多少天，这一日，豁然见到城郭和屋舍，举目遥
望，见女人们都在织布机前忙碌，只有一名男子在水滨饮牛，煞是显眼。问那
男子这里是什么地方，男子回答："你回到蜀郡一问严君平便知道了。"

严君平是当时著名的神算，上通天文，下晓地理，可是，难道他的名气竟然远播海外了吗！这位冒险家带着许多疑惑，掉转航向，返回来时路。一路无话，后来，他当真到了蜀郡，也当真找到了严君平。严君平道："某年某月，有客星犯牵牛宿。"掐指一算，这个"某年某月"正是这位海上冒险家到达天河的日子。那么，那位在水滨饮牛的男子不就是在天河之滨的牛郎吗？那城郭、屋舍，不就是牛郎、织女这对恋人一年一期一会的地方吗？

李商隐以"海客乘槎"比喻郑亚出镇桂海，以"星娥罢织"比喻自己罢秘书省之职赴郑亚之幕，说自己不畏牛郎的妒恨，以支机石赠予海客，即不畏牛党旧交的妒恨，甘愿将一身才华为郑亚所用，以酬答知遇之恩。

李商隐并没有预料到，他这一行、这一诗，彻底激怒了牛党。政治游戏很讲究舆情控制，人都有从众心理，纵然是颠倒黑白、指鹿为马，只要首倡者声音一致，只要没人提出异议，其他人就算心里疑惑，往往也会认为是自己的不对；但只要出现一两个异议的声音，怀疑的情绪与清晰的判断就会一瞬间蔓延到全体。人心就是如此，这是被现代心理学的实验一再证实的规律。

此时此刻，在党争最激烈的当口，李商隐虽然人微言轻，他那小小的姿态与言论却足以成为牛党高压下的一点杂音，真有可能将牛党精心操控的舆情瓦解些许，这是绝对不容小觑的。

9

在牛党的阵营里，精明的政客绝不会对李商隐的言行做任何直接的驳斥，更不会在这个时候做任何实质性的打击迫害——不，那只会将他们的政治对手塑造成无畏的义士、蒙冤的英雄，当年宦官集团打击刘蕡不就是犯了这个错误吗？反而为刘蕡扬名，使他得到了更多的舆情支持。

在这类问题上，士大夫总比不学无术、飞扬跋扈的宦官多几分见识，不会采用村汉斗嘴般的低级手法。最有效的反击方案，是避开李商隐的姿态与言辞，剑走偏锋地中伤他的人品。

操作这件事，最合适的人选自非令狐绹莫属。令狐绹斥责李商隐"忘家恩，放利偷合"，看上去这倒也说得不错，令狐绹或多或少也当真是这么想的。几个月后，令狐绹就任湖州刺史，到任后寄信给李商隐，再加严责。站在李商隐的角度，毕竟受过令狐楚的大恩，所以对令狐绹的谴责真不知道该怎样辩白为好。

远赴桂海，那是个山高皇帝远的所在，山川土宜、风俗人情尽与中原有异，且将一切不快抛诸脑后吧。翌年正月，接到弟弟羲叟进士及第的消息，真是快事，复兴家门的担子总算有人为自己分担一些了。

一路行，一路看，几多名胜，几多史迹。最是长安东边的五松驿，此地之得名源于秦始皇封松树为五大夫，此时上千年过去，青松不再，只见舆薪，当年的翻云覆雨与今天到底有几分相似呢？

独下长亭念过秦，五松不见见舆薪。
只应既斩斯高后，寻被樵人用斧斤。

——李商隐《五松驿》

独自步下长亭，念诵贾谊的名文《过秦论》，寻思秦朝二世而亡的原委，看这五松驿徒留其名，青松早已任樵夫采伐，无复五大夫的尊贵。大约是李斯、赵高被杀之后，青松的命运旋即追随秦朝的国运而去了吧。世事白云苍狗，人生悲欢离合。如今功臣被佞臣斩伐，国运从此将如何；李党被牛党斩伐，自己这一小人物的命运从此又将如何？

一路渐行渐远，行至江陵，转陆路为水路，《荆门西下》就是在此时写成的：

一夕南风一叶危，荆云回望夏云时。

人生岂得轻离别，天意何曾忌崄巇。

骨肉书题安绝徼，蕙兰蹊径失佳期。

洞庭湖阔蛟龙恶，却羡杨朱泣路岐。

终于行过了险恶的江段，回望荆州来路，只见一片夏云笼罩，依稀不清。苍天既然故意安排险阻给人命悬一线的惊恐，人生岂能轻言离别而不以为意呢？收到妻子的书信，要我安心于远地，不必担心家里，而我又怎舍得辜负春光，痛失家人团聚的佳期？再向前走就要经过洞庭湖了，听说那里水深浪阔、蛟龙覆舟，倒不如就在歧路彷徨，不继续南下好了。

"骨肉书题安绝徼，蕙兰蹊径失佳期"，这番南行，舍得下的是功名，舍不下的是妻子。那时妻子已为他诞下了一子一女，远别更见无奈与凄凉。

究竟是建功立业，给妻子一份可以在外夸耀的体面更好，还是淡于仕进，与妻子长相厮守更好——究竟哪一种选择更加对得起妻子当年对自己的选择呢？

10

四个多月的跋涉之后，李商隐随郑亚一行终于安抵桂林。离权力中心更远一里，心情也就更平易一分。岭南风光没有四皓庙，没有五松驿，山山水水没有承载那么多沉重的历史，让人的诗兴也变得纯朴而温存些了。

李商隐这才发觉天空不尽是阴霾，当阵雨初歇、霞光渐落的时候，自己的心竟然看到了一片难得的晴朗。这是《晚晴》，是"天意怜幽草，人间重晚晴"的晚晴，是一抹令人旷达的颜色：

深居俯夹城，春去夏犹清。

天意怜幽草，人间重晚晴。

并添高阁迥，微注小窗明。

越鸟巢干后，归飞体更轻。

　　这首诗是李商隐全部诗作中少有的亮色，桂林就仿佛他的世外桃源一样。功名仕进之心不再那么折磨他了，翻手为云、覆手为雨的人事纠葛也不在他的心上了，只有对妻子的思念愈加沉痛。

　　妻子自跟他以来，从未享受过一天，却对他不离不弃。唐朝女性相当彪悍，有唐一代不乏因丈夫前途不佳而要求离婚的女子。妻子长于富贵家，跟随李商隐之前，她的世界无非是琴棋书画、胭脂水粉、金玉绫罗，这样娇滴滴的女子，若因受不了丈夫的困顿潦倒而要求离婚，谁都可以理解，包括李商隐自己。然而她没有，她从不说要离开，她永远都在。

　　每当李商隐灰头土脸地推开家门，迎面而来的总是笑语嫣然的她，小心扶着疲累的丈夫坐下，随后奉上精心调配的蔬饭，不多问一句丈夫的仕途可有起色或变化。作为节度使的女儿，早已谙熟官场的人来客往，她深知心性单纯的丈夫在这世界上没有用武之地，所以索性不问。她明白，懂得蝇营狗苟和卖脸求荣的男人有千千万万，而在乱世中保持纯白心灵的，只有李商隐一个。这就够了，她很满足，再不求其他。

　　妻子为自己做的菜肴永远那么暖心，哪怕在外饱受冷眼，心冷如冰雪，推开家门那一刻，身体立即暖和过来。世界狂风暴雨、电闪雷鸣，妻子是他唯一的庇护者。

　　他是诗人，所有的痛，他都只会用诗歌来排解，思家的主题在他的诗句里缠缚得愈来愈紧。

远书归梦两悠悠，只有空床敌素秋。

阶下青苔与红树，雨中寥落月中愁。

这首诗题为《端居》，写自己一个人期待着未至的家书，破碎了难成的归梦，在秋日的清商里寂寞无眠，看台阶下的青苔与红树，在雨中、在月色里酝酿着刺骨的秋寒，越发让自己禁受不住。

辗转相思的痛也还是好挨的，可望而不可即的苦涩里毕竟还裹着一丝甜蜜，李商隐不曾知道，险恶的政局很快就要把郑亚逼离桂海，逼得自己连相思都没有余裕。

桂海远在南疆，难道这还不算是最坏的境遇吗？若是陷入最坏的境遇里，今后无论怎样都会好过现在吧？何况牛党虽然得势，牛僧孺等人相继重握权柄，但担任首相的毕竟不是牛僧孺，而是白居易的从弟白敏中，总不会将李党赶尽杀绝吧？

11

这实在是一种合情合理的推测，不仅李商隐会这样想，就连郑亚也存着一点绝望中的希望。久闻白敏中是一个重义轻利的人，人们传说唐穆宗长庆年间，王起担任主考，有心安排白敏中为榜首，只嫌他与贺拔惎那个落魄书生交好。王起派亲信向白敏中暗示，要他与贺拔惎绝交，白敏中欣然同意。不久，贺拔惎登门拜访，仆人说白敏中外出了，贺拔惎不言而去。俄顷，白敏中忽然从房间里跃出，对贺拔惎以实情相告，然后说道："科举及第靠什么门路都办得到，怎能为这个缘故辜负至交好友呢！"有人将这件事报告给王起，没想到王起是个绝顶精明的人物，非但没有为难白敏中，反而在科举中以贺拔惎为第一，以白敏中为第三，弄成一个皆大欢喜的结局。

白敏中后来入朝担任郎官，并不被人看好，只有李德裕以国器重之。唐武宗一度想要起用白居易为宰相，无奈白居易已经年老体衰，不堪任事，李德裕借机力荐白敏中，白敏中后来的发迹最仰赖李德裕的举荐之功。

所以，宣宗朝以白敏中为首相，对于李党人物来说总存了几分希望。白敏中纵是牛党，纵是逢迎宣宗的好恶，而论人品，论情谊，他定不会做出决绝的事情。但是，所有人都想错了。

在任何污秽的政局里，就连金字塔的底层都容不下几个善男信女，更何况那些爬到塔尖的佼佼者呢？白敏中的施政方针一言以蔽之，就是"务反武宗之政"，因为这是宣宗与宦官集团最想看到的事情。白敏中正是因为受惠于李德裕甚多，故而在这变易的时局里要以比常人更加狠辣的手段来对付李德裕一党，唯此才能赢得宣宗与宦官集团的信任。

"蜡照半笼金翡翠，麝熏微度绣芙蓉"这样的诗，白敏中穷其一生也写不出；而"务反武宗之政"这样狠辣的方针，李商隐绞尽脑汁也想不出。

12

唐宣宗大中二年（848 年），令狐绹升任翰林学士，负责朝廷诏书的拟撰，李商隐一生追求却苦苦无着的目标就这样被令狐绹轻易实现了。几家欢乐几家愁，牛党的荣光每多一分，李党的处境便恶劣一分。郑亚已被远贬桂海，忽然再蒙新罪，被贬为循州刺史。

谁都知道，罪名不过是狼吃羊的借口，捕风捉影也罢，罗织诬陷也罢，都已经不重要了，赢家想要通吃，输家除了任人宰割之外再没有可做的事情。抱着无望的希望，郑亚要向朝廷申辩，可这封申辩的书信由谁来写呢？

官场通则，不是墙倒众人推，就是树倒猢狲散，眼见得幕主彻底失势，有哪个幕僚甘冒天下之大不韪，继续为他效力呢？有谁还敢引火上身，不怕牛党的屠刀株连到自己身上？这种境况，从来都是无耻小人上演变脸绝活的舞台，前一刻还跟在一万人后面对你献上第一万零一句恭维，下一刻便跟在一万人后面对你踩上第一万零一只脚。都说人是万物之灵，而在这种时候，谁能看出人是比狗更高贵的生物呢？

幕主败落，精明的幕僚如果尚存一点人性而不肯落井下石的话，要么赶紧辞职远遁，离开是非之地，要么虽执笔代幕主申辩，也一定要注意措辞委婉，切忌触怒当权的人。李商隐从来欠缺人情世故上的精明，他真的被牛党的卑鄙触怒了，义无反顾地代郑亚申辩，字里行间的激愤使人觉得他不是一名幕僚，而是一位侠者。

这封申辩的书信会被白敏中看到，也会被令狐绹看到，他们读得出郑亚的心情，也读得出李商隐的姿态。李商隐在这个义与利的关节上，再次做了一件自毁前途的事。他曾一次次想要和现实有商有量，达成某种妥协，他也从来都不是一个高调的人，但偏偏每到是非的关节，无论怎样世故的道理都说不服他那颗诗人的心。

诗人的心从来都是不计后果的。

13

羊对狼的任何申辩都是无用的，郑亚再次被贬，李商隐也再次失去了栖身之地，命运不知如何。桂幕无存，幕僚星散，诗人只身北归，不再寻找展现才华的舞台，只要觅一处遮风挡雨的屋檐。此时心绪，正如《风雨》一诗的况味：

> 凄凉宝剑篇，羁泊欲穷年。
> 黄叶仍风雨，青楼自管弦。
> 新知遭薄俗，旧好隔良缘。

心断新丰酒，销愁斗几千。

一生以才华自诩，偏偏落拓终年，如一片黄叶在风雨中飘摇，在新贵们的宴饮歌声中，独自凄凉败落。新知被世俗鄙薄，旧交与我疏远，我只有在酒乡里沉醉不愿醒来。

北行途中，李商隐亦诗亦酒，消磨着无边的愁绪，最感人的作品当属行经夔州时写下的《过楚宫》：

巫峡迢迢旧楚宫，至今云雨暗丹枫。

微生尽恋人间乐，只有襄王忆梦中。

长江巫峡，点点存留着楚国宫殿的遗迹，这里是楚襄王梦遇巫山神女的地方。巫山神女旦为行云，暮为行雨，朝朝暮暮，阳台之下，那是一种缥缈而空幻的美，超越于人世间的一切美丽之上。而凡人只贪恋人世间的俗美与俗乐，在庸庸碌碌里醉生梦死，只有楚襄王一人执拗地追求着那超越于凡俗之上的至美，怀念着当初与至美邂逅时的一瞬，一个人怅怅恨恨，无人解得他的心曲。《过楚宫》是一首理想主义的挽歌，诗人究竟有没有从中年的际遇里懊悔少年时的梦呢？

【小考据】藩镇割据的意外受益者

会昌年间，笃信道教的唐武宗展开过一场全国性的灭佛运动，史称会昌灭佛，是中国佛教史上的四大浩劫之一。从寺院收缴的巨额财富迅速解决了军费短缺问题，为唐王朝平定泽潞叛乱立下大功。日本僧人圆仁在会昌灭佛时不合时宜地在中国旅行，发现在河北，佛教依然好好地生存着。

一个中央集权的大一统王朝，最突出的特点就是行政效率奇高无比。所以，一项善政会迅速惠及全国，一项恶政也会迅速祸及全国。而当中央权力削弱、藩镇割据之势已成的时候，当权者无论造福造祸，所能影响到的范围同样程度地缩小了。

第九章

一位悼亡者的死亡

怅卧新春白袷衣，白门寥落意多违。

红楼隔雨相望冷，珠箔飘灯独自归。

远路应悲春晼晚，残宵犹得梦依稀。

玉珰缄札何由达，万里云罗一雁飞。

1

唐宣宗大中二年（848年），正是秋风萧瑟的季节，李商隐拖着一颗疲惫的心返回了京都长安。前途已成空，阴霾久未散，所幸这里还有家庭的慰藉。妻子没有任何怨怼，一双小儿女尚茫然不解世情，这总能驱散空气中的一丝冷寂吧。

理想主义的火焰乍燃乍熄，柴米油盐的琐事突然如浪涛一般狂卷过来。真正压垮一个理想主义者的，往往不是大是大非的抉择，而是烦琐无边的俗务。当年"永忆江湖归白发，欲回天地入扁舟"的豪情壮志今日里徒惹一笑罢了，别再说什么兼济天下，一家人的生计问题才是自己这个为人夫、为人父者唯一应该操心的事情。

将樊南的宅子卖掉，换一处廉价的居所吧，回想新婚时对妻子的承诺，如今触绪伤怀，平添几分酸楚。

一个理想主义者是不该娶妻生子的，妻子和儿女分明是你送交给命运的人质，让你不得不牺牲自己的坚守，让你在一切不肯低头的地方偏偏低头。为今之计，只有厚下脸皮修复与令狐绹的关系，而令狐绹又岂是一个好相与的善良角色呢？

所幸吏部选官，好歹给了诗人一个糊口的差使，授职为盩厔县尉。从弘农县尉到盩厔县尉，命运之神真是一位太会开玩笑的神祇，而诗人如今对县尉的职务再不敢有什么怨言了。

到任之后不久，李商隐在一次因公拜谒京兆尹郑涓的时候被后者留下，从此在京兆府做起了一份薪俸低微的书记工作。勉强糊口总是不难，李商隐毕竟文名已盛，简直就是公认的最佳文书人选了。总有人愿意得到这样一位无敌写手，但人们只愿给他一份工作，不肯给他一个前途。他就像一名技艺超群的工匠，总有人愿意用到他的手艺，但工匠永远都是工匠，永远是士农工商秩序里的下层人。

庸碌无能者蹿为新贵，才华横溢者沉沦下僚，从来都让蒙受不公者怨恨世道的不公。但在怨愤之余又有几个人真正看懂，才华从来是名义上最重要而实际上最不重要的东西。这一时期，李商隐写下《钧天》一诗，深藏心底的牢骚不平之气终于找了个发泄的孔道：

上帝钧天会众灵，昔人因梦到青冥。

伶伦吹裂孤生竹，却为知音不得听。

诗中杂糅了两则典故：赵简子梦中升上天帝的居所，与诸神游于钧天，聆听天庭的妙音；伶伦精擅音律，曾从大夏之西、昆仑之阴取来孤生之竹制作吹管，吹奏出黄钟至雅之调。赵简子明明不通音律，偏偏因偶然的机缘而平步青云，得听钧天广乐；伶伦才是最有这等资格的人，偏偏从未得到这样的机遇。人生穷达否泰，每每亦是这般。

2

如果说伶伦是李商隐自比，那么最符合赵简子形象的则非令狐绹莫属了。大中三年九月，令狐绹再获提拔，眼见得已有入阁拜相的势头，无论文采、事功、品格，他究竟有哪一点过人之处呢？

权势是卑鄙与庸碌的遮羞布，谁又敢讥议令狐绹什么？李商隐亦不得不低下骄傲的头来，向这位让自己越来越看不懂的故交再次发出了求援的讯号。九月九日重阳节，李商隐赋《九日》以寄：

> 曾共山翁把酒时，霜天白菊绕阶墀。
> 十年泉下无消息，九日樽前有所思。
> 不学汉臣栽苜蓿，空教楚客咏江蓠。
> 郎君官贵施行马，东阁无因再得窥。

首联遥忆当年，那时在令狐楚的幕下，时时把酒言诗，宾主相得，秋日里白菊满阶，没有一点忧愁与俗念。

颔联转到如今，又是秋风起时，又是重阳时节，恩主辞世已逾十载，菊边对酒时令人无限唏嘘。

颈联用到两则典故：苜蓿本是西域异草，被汉使采回植于离宫之下；屈原遭谗被贬，赋《离骚》而咏江蓠。这一联意含嗔怪，怪令狐绹不学汉使栽培异草，不肯汲引自己这个外姓子弟，徒然让自己辗转依人，流离失所。"楚客"一语双关，既指典故中的屈原，亦指自己曾为令狐楚门下之客。

尾联嗔怪之情更甚，说令狐绹如今居官显赫，官府门前施以行马（一种路障），使闲人不得擅入，自己这个旧交再也没有登门的可能。

恩主已逝，故交尽疏，但细想起来，令狐绹又怎么算得上真正的故交呢？设若没有当初受令狐楚赏识的机缘，单单与令狐绹相处，李商隐究竟有多大的机会能和他成为朋友呢？数来数去，真正的道义之交或许只有一人，他们之间只有过短暂的会晤与长久的离别，谁也不曾帮助过谁，君子之交从来就该这样清淡如水。

这个人就是刘蕡，曾经在科场上因直斥宦官而断送了政治前途的刘蕡。他的存在，仅仅是他的存在本身，始终是所有理想主义者的一个精神支柱，让他们在蒙受不公的时候，至少能被他的人格光焰所温暖。然而就在这一年的秋天，就在《九日》诗成后的不久，李商隐忽然听闻了刘蕡的死讯。他不停地写诗哭悼他，仿佛就是停不下笔来，因为他哭悼刘蕡的诗其实亦是哭悼自己：

> 上帝深宫闭九阍，巫咸不下问衔冤。
>
> 黄陵别后春涛隔，湓浦书来秋雨翻。
>
> 只有安仁能作诔，何曾宋玉解招魂。
>
> 平生风义兼师友，不敢同君哭寝门。
>
> ——《哭刘蕡》

这是李商隐一系列哭悼刘蕡的诗歌中最著名的一首。

在儒家的诗歌观里，写诗如做人一样，最重要的是符合中庸之道：可以写哀，但要哀而不伤；可以写乐，但要乐而不淫；可以写怨，但要怨而不怒。

然而这首《哭刘蕡》彻底将儒家教训抛诸九霄云外了，写哀情写到伤心而不可止，写怨气写到躁怒而不可遏。他所有被理智深深封闭的情绪突然间被刘蕡的死信凿开了堤坝，一发而不可收。所有的怨与恨，所有的哀与怒，在诗句里滚滚而泻，尽是吁天的嘶吼。而讽刺的是，这几首诗，竟然是刘蕡之死在当时政坛与诗坛所激起的全部反响。

3

大中三年年末，有两件事稍稍改善了李商隐的境遇。一是诗人卢纶之子、武宁军节度使卢弘正，奏辟李商隐为幕府判官；二是诗坛盟主白居易去世，白敏中遵照从兄遗愿，请李商隐撰写墓志。

白居易晚年酷爱李商隐的诗文，所以留下了这样的遗愿；白敏中亦不存任何政治顾忌，因为李商隐虽然是李党的同情者，但不过是个卑微的文士罢了，着他写一篇墓志又有何妨。为白居易撰写墓志，这实在是莫大的荣耀；更为要紧的是，唐代墓志润笔极高，这对于正在苦于生计的李商隐而言，真是一件雪中送炭的事情。

卢弘正辟用李商隐，行事颇见一方诸侯之大度。判官是幕府当中的高级职务，对李商隐来说不算十分辱没。不仅如此，他还为李商隐向朝廷申请到一个侍御的宪衔，这是李商隐平生所未有的。

唐代官制，有实职亦有虚衔，实职总要名位相当，而虚衔仅仅表示级别和待遇。李商隐所得的侍御宪衔就是一个虚衔，品级为正八品下，虽然仍属下僚，但已经是李商隐平生迄今最高的品级了。何况这品级所代表的是幕主卢弘正的一份礼遇，已是穷途末路的李商隐岂能不为之感动？只是一应辟用便要东向徐州，在严冬时节与妻子、儿女别离。

妻子不多话，默默为李商隐收拾行李衣物。冬衣厚硕，难以折叠整齐，妻子就一遍一遍将衣物重新展开、重新叠起，直至漂亮整齐。她不厌其烦，仿佛在完成重要的作品，李商隐明白，这样的耐心源自她对他永不断绝的爱心，每件行李都有她温柔的叮咛。不只冬衣，还得收拾柔薄的春衣、清凉的夏衫、绵软的秋衣……是啊，谁知道这一别，又是多少季？

启程的时候正值大雪漫天，妻子不顾天寒，送了又送。白雪覆满她乌黑的秀发，裙角与绣鞋亦被冰水浸透，她仍笑得盈盈切切，再三嘱咐丈夫努力加餐饭。这样不舍，可是担心李商隐去后家中无人照拂？不，她担心的是自己无法照拂多愁多病的李商隐。从此山长水阔，望君保重。

回顾依依惜别的妻子，除了诗句，诗人再没有什么可以相赠的东西：

寒气先侵玉女扉，清光旋透省郎闱。

梅花大庾岭头发，柳絮章台街里飞。

欲舞定随曹植马，有情应湿谢庄衣。

龙山万里无多远，留待行人二月归。

——《对雪二首》之一

旋扑珠帘过粉墙，轻于柳絮重于霜。
已随江令夸琼树，又入卢家妒玉堂。
侵夜可能争桂魄，忍寒应欲试梅妆。
关河冻合东西路，肠断斑骓送陆郎。

——《对雪二首》之二

　　此番往矣，雨雪霏霏，他日归来，不知可有杨柳依依。一路之上，翻飞的雪花恍如妻子的化身，粘着自己，牵绊着自己，依在自己的背上不忍别去。承诺二月归来，纵是成真，亦不知会是哪一年的二月。当初与挚爱的人结缡，难道就是为了这一次比一次更长久的别离吗？

4

　　大中三年十二月，北风凛冽里，李德裕在崖州贬所凄凉病逝。翌年十月，霜叶萧瑟中，令狐绹终于拜相。

　　这接连而来的两件事标志着绵延四十年的牛李党争终成定局，李党"余孽"从此再无翻身的可能。共同的敌人已不必为虑，牛党与宦官集团的关系突然变得微妙起来。末世政治就是如此，人整人、人踩人的事件从来都不会了结。

　　然而这一切都与李商隐无关了，他年近不惑，年少时的壮心算来已不剩几许。徐州幕府，宾主相得，文书事务于自己而言早已驾轻就熟，就不要再为别的事情烦恼了吧，也不必在意长安的消息。

　　他希望生活就这样继续下去，等条件再好些的时候，或许可以将妻子与儿女一并接来，就在远离权力中心的地方安居厮守，在恬淡的小小幸福里忘记一切与幸福无关的事情。

但世事总不由人，仿佛命运对他的每一次安抚都是为了让他养好伤口以接受下一次更大的打击。在徐州幕下不过年余，卢弘正辞世，李商隐无奈罢幕而归。而当他刚刚踏入长安，既忐忑又焦灼地欲与家人团聚的时候，纤弱多病的妻子却没有等得及见他最后一面。

相思树上合欢枝，紫凤青鸾共羽仪。

肠断秦台吹管客，日西春尽到来迟。

一首《相思》，从两地相思忽变作生死相思。他努力要给妻子挣一份体面的生活，为此与她聚少离多，常年只在相思里度日，而这代价只换来沉沦下僚，入幕依人，此时想来究竟值不值得？日西春尽的时候，连她的最后一面都不曾见到，这些年来除了无尽的酸楚，除了不停的辜负，自己究竟给过她什么？她跟着自己的这些年，可曾幸福过？

这些问题不停地在李商隐心底打转，从一个结到最后成为一个劫。世道险恶，人情凉薄，妻子的微笑与怀抱曾是他唯一的退守，他多少次遍体鳞伤之后被妻子的温柔所治愈。然而，他给过妻子什么？除了一些华而不实的诗篇，和一些同样华而不实的思念。

若真正爱一个人，当你彻底失去她时，最令你揪心的不是失去了她所有的温存与美好，而是失去了再对她好的机会：再不能为她披衣，再不能为她夹菜，再不能日日夜夜向她倾诉，"你知道我有多么爱你"。还有那么多的未完成，命运却宣布再不会有续集。

又值七夕，银河清亮，多少有情人相拥看星？这是牛郎、织女一年一会的日子，自己却与妻子聚少离多，而今生离死别，相见再也无期，倒不如这牛郎、织女，每一年至少还有相会的一夜：

鸾扇斜分凤幄开，星桥横过鹊飞回。

争将世上无期别，换得年年一度来。

——《七夕》

余生里，他将用太多的悼亡诗怀念过早亡故的妻子，而这缱绻无尽的深情，他本应在她的生前给她慰藉。

5

妻子已去，留下一双尚不知愁的小儿女；卢幕已罢，未留下一点点生计的依托。悼亡情深，他却必须止住泪水，忙不迭地做稻粱之谋。贫贱的人，竟然没有深情的资本。

曾经为岳父、为妻子，不得不去做一些牺牲尊严的姿态，如今为这一双小儿女，也只有再厚颜一次。连番作书，向令狐绹求援，那书信写得凄苦而尴尬，有说不尽的无可奈何。《上时相启》只有短短百字，任何熟悉他的人都会从中读出千言万语：

商隐启：暮春之初，甘泽承降，既闻沾足，又欲开晴。实关燮和，克致丰阜。繁阴初合，则傅说为霖；媚景将开，则赵衰呈日。获依恩养，定见升平。绝路左之喘牛，用惊丙吉；无厩中之恶马，以役任安。偃仰兴居，惟有歌咏。瞻望闶阓，不胜肺肝。谨启。

信里说，在这个暮春之初，上天降下甘霖，很快又将转晴了。看来今年会是一个五谷丰登的年份，这实在是国家的幸事，也是宰相贤明的象征，天下升平指日可待。宰相既能洞察大事之毫末，亦可拔擢贫贱中的人才。我只有俯仰歌咏，发自肺腑地表达对您的景仰。

信里极巧妙地串联起几个与历代名相有关的掌故，对令狐绹的推崇简直到了无以复加的地步，希求汲引之意也含蓄地藏在掌故里，很有点遮遮掩掩、吞吞吐吐、欲说还休的意思。

也许李商隐的新姿态终于使令狐绹满意，也许党争全胜的兴奋感使令狐绹不再芥蒂过去那一点小小的龃龉。他毕竟已经登堂拜相了，宰相就该有宰相的气度，哪怕是伪装也要装一点气度出来，让天下人看到他是一个顾念旧情且不计旧嫌的君子。当然，只消做个面子就好。

已是位极人臣的令狐绹终于伸出了援手，给了李商隐一个太学博士的位置。若论品级，这是正六品上阶，是李商隐一生仕宦的顶峰；若论实情，这是一个闲得不能再闲的闲职、冷得不能再冷的冷官。最让李商隐难堪的是，令狐绹是深知自己的人，给自己安排这个职位分明有几分冷嘲热讽的意思。自己当年激扬文字，很高调地宣称过要不系今古、不讲师法、不避时讳，而太学博士所要做的恰恰是牵系今古、遵循师法、避忌时讳，是以当初自己高调反对的一切来教太学生作文。

太学博士，这职位太有名气。"文起八代之衰"的韩愈就曾做过太学博士，在任上写下著名的《进学解》，发下无穷的牢骚。李商隐少年习古文，私淑韩愈，此刻也要尝尝韩愈当年写《进学解》时的凄凉况味。令狐绹的安排果然是别具匠心的。

他看到一个猥琐的成功者公然炫耀着猥琐，亦看到一个高洁的失败者不得不以贩卖猥琐度日。他难道还有其他选择吗？为了一双小儿女，为了自己不慎送交给命运的这份人质，忍一点讥嘲又算得了什么。

"官衔同画饼，面貌乏凝脂"，这就是他在太学博士任上的慨叹。有慨叹，更有怀疑，怀疑自己当初立下的志向，当初选择的道路，究竟是不是从一开始就错了。纵是真错，也只能将错就错下去，以不惑之年，以闲冷之官，哪还有机会可以改变？唯一能做的，只有期冀儿子将来不要重蹈自己的覆辙。在长长的《骄儿诗》里，他叮嘱尚未更事的爱子衮师，说"儿慎勿学爷，读书求甲乙""当为万户侯，勿守一经帙"，不要再走读书求仕的路了，倒不如驰骋弓马，以武功博封侯。

这诗读来令人心酸，分明在此时此地，他依然不明白这一生命途偃蹇的症结所在，还以为是被读书所误，还以为若是一早放下书本，谋取军功就可以一帆风顺。他的天真，真是天真到了骨髓里。

所幸的是，读书为文纵然无望知制诰、入翰林，无望于兼济天下、光宗耀祖，但至少文名已著，总可以给一家人谋一碗饭吃。

6

大中五年七月，柳仲郢就任东川节度使，开府纳士，急需公文高手，而说来苦涩，以李商隐的文名与资历，无疑是幕僚的第一人选。李商隐曾经一心希望以幕府文书博取朝廷青睐，能像令狐楚、崔戎那样由幕职为朝臣，结果辗转多年，依幕再三，那一块本来当作跳板的东西竟然就粘在脚下，终不肯放自己跳将出去。

无论如何，柳仲郢的出现终于改变了李商隐的拮据生计，他以三十五万钱为聘，这笔钱比当时节度使一年的薪俸还要多些，足够诗人在长安安置儿女了。当初多少次为了给妻子舒适的生活，他不得不与她久别；而今为了给小儿女一分丰裕，他也不得不与他们久别。这样的选择究竟对否，他在仓皇困顿中失去了判断能力。

一路远行，不知不觉已到了大散关。连天大雪，寒意侵入肌理，直抵骨髓，几乎麻痹心脏。以往每个冬天，自己只身在外之时，总会收到妻子寄来的寒衣。那些寒衣蓄着饱满的棉花，针脚均匀而细密，缝衣人若有丝毫不耐烦，便做不出如此又厚实又精致的寒衣。多缝一针，衣服就扎实一点，穿衣人就能多得一分暖意，妻子当初就是怀着这般温柔的心情来做衣的吧？她就是想要为他提供最温暖的庇护，击退寒风，屏蔽冰与雪。

明明她是那么柔弱，明明她才是需要保护的那一个，但她在他面前比谁都勇敢有力，源源不断地为他供给热量和光明。所以，爱使人变得强大，爱能燃烧一个人的小宇宙。

如今又到冬季，身上冷了，寄寒衣的人却不在了。

剑外从军远，无家与寄衣。
散关三尺雪，回梦旧鸳机。
——《悼伤后赴东蜀辟至散关遇雪》

每一点春花秋叶，每一寸暮色韶光，都是残忍的提示符，提示他人生最美的东西已经永远地失去了。一路入蜀，就这样在山难水险中经过，他强打着打不起的精神，在同僚面前尽量收敛恹恹的戚容，毕竟此时此刻，距离妻子的病逝不过半年有余。

7

李商隐始终渴望由幕僚入为朝臣，而命运就是这般蹊跷，每一度的朝臣生涯总惹来诸般抑郁，而每一度的幕府生涯虽然皆因为幕主的亡故、罢免或调任而仓皇收场，但其间从来都是宾主相得，颇受器重与关照，仿佛李商隐天生就应该以幕僚终老似的。

柳仲郢也是一位绝佳的幕主，辟用李商隐时不惜掷下重金，在李商隐到幕之后，又为他奏请了检校工部郎中的宪衔，甚至还出于对他丧妻寄子的怜惜，亲笔致意，称道幕府乐籍中有一位名叫张懿仙的歌伎色艺双绝，愿意为她脱籍，使做李商隐的侍妾。

李商隐甚是感激，感激幕主的体贴，但执意拒绝了柳仲郢的这番美意。妻子给予自己的幸福感已足够自己消磨一生，即便从此天人悬隔，自己亦宁愿在寂寞中怀念，也胜于让其他女子走入自己的生命，替代妻子的地位。他写信婉拒，这封书信被我们看作他一切情诗的最佳注脚：

　　商隐启：两日前于张评事处伏睹手笔，兼评事传指意，于乐籍中赐一人，以备纫补。某悼伤以来，光阴未几。梧桐半死，才有述哀；灵光独存，且兼多病。眷言息胤，不暇提携，或小于叔夜之男，或幼于伯喈之女。检庾信荀娘之启，常有酸辛；咏陶潜通子之诗，每嗟漂泊。所赖因依德宇，驰骤府庭，方思效命旌旄，不敢载怀乡土。锦茵象榻，石馆金台，入则陪奉光尘，出则揣摩铅钝。兼之早岁，志在玄门，及到此都，更敦凤契，自安衰薄，微得端倪。至于南国妖姬，丛台妙妓，虽有涉于篇什，实不接于风流。况张懿仙本自无双，曾来独立，既从上将，又托英僚。汲县勒铭，方依崔瑗；汉庭曳履，犹忆郑崇。宁复河里飞星，云间堕月，窥西家之宋玉，恨东舍之王昌。诚出恩私，非所宜称。伏惟克从至愿，赐寝前言，使国人尽保展禽，酒肆不疑阮籍。则恩优之理，何以加焉？干冒尊严，伏用惶灼。谨启。

柳仲郢的这番美意正是空穴来风、不为无因，想李商隐诗名早著，那些极尽缠绵悱恻的诗句早已传诵天下，令人遥想诗人定是一位绝代多情的男子。李商隐自是晓得世人对自己的种种传闻与猜测，于是在这封信里，李商隐剖肝沥胆，以柳下惠与阮籍自比，解释道："至于南国妖姬，丛台妙妓，虽有涉于篇什，实不接于风流。"

他承认在自己的诗篇里多有一些对歌姬美女的吟咏，多有一些男女情愫的缠绵，但一切的一切，全然与风流韵事无关。世人若以风流视之，只会误解了诗歌背后的咏托与寄寓。《离骚》赋美人香草的诗句，难道可以被坐实来读吗？世人有鄙薄他"诡薄无行"者，怎懂得他对妻子的一往情深，怎懂得他藏在扑朔迷离的诗句里的身世寄托呢？

最可代表者，莫过于他的《春雨》：

> 怅卧新春白袷衣，白门寥落意多违。
> 红楼隔雨相望冷，珠箔飘灯独自归。
> 远路应悲春晼晚，残宵犹得梦依稀。
> 玉珰缄札何由达，万里云罗一雁飞。

这首诗写一位漂泊四方的男子寻访旧爱而不遇，在新春的雨夜里独自品味凄凉。首联"白袷衣"为便服，"白门"指代当初与情人欢好的所在。颔联"红楼"指情人的旧居，"珠箔"形容雨幕。男子一往情深地重游故地，却再也见不到情人的踪迹，只能隔着雨幕遥望她旧居的窗口，又在雨幕里仗着摇曳的灯火独自回归。想来此时此刻，她一定在不知名的远方同样生起伤春的情绪，而他怅然无眠，只在凌晨的短梦里依稀与她相会。相隔千里万里，迷茫不知所在，书信纵然写好封好，却寄往哪里呢？大雁可以传书吗，抬头看去，空旷的高天上，一只失群的大雁孤零零地不知飞向哪里。

八句诗皆是深沉的叹息，写到最后，人与雁的意象融在一起，茫然莫辨，孤飞于万里云罗、无依无靠亦失去方向感的难道不正是诗人自己？

每多读一遍，男女情事的色彩便淡去一分，一个理想主义者执着与惆怅的身世之悲便浓一分，而诗歌的境界便也阔大一分。是的，将李商隐视作一位擅言情的诗人，非但是误解了他，更是小看了他。他的高远与深刻处，一如他在东川幕府的一个春日里写下的那首《天涯》：

　　　　　　春日在天涯，天涯日又斜。

　　　　　　莺啼如有泪，为湿最高花。

　　这样的诗，是死于现实之手的所有理想主义者的挽歌，不需要任何心思
来解。

8

　　东川梓州，巴山蜀水，每一天都是在思念与缅怀中度过的。无数次牵挂长
安的小儿女，无数次在梦中与妻子相遇。有时生离死别之悲一发而不可收，于
是"不知瘦骨类冰井，更许夜帘通晓霜。土花漠碧云茫茫，黄河欲尽天苍苍"；
有时忽又觉得妻子仍在长安的家中守候着自己，细问自己归家的日子，于是
"君问归期未有期，巴山夜雨涨秋池。何当共剪西窗烛，却话巴山夜雨时"。

　　思念得心切时，诗歌不足以疗伤，佛经变成新得的慰藉。除了寄养儿女的
开销，他把俸银完全用在了佛堂里。辟石刻壁，金字勒经，这个曾经写过太多
诗篇讥讽炼丹修仙之荒诞的理性主义者，此时竟然也转为信仰中人了。人，终
归是软弱的；理性的支撑力，终归抵不过现实的种种无常与挫折。

　　而无常的变故再次不期而至：柳仲郢罢东川节度使之职，迁调长安任吏
部侍郎。吏部侍郎，大约相当于中组部副部长，是一个掌握着人事任免大权
的要职，这多少会给再历幕散的李商隐一点希望。无论如何，在东川幕府毕
竟已度过了五年的太平日子，只是饱受思念的折磨罢了。

　　这是唐宣宗大中九年（855年）年底，辞别东川，北返长安，五年前曾经
走过的风景如今倒过来重行一遍。行至陈仓和大散关之间的圣女祠，"此路向
皇都"，再往前走就到长安了。长安，又预示着一段不可知、不敢期的未来。
重过圣女祠，茫茫百感谱成李商隐唯美风格中极尽唯美的诗篇：

白石岩扉碧藓滋，上清沦谪得归迟。

一春梦雨常飘瓦，尽日灵风不满旗。

萼绿华来无定所，杜兰香去未移时。

玉郎会此通仙籍，忆向天阶问紫芝。

——《重过圣女祠》

"白石岩扉碧藓滋"，写的是圣女祠的外景：不是柴扉，而是岩扉，这是仙家特有的风貌；鲜碧的苔藓在白色的岩扉旁暗暗滋长，显然这里已经荒凉冷落了，不复当年"松篁台殿蕙香帏，龙护瑶窗凤掩扉"的繁华模样。人间有沧海桑田，仙家又何尝不是如此呢？

"上清沦谪得归迟"：上清是道家的名词，道家有所谓三清之境，即玉清、上清、太清，分别是圣人、真人、仙人的居所，这里以上清喻仙人被谪于人间，迟迟不得归，任白石岩扉生满苔藓。

颔联"一春梦雨常飘瓦，尽日灵风不满旗"，这是全诗里最美的一句，这样的句子在整部《全唐诗》里也是相当罕见的。何谓梦雨：春雨淅淅沥沥，绵长不绝，如梦似幻，轻易便令人想起巫山神女旦为行云、暮为行雨的故事。何谓灵风：李商隐《赠白道者》有"十二楼前再拜辞，灵风正满碧桃枝"，曹唐《小游仙诗九十八首》有"海树灵风吹彩烟，丹陵朝客欲升天"，吴筠《游仙二十四首》有"飞虬跃庆云，翔鹤抟灵风。郁彼玉京会，仙期六合同"，全是仙家言语，灵风只属仙家。这情景颇有画面感：整个春天，雨水常淅淅沥沥地落在瓦片上，既不急切，也不停歇；一天天里，灵风总是微微地吹拂，祠堂前的神旗只是轻微地飘摇起落，既不停止，也从没有被风吹开。

这样的自然场景正如同人的情绪，痛苦并不是撕心裂肺的，也不是排山倒海的，它就是那样淡淡地存在着，亘古至今，一直是这样，甩不开，解不脱，让人在看不到希望的世界里始终郁郁寡欢。

颈联提到的萼绿华和杜兰香是道家传说中的两位仙女。萼绿华的故事前文已述，至于杜兰香，她本是汉朝女子，成仙后在晋愍帝建兴四年（316年）的春天降临人间，寻访一位名叫张硕的男子。张硕当时十七岁，看见她把车子停在门外，派婢女来通报说："母亲让我来这里嫁给郎君，我怎能不听从呢？"张硕就请杜兰香进来，见她十六七岁的模样，但讲的事情都属于很遥远的从前。杜兰香檀口轻启，吟了一首诗，说自己的母亲住在灵山，常在云间遨游，还劝张硕接纳自己，否则会有灾祸。那年八月的一个早晨，杜兰香又来了，吟诗劝说张硕修仙，给了他三颗鸡蛋大小的薯蓣，说吃下之后可以让人不惧风波和疾病。张硕吃了两个，本想留下一个，但杜兰香说："我本来是要嫁给你的，只遗憾我们寿有悬殊。请你吃下这三颗薯蓣，等太岁到了东方卯的时候我再来找你。"

所谓"萼绿华来无定所，杜兰香去未移时"，同是仙女，萼绿华和杜兰香都可以自由来去，反衬出只有圣女祠中沦谪的圣女仍然滞留人间，无由回到天界。而诗句里还可以读出另一层意思：萼绿华与杜兰香都曾经沦谪人间，但也终于回返杳渺的仙界，这正好是反衬圣女的地方——曾经沦谪的姐妹们都一一回去了，为什么只有圣女到现在还没能回去呢？

诗人不曾给出答案，只在尾联里怅惘地讲道："玉郎会此通仙籍，忆向天阶问紫芝。"玉郎即道教神仙谱系里的领仙玉郎，掌管仙人的档案，即仙籍。这一联陷入遥远的回忆，回忆当年领仙玉郎和圣女就在此地相会，批准她成为仙界的一员，圣女在天阶之上和仙侣们闲谈着仙家掌故，何等快乐。诗人自觉不自觉地将身世之悲代入了圣女的故事：自己本应是天上的星宿，是仙界的真人，却不知为何被贬谪到这污秽的人间，在政局的翻云覆雨里、在人事的钩心斗角里辛苦地苟活。这个世界与自己是如此的格格不入，哪里才是属于自己的世界呢？

对往事的感慨，对前途的迷茫，对柳仲郢汲引的希冀，多少复杂而难以言说的感情，尽数纠缠在这寥寥五十六个字里。

9

　　返京之后，原拟担任吏部侍郎的柳仲郢忽然改任兵部侍郎，充诸道盐铁转运使。柳仲郢是个极念旧情的人，上任伊始，便奏举李商隐为盐铁推官，两人从此虽不复幕主与幕僚的关系，但在朝官系统里依旧保持着上下级的情谊。

　　李商隐已经四十四岁了，却依旧不能在长安久驻，仿佛与长安天生相克。一到盐铁推官的任上，便即辞家别子，南下江浙。那是他童年时生活的地方，有江南女子赤足采莲的记忆，闪着父亲忙忙碌碌的影子，而他自己的儿女将来会回忆起父亲的哪些点滴呢？

　　他已经多愁多病，再不愿奔波下去了，哪怕前边是江南胜景、童年旧地。时事竟然也容不得他奔波下去，大中十二年（858年）二月，柳仲郢升任刑部尚书，罢去了盐铁转运使的职务。李商隐盐铁推官的位子便也没法儿再做下去，史书称其"废罢，还郑州，未几病卒"，那不过在四十六岁的年纪。这样一个政坛小人物的死亡，在当时不曾激起任何微弱的反响，大唐帝国不在意一名小小诗人的命运。

　　"春蚕到死丝方尽，蜡炬成灰泪始干"，终于丝（思）尽了，泪干了，人去了。这是唐宣宗大中十二年，唐宣宗照例成为道士灵丹的受害者，性情变得狂暴，疽发于背，于翌年驾崩，照例引发了一场血雨腥风的拥立乱局。

　　令狐绹一直官运亨通，只因为错误处置了一次兵乱而受到过小小的贬谪——那一次因为令狐绹的懦弱、迟钝与缺乏担当，小股乱军迅速坐大，上演出五千官军被叛军俘虏后蒸食的骇人惨剧。然而功过从来不是升沉的准绳，在李商隐去世的这一年里，令狐绹被加封荣衔，拜检校司徒，后又召为太子太保，进封赵国公，食邑三千户，在权力与财富的顶点上寿终正寝。

　　令狐绹的子孙也是富贵中人，长子令狐滈是出名的骄纵不法、弄权谋私的人物，史称其"骄纵不法，日事游宴，货贿盈门，中外为之侧目"。这样的一个人做官虽不曾出将入相，但也算得上亨通至极了。

李商隐的弟弟羲叟进士及第后"累为宾佐"，并不比兄长有更好的发展；李商隐之子衮师生平不见于史册，怕是连科举也不曾得中。

李商隐去世的十六年后，王仙芝、黄巢起义，"内库烧为锦绣灰，天街踏尽公卿骨"。在这日薄西山的大唐帝国里，不知还有谁忆起"夕阳无限好，只是近黄昏"？

【小考据】令狐绹的剽窃

晚唐诗坛，李商隐与杜牧合称"小李杜"，与温庭筠合称"温李"。温庭筠的诗才不及李商隐，但在词的历史上是一位地位崇高的奠基者。当时词作为一种新兴的艺术形式刚刚开始流行，唐宣宗爱唱《菩萨蛮》词，令狐绹为了投宣宗之所好，请温庭筠撰写《菩萨蛮》新词，充作自己的作品进献上去。剽窃他人作品至少在古代不是一件光彩的事情，所以令狐绹仔细叮嘱温庭筠，要他千万不要泄密。偏偏温庭筠是一位性情疏狂的才子，没多久便把真相泄露了出去。由此念及李商隐与令狐绹的交往，圆凿方枘自然是不可避免的结果。

附录

《锦瑟》之解读
与解读史

　　锦瑟无端五十弦，一弦一柱思华年。
　　庄生晓梦迷蝴蝶，望帝春心托杜鹃。
　　沧海月明珠有泪，蓝田日暖玉生烟。
　　此情可待成追忆，只是当时已惘然。

——李商隐《锦瑟》

　　如果问唐诗当中哪首诗堪称第一，这是没有答案的，但要问哪首诗最具唯美主义色彩，最迷离恍惚、费人猜想，非李商隐的《锦瑟》莫属。

　　把"唯美主义"这个来自西方的现代标签贴在李商隐的身上，其实在五十年前就有过了，只是那时候提倡现实主义和阶级斗争，所以唯美主义这一路的诗人不是接受批判，就是遭到冷落。我们现在理所当然地认为李商隐是一位杰出的诗人，这个观念的塑造其实只有二十多年的历史。

　　爱好历史的人往往会养成一种历史观念，正是这种观念，使他们在看问题的时候和其他人迥然不同。比如我们说起"龙的传人"，很多人都以为这是几千年来的传统观念，其实也只有二十多年的历史。在二十多年以前以至上古时代，人们并不这么理解问题，龙的形象也很复杂多变。李商隐也是这种情况，我们今天对他的认识大不同于前人对他的认识。从晚唐到清代，李商隐从诗歌到人品，一直都是主流社会批评的对象，尽管偶尔也有人对他标榜一下，但很快又会被时代大潮淹没。尤其到了明代，文学圈打出了"诗必盛唐"的口号，李商隐作为晚唐诗人就更没地位了。

李商隐的诗一直晚到清朝才真正受到主流社会的重视，到新中国又受到三十年的冷遇。我们动不动就说某某诗歌千百年来脍炙人口，有些确实是这样，但也有不少其实只有很短的脍炙人口的历史。

李商隐的诗歌为什么一度饱受冷落呢？原因很多：一是不合儒家正统，正人君子们觉得他的很多作品太凄凄婉婉了，太沉溺于男女之情了，不健康；二是根据以人品论诗品的传统，人们觉得李商隐人品不好，属于文人无行的那种，所以连带着鄙薄他的诗；三是李商隐的一些诗写得太前卫了，所以相当长的时间里都很难被主流社会接受。要说第三点，这首《锦瑟》就是最典型的例子。

清朝末年，知识分子们有一个疯狂地接受西方文化的时期，除了政治哲学和科学技术之外，西方的文学批评、美学理论也被拿过来重新阐释中国的古典文学，大家都很熟悉的王国维的《人间词话》就是这样的一部典型之作。还有一些如今名气没有那么大的，比如梁启超也有过一系列这样的文章，其中讲到李商隐，说《锦瑟》《碧城》《圣女祠》这些诗，我也看不懂讲的是什么。拆开来一句一句地让我解释，我连文义也解释不出来。但我就是觉得美，读起来感觉很愉快。要知道美是多方面的，是含有神秘性的。(《中国韵文里头所表现的情感》)

经历过 20 世纪 80 年代朦胧诗大潮的人都很容易领会梁启超的这番话，但对古人来讲，这就是前卫。"沧海月明珠有泪，蓝田日暖玉生烟"，只是一些朦胧而美丽的意象堆砌在一起，到底说的是什么意思呢，很难把握。

在进入具体的阐释之前，我们不妨先看几首现代意象派的诗歌。托马斯·厄内斯特·休姆（Thomas Ernest Hulme，1883—1917）是英国意象派的先驱人物，他曾在剑桥大学攻读数学，并对柏格森的哲学颇有研究，这样的学术训练似乎很难使他成为一名诗人，但他写出了一种与众不同的诗，比如这首 *The Sunset*：

A coryphée, covetous of applause,

Loth to leave the stage,

With final diablerie, poises high her toe,

Displays scarlet lingerie of carmin'd clouds,

Amid the hostile murmurs of the stalls.

　　诗题是《日落》，但内容和日落毫无关系，只是写一位芭蕾舞女演员迟迟不愿走下舞台，在观众不友好的交头接耳的声音里高高踮起脚，露出了嫣红的内衣。能和诗题发生关联的一是这位女演员表演的结束，二是这最后的一点努力、一点留恋和一抹嫣红。诗歌只传达了这些意象，但它到底要表达什么呢？是要表达某种情绪吗？似乎有一点什么，却难以坐实，字里行间更不带一丁点情绪。

　　再看他的 *Above the Dock*：

Above the quiet dock in midnight,

Tangled in the tall mast's corded height,

Hangs the moon. What seemed so far away

Is but a child's balloon, forgotten after play.

　　这首诗的内容更加简单，不过是说半夜的甲板上，月亮被桅杆和绳索缠住了，高高地挂着。它看上去遥不可及，其实只是个被孩子玩过后丢弃的气球。诗人不动声色、不动感情，只是平静地编织意象而已，但他要表达什么意思呢？如果按照中小学语文教育的套路，给这两首诗总结中心思想，恐怕谁都会感到无能为力。

　　我们仔细看看这两首诗的手法，*The Sunset* 标题里的"日落"和正文里女演员在走下舞台之前最后的努力，这两个意象构成一种比喻的关系；*Above the Dock* 诗中月亮和气球这两个意象也构成一种比喻的关系，这叫作意象的叠印（superposition）。我们再来看看意象派最著名的一首诗，埃兹拉·庞德（Ezra Pound，1885—1972）的 *In a Station of the Metro*：

> The apparition of these faces in the crowd;
> Petals on a wet, black bough.

地铁车站里，人群中幻影般闪过的几张美丽的脸孔，湿漉漉的黑树枝上的几片花瓣，这两个意象似乎构成了某种比喻关系，却很难说清，也许超越了比喻的范围，诗人只是把这两个意象并列在一起，如何解释它们的关系就是读者的事了。这种手法，叫作意象的并置（juxtaposition）。T. E. 休姆本人做过一个比喻，说诗人把不同的意象叠加或并置，就如同音乐家把不同的音符组成和弦，意象派的创作方法其实就相当于编写和弦。

再举一个更极端的例子，是美国诗人威廉·卡洛斯·威廉斯（William Carlos Williams，1883—1963）的 *The Red Wheelbarrow*：

> So much depends
> upon
>
> a red wheel
> barrow
>
> glazed with rain
> water
>
> beside the white

chickens.

　　整首诗别看分了四节，其实只是一句话，无非描绘了一辆被雨淋过的红色手推车，旁边有几只白色的小鸡。这首诗如果随随便便地拿出来，很多人肯定会说"这不就是梨花体吗"，但这是意象派的一首经典名作，W. C. 威廉斯之所以得享大名，主要就靠这首诗。诗里看似纯客观地描绘了一个不起眼的场景，诗人却以"So much depends upon"开头（这个短语很难被翻译出来）。像这种极端脱离大众的诗，只能在诗歌史中某个特定的时期里，由特定的人群欣赏。如果以大众的、传统的眼光，用诸如语言是否漂亮、意义是否深刻、比喻是否巧妙，还有抒情性、想象力、象征主义等等标准来判断诗歌的好坏，这种诗无疑会被嘲讽为梨花体。在很多古人的眼里，李商隐的《锦瑟》就属于极尽字面漂亮、带有不确定的抒情含义的梨花体。我们如果把诗歌史和诗歌阐释史梳理一遍的话，真能生出很多抚今追昔的感叹来。

　　20世纪80年代，中国的朦胧诗人们向西方学习现代诗歌的表现手法，英美意象派成了他们最大的素材库。所以很快地，北岛和舒婷他们就算不上"朦胧"了，真正"朦胧"的诗渐渐浮出水面，比如顾城写了一首极受争议的诗，叫作《弧线》：

鸟儿在疾风中
迅速转向

少年去捡拾
一枚分币

葡萄藤因幻想
而延伸的触丝

海浪因退缩

而耸起的背脊

这首诗之所以饱受争议，因为无论是北岛的《回答》，还是舒婷的《致橡树》，意思都很明确，都是可以总结出中心思想的。而顾城这首《弧线》仅仅是把四种带有弧线画面的意象并置在一起，谁也不知道这首诗到底要说明什么。意义！意义在哪里呢？

20世纪80年代的人还无法接受一首没有"意义"的诗，一首总结不出中心思想的诗。现在回头看看，《回答》和《致橡树》那样的口号体新诗之所以能被写进诗歌史，主要是因为时代，从诗艺的角度来看并不出彩，而顾城的《弧线》能被写进诗歌史，是因为诗艺。

好了，说到这里，我们就可以翻回头去，用现代眼光重新欣赏一下古典诗歌了。我在《人间词话讲评》里介绍过康熙朝的诗坛正宗王士祯，他写过一组《戏仿元遗山论诗绝句》，以诗论诗，对《锦瑟》下过一句著名的评语"一篇《锦瑟》解人难"，说明了从唐朝到清朝，这么多年，大家也没弄清楚《锦瑟》到底是什么意思。也许按照传统的归纳中心思想的思路，《锦瑟》确实很难解释，但像"沧海月明珠有泪，蓝田日暖玉生烟"这样或许无解的、没有意义的句子，不就是意象派手法中的意象的并置吗？难道不可以和 T. E. 休姆的 *The Sunset*、*Above the Dock*，顾城的《弧线》一起来理解吗？

这个想法一点都不前卫，因为中国古典诗歌本来就很有意象派的风格。20世纪80年代的朦胧诗人们纷纷向英美意象派学习，而英美意象派热衷于学习中国古典诗歌。和李商隐齐名的温庭筠就写过极具意象派风格的，甚至连英美意象派大师们都无法企及的句子："鸡声茅店月，人迹板桥霜"，分别是鸡声、茅店、月、人迹、板桥、霜，六个意象并置在一起，纯粹的名词表达，没有一个形容词，没有一个动词，没有一个虚词，不带作者任何的主观情绪，现代所谓"零度诗"的最高境界也不过如此了（当然这只是把句子孤立起来看。古典诗歌和意象派最大的不同就是"带情绪"）。

接下来我们要做一件或许会使梁启超前辈不快的工作：把《锦瑟》拆开来一句句地解释。这就是说，如果遇到意象并置的地方，就把这些意象一个个地讲明白。

先看诗题，李商隐写诗，常有一些有题目的无题诗，就是把首句的前两个字当作题目，并没有特殊的意思。这首诗的首句是"锦瑟无端五十弦"，所以拈出"锦瑟"二字作为诗题很合乎李商隐的一贯作风。但是，事情也不好一概而论，我们看一下这类无题诗的例子：《为有》的首句是"为有云屏无限娇"，拈出来作为诗题的"为有"二字独立来看并不构成什么意思，和诗的内容也没有任何关系。但《锦瑟》就不同了，首句是"锦瑟无端五十弦"，就是在描写锦瑟，从这个角度看，它不应该属于无题诗，倒更像是咏物诗。

苏轼就说过《锦瑟》是一首咏物诗。宋人笔记里记载过这样一则故事：就连素来以渊博著称的黄庭坚也看不懂《锦瑟》的意思，于是去请教苏轼。苏轼说：《古今乐录》上说，锦瑟这种乐器有五十根弦，也有五十个弦柱，奏出的音乐有"适、怨、清、和"四调，这就是《锦瑟》一诗的出处。

记载这个故事的黄朝英还对苏轼的说法做了进一步的解释，"庄生晓梦迷蝴蝶"，是为"适"；"望帝春心托杜鹃"，是为"怨"；"沧海月明珠有泪"，是为"清"；"蓝田日暖玉生烟"，是为"和"。(《靖康缃素杂记》)这就是说，首联"锦瑟无端五十弦，一弦一柱思华年"主要描写锦瑟的外形特征，颔联和颈联的四句分别描写了锦瑟"适、怨、清、和"四调。至此，有典故出处，有专家鉴定，意思也能讲通，咏物诗的说法看来是可以成立的。但麻烦就在尾联的两句："此情可待成追忆，只是当时已惘然"，这和咏物诗好像搭不上界。

在苏轼之前还存在过一种推测，认为"锦瑟"或许是一个人名，而这个人就是令狐楚家的一名侍女。(刘攽《中山诗话》)令狐家和李商隐有很多恩怨纠

葛，这里不做细表，只看这个推测，多少还是有几分合理性的："锦瑟"确实
很像是侍女或歌伎的名字，这首诗看上去也与男女之情有关。但证据实在太单
薄了，这倒很好地反映出读者们的一种困境：极力想要贯通这首诗的意思，要
总结出一个中心思想，最终只能找出一个连自己都未必相信的解释。

那么，这首诗要么是怀人的，要么是咏物的，总不可能两者都是。宋朝的
读者们据此各选阵营，阐述各自的解释。启蒙主义时代的欧洲流行过一句谚
语：如果有两种观点争执不下，则真理必在其中。怀人说和咏物说争执不下，
真理到底在哪里呢？

这正是黑格尔的辩证法发挥阐释力的时候，怀人说为"正"，咏物说为
"反"，交战一段时间后，就该出现一个"合"了。许彦周颇合时宜地提出了
一个折中之见："令狐楚的侍女"不假，"适、怨、清、和"也没错，如果说
令狐楚的侍女能用锦瑟弹奏出"适、怨、清、和"的曲调，问题不就结了吗！
（《许彦周诗话》）尽管缺乏足够的依据，但这称得上是一个自洽的解释。明代
的屠隆更有意思，说令狐楚有个侍妾名锦，擅长鼓瑟，演奏起来尽得"适、
怨、清、和"之妙。（《唐诗选脉会通评林》引）

谚语并不总是对的，两种意见争执不下的时候，真理也许远在别处。到了
金代，元好问提出了一个新的解释，说《锦瑟》是诗人自伤年华之作。这是我
们最熟悉的说法，不少初阶诗词爱好者甚至以为这就是《锦瑟》的唯一解释或
标准解释，因为现代的唐诗注本基本都采用这个说法。

元好问以诗论诗，写过一组《论诗》绝句，对李商隐的评价就在这里：

望帝春心托杜鹃，佳人锦瑟怨华年。
诗家总爱西昆好，独恨无人作郑笺。

这首诗并不是专论《锦瑟》，而是综论李商隐和宋代效仿李商隐的西昆体，
前两句是直接从《锦瑟》化来的。元好问一面感叹李商隐这种诗风晦涩难

懂，一面借《锦瑟》的句子点出了李商隐诗歌的核心内容："望帝春心托杜鹃"是说春恨，"佳人锦瑟怨华年"是说自伤年华，两者都是一个意思，李商隐的很多作品都脱不出这个类型。李有一首《朱槿花》：

> 勇多侵路去，恨有碍灯还。
>
> 嗅自微微白，看成沓沓殷。
>
> 坐疑忘物外，归去有帘间。
>
> 君问伤春句，千辞不可删。

槿花的特点是朝开暮落，诗人清早出门才看到花开，晚上归途就看见花落，难免怅然，吟咏叹息不能自已，所以是"君问伤春句，千辞不可删"。这一句不但是为本诗作结，更可以说是为自己的一生创作作结。

李商隐还有一首《杜司勋》，是写给当时就任司勋员外郎的杜牧的：

> 高楼风雨感斯文，短翼差池不及群。
>
> 刻意伤春复伤别，人间惟有杜司勋。

这首诗非常推崇杜牧的创作，还把杜牧引为同道，最后两句概括出了杜牧诗歌的与众不同之处：着力抒写伤春和伤别的题材。

以上这两首诗，尤其是后一首，我以为应当是解读《锦瑟》乃至李商隐整体创作的关键。《杜司勋》在现在的唐诗选本里比较常见，但注家往往忽视了诗中一处具有点明主旨之功的用典，即"高楼风雨感斯文"一句中的"斯文"。

这个词之所以易被忽略，因为它实在不像用典，字面意思很简单，无非是说那些文字，即杜牧的创作。但这里的"斯文"是个双关语，既有字面的意思，也有典故上的出处，即《论语》里的"子畏于匡，曰：'文王既没，文不在兹乎？天之将丧斯文也，后死者不得与于斯文也；天之未丧斯文也，匡人其如予何？'"——匡地的人曾经遭受鲁国阳货的迫害，偏巧孔子长得和阳货很像，结果在路过匡地的时候被当地人误认为阳货，受到了拘禁。孔子看自己大有性命之虞，也许是很自信，也许是自我安慰地说了这样一番话："周文王死后，传续文化的重任不都在我的肩上吗？天若要灭绝这种文化，我也没办法；但天若不想使这种文化断绝，匡人能拿我怎么样呢？"

　　我这里用"这种文化"来翻译"斯文"，不很准确。"斯"是代词，可以翻译成"这"或"那"；"文"在这里是指周礼，也就是周代开国元勋们制定的一系列典章制度，孔子主张"克己复礼"，所谓"复礼"就是要在春秋这个礼崩乐坏的时代恢复周初的典章制度。所以，自从《论语》成为经典之后，"斯文"这个本来很普通的词就有了特殊的含义，成了历代儒家知识分子所追寻的"道"。

　　美国汉学家包弼德有过一部研究唐宋思想史的名作，书名就叫 "This Culture of Ours: Intellectual Transitions in T'ang and Sung China"（中译本名为《斯文：唐宋思想的转型》），被加了引号的 "This Culture of Ours" 就是《论语》里的"斯文"。他对这个词在唐代的含义有如下的解释："降及唐代（618—907），斯文开始首先指称源于上古的典籍传统。圣人将天道（the patterns of Heaven），也就是现在所说的'天地'或自然秩序，转化成社会制度。由此引申，斯文包括了诸如写作、统治和行为方面适宜的方式和传统。人们认为，这些传统源于上古三代，由孔子保存于儒家经典，并有所损益。"（《斯文：唐宋思想的转型》）这就是李商隐的时代观念中的"斯文"。现在我们还有一个常用词，叫作"有辱斯文"，源头也在这里。

　　所以李商隐为什么要在"高楼风雨"里去"感斯文"，引申的含义是在晚唐那个风雨飘摇的政局当中，深感于坚守斯文的不易，那么"短翼差池不及群"也就不再是现在许多注本解释的那样，自谦才力浅薄，不如杜牧，而是明说杜牧，暗含着自伤身世，说你我这样有政治抱负的人却被朝中当权的衮衮诸公远远抛在身后，寂寞无依。（为什么说那些注本解错了，还有一个证据：所谓"不及群",既然是"群",就不可能是说杜牧这一个人。)

政治抱负无法施展,这才"刻意伤春复伤别",把一肚子的悲愤、希望与委屈都写在伤春和伤别这样看似风花雪月的诗作里。——我们要知道,伤春和伤别是历代诗歌的两大主题,写的人很多,那么为什么李商隐说"刻意伤春复伤别,人间惟有杜司勋"呢?因为杜牧的伤春和伤别是别有寄托的,不是普通的风花雪月。李商隐说出这两句来,暗含有两个意思:一是"我是你的知音",二是"你是我的同道"。为什么我说这首诗是我们理解《锦瑟》乃至理解李商隐全部作品的关键呢,答案就在这里。

以下逐句来看。"锦瑟无端五十弦",所谓锦瑟,其实就是瑟,加一个"锦"字一是为了字面漂亮,给人一种高贵华美的感觉,二是为了凑成双音节词,这都是诗文当中常见的手法。我在《纳兰词典评》里讲过一个"玉笛"的例子:同样描写一支笛子,如果你想表达君子情怀,就说"玉笛";如果你想表达乡野之情,就说"竹笛";如果你想表达豪客沧桑,就说"铁笛"。只有笛子是真的,那些玉、竹、金、铁一般都只是诗人为塑造意境而主观加上的修饰,不可当真。就诗人而言,这些修饰都是意象符号,是一种传统的诗歌语言。

据说瑟这种乐器本来有五十根弦,有次太帝让素女鼓瑟,觉得音调过于悲伤,就改了瑟的形制,变五十弦为二十五弦(《史记·封禅书》)。李商隐说锦瑟"五十弦",说的是传说中的瑟的古制。

问题马上就出现了:通行的瑟,主要就是二十五弦的,五十弦的瑟仅见于传说,那么诗人为什么不说"锦瑟无端廿五弦"呢,这也完全合乎七律的音律呀?——最常见的解释是:诗人写作这首诗的时候,正值五十岁左右,所以从锦瑟的五十弦联想到自己所度过的岁月。持此论的学者当中,最权威的要算钱锺书了。但如果采信《年谱》,李商隐写这首诗的时候当在大中二年,那时他不过三十五岁(叶葱奇《李商隐诗集疏注·年谱》)。看来数字不能指实,否则的话，在三十五岁缅怀年华就一定要用含有三十五这个数字的东西来起兴，诗就没法儿写了。

面对这种问题，现代人比前人优越的地方就是可以电脑检索。检索一番，例证就罗列出来了，答案也就呼之欲出了：李贺诗有"五十弦瑟海上闻"，有"清弦五十为君弹"；鲍溶诗有"寄哀云和五十丝"，有"娥皇五十弦"；吴融诗有"五十弦从波上来"；李商隐自己的诗里也有"雨打湘灵五十弦"，有"因令五十丝，中道分宫徵"。所以诗人好古，"五十弦"可以指代瑟这种乐器，这就是唐代的一个诗歌套语，并没有什么深刻的含义。但是，太帝破五十弦为二十五弦的传说给瑟这种乐器定下了一个悲恸的调子，给这首《锦瑟》也定下了一个悲恸的调子。

解决了这个问题，就该琢磨"无端"的含义了。叶葱奇把《锦瑟》解释为客中思家的诗，从诗人当年的处境出发，认为首句是感叹自己为衣食所迫，远去外地，不能和家人团聚，所以"无端"的用法和杜甫诗中的"邂逅无端出饯迟"相同（《李商隐诗集疏注》）。这也是一个自洽的解释，但我们有两个问题要说：一是杜诗这样用"无端"一词是比较特殊的，这个词在唐代最普遍的意思和在现代一样，表示没来由、无缘无故；二是清代的屈复提出过一个具有普适性的读诗方法：一首诗如果没有作者自序，读者也就不必费力索隐诗歌背后的实事了，就诗论诗就是了。《锦瑟》正属于背景极难考索的情况，太多地联系实事未必是一种恰当的解读方式。

至此我们知道，"锦瑟无端五十弦"，是一种很"无理"的说辞。锦瑟为什么会有五十根弦呢？这是"无端"的，没来由的。虽然没有来由，却真切地以一弦一柱勾起诗人对年华往事的思绪。——"一弦一柱思华年"，所谓柱，是琴瑟上系弦、调弦的小木棍，和提琴、吉他上的旋钮是一类的。如果把柱用胶粘住，弦就不能调了，这就是所谓的"胶柱鼓瑟"。这句诗有两种解释：一是比较实在的，联系上句，诗人从锦瑟没来由的五十弦里想到自己行年五十；二是以"一弦一柱"指代一音一节，是说诗人从锦瑟奏响的旋律里勾起对青春往事的浮想联翩。

第一种解释在现在的注本里比较常见，但第二种解释才是合理的，原因除了前边提到的那些之外，还有诗句中"华年"的意思。"华年"并不等于现代汉语里的"年华"，它其实是"花年"，因为"花"就是"华"，汉字里本来没有"花"字，"花"是后起的俗字，后来约定俗成，才在"花"这个义项上取代了"华"。所以"华年"用在人的身上，特指青春年少的美好时光，四五十岁就不能再算"华年"了。我们从宋词里看到对《锦瑟》的化用，宋人就是这样理解的，比如"锦瑟华年谁与度。暮雨潇潇郎不归""追念旧游何在，叹佳期虚度，锦瑟华年""家本凤楼高处住，锦瑟华年""紫燕红楼歌断，锦瑟华年一箭"。

首联的意思至此就比较明确了：诗人听到锦瑟的旋律，想到了逝去的青春。这一联里最关键的是"无端"一词——年轻人的喜怒哀乐往往比较简单，高兴是因为什么，伤心是因为什么，都有一一对应的关系，说得清、道得明。但人一旦上了年纪，经历得多了，坎坷得多了，情绪和事情就没有那么清晰的对应关系了。当一种愁绪泛起的时候，你不再说得清到底因为什么，就像杜牧登上九峰楼，听到角声响起，写下"百感中来不自由，角声孤起夕阳楼"，角声到底传达什么意思呢，其实没有任何意思，但一下子触发了诗人的万千感受。所以说有些作品需要用岁月去体会，年轻人很难理解得了。

《锦瑟》的"无端"营造出了比杜牧那句诗更为广阔的歧义空间，会让读者想到很多很多。锦瑟为什么是五十弦，为什么不是三十弦或者六十弦，这是问不出所以然的，无缘无故的。中年心事浓如酒，多少悲欢离合、酸甜苦辣纠结在一起，或被一声画角勾出百感，或被一曲锦瑟惹动衷肠，似乎也是无缘无故的，找不出任何明确的因果。

再看颔联两句："庄生晓梦迷蝴蝶，望帝春心托杜鹃。"我在《纳兰词典评》的序言里简单讲过律诗的读法，就用这首《锦瑟》做的例子。我们读律诗，不能像读散文一样，而要像读八股文一样才行。律诗有一套严谨的结构，一共八句话，每两句为一联，构成首联、颔联、颈联、尾联四组，这四组构成了起、承、转、合的关系。也就是说，首联要给全文开头，颔联要承接上文，也就是承接首联、顺势下笔，颈联要转折，尾联做总结。一首律诗就像一篇小型八股文，我们得知道如何从它的结构规则来读。

像《锦瑟》的颔联"庄生晓梦迷蝴蝶，望帝春心托杜鹃"，在结构上要起到承的功能，所以它是上承"锦瑟无端五十弦，一弦一柱思华年"而来的，既然首联的意思是诗人听到锦瑟的旋律，想到了逝去的青春，颔联便应该进入回忆才对。

"庄生"一句，用到一个广为人知的典故，即《庄子·齐物论》里梦蝶的故事：庄周回忆自己曾经梦为蝴蝶，悠然畅快地飞舞，完全忘记自己是谁了，忽然醒觉之后，惊奇地发现自己还是庄周。这一刻真是令人恍惚，不知道是庄周梦为蝴蝶呢，还是蝴蝶梦为庄周？

庄子讲述梦蝶的故事，本是为了说明"物化"这个哲学观念，但诗人不搞得那么深刻，只是用它来形容一种似梦似真、亦真亦幻的感觉。此刻沉浸在锦瑟的音乐声中，水样流去的锦样年华在眼前依稀可见，是青春的自己梦到中年听琴，还是中年的自己梦到青春往事，如同庄周梦蝶，恍惚中无从分辨。

我这样讲，有点把诗句坐实了，我们不妨把梦蝶当作诗人营造出来的一个意象，一个处处似实、落脚皆虚的意象。

"望帝"一句就要费解一些了。其中用到的典故倒很平常：望帝是传说中古蜀国的国君，名叫杜宇，后来国破身死，魂魄化为杜鹃鸟，啼声悲切，令人不忍卒听，尤其是杜鹃的啼声很像是"不如归去"，因此，诗词中凡是涉及"归去"的意思，总难免以杜鹃的啼声来衬托，比如秦观的词里便有"可堪孤馆闭春寒，杜鹃声里斜阳暮"，还有"杏园憔悴杜鹃啼，无奈春归"，杜鹃已啼，斜阳已暮，时光欲挽而不可留，谪人欲归而归不得。

诗人用到杜鹃这个意象，还有更凄厉的一层意思：杜鹃既是望帝所化，啼声自然饱含亡国之痛，啼到血出才会停歇。正是家国身世之痛，终生无法解脱。在南宋亡国之后，成为元军俘虏的文天祥被押往大都（北京），在经过金陵（南京）的时候，不舍故国，感慨万千，写下"从今别却江南路，化作啼鹃带血归"，是说自己这一去，不可能再回来了，但魂魄一定会化作啼血的杜鹃，飞回这片我深爱的土地。

但是，无论是"归去"还是"啼血"，都是一种悲而又悲的执念，和"春心"这个或春光明媚、或香艳旖旎的词很难和谐地放在一起，譬如南宋诗人心怀亡国之痛，吟出"世事庄周蝴蝶梦，春愁臣甫杜鹃诗"，也把梦蝶和杜鹃对举，但显然和《锦瑟》的颔联迥然有别。那么，"望帝春心托杜鹃"到底含义何在呢？

"春心"一词，一是指春天的心境，如骆宾王《蓬莱镇》"旅客春心断，边城夜望高"，贾至《西亭春望》"岳阳城上闻吹笛，能使春心满洞庭"；二是指男女相思的情怀，如李白《江夏行》"忆昔娇小姿，春心亦自持。为言嫁夫婿，得免长相思"，《越女词五首》"卖眼掷春心，折花调行客"；这个词也可以一语双关，兼含以上的两个意思，如何希尧《柳枝词》"飞絮满天人去远，东风无力系春心"。我们再看看望帝之心，无论如何都不是春心。

到底做何解释呢？我翻检了历代注本，也没发现有谁追究过这个问题，只能推测"春心"在李商隐这里是一种悲情。依据一是李商隐在一首无题诗里写过"春心莫共花争发，一寸相思一寸灰"，二是前文讲过的《杜司勋》"刻意伤春复伤别，人间惟有杜司勋"。"春心"在李商隐这里是一种复杂的情绪，既有悲情式的相思，也有关于身世与怀抱的感慨与寄托，非如此则不足以和杜宇的典故切合。春心托于杜鹃，可以让读者想到"不如归去"的呼唤，但归向哪里呢？是回家和家人团聚，还是放弃自己毕生坚持的政治理想？春心托于杜鹃，也可以让读者想到发自肺腑的家国之情，那是一种啼血不止的执念，也是一种无望的执念。

颔联两句，营造出了一个相当广大的歧义空间，使读者仰之弥高、钻之弥深，越读越有味道，一首好诗之所以会"耐人寻味"，道理就在这里。诗人原本要表达什么意思，已经变成次要的了，一件优秀的艺术品会超越它的创造者。

"沧海"两句在律诗结构上要起到转折的作用，这个转折首先表现在形式上，就像电影手法一样：上一联"庄生晓梦迷蝴蝶，望帝春心托杜鹃"是近镜头，是局部的、细节的画面，至此镜头一转，突然出来了远景，沧海月明、蓝田日暖，都是宏大的、壮阔的景观。诗句行至此处，豁然开朗，顿时从颔联那小小的、局促的悲情中跳脱出来，境界为之一开，这就是律诗中一种高明的技术手段。

讲过形式，再看内容。"沧海月明珠有泪"，这一句把两则和珍珠有关的传说嫁接到了一起：一则是说海里的珍珠和天上的月亮一同圆缺，每到月圆之夜，就是珍珠最晶莹的时候，李商隐另有一首《题僧壁》说"蚌胎未满思新桂，琥珀初成忆旧松"，用的就是这则典故；另一则是说南海有所谓鲛人，他们哭出来的眼泪会凝结成珍珠，成彦雄有一首《露》，用鲛人流泪成珠来形容荷叶上的露水："疑是鲛人曾泣处，满池荷叶捧真珠。"

"蓝田日暖玉生烟"，长安县东南有一座蓝田山，盛产玉石，也称玉山。晋代陆机在《文赋》里有一联名句"石韫玉而山晖，水怀珠而川媚"，应该就是"沧海"一联之所本。玉的特点是光洁温润，玉石蕴藏在山中，在日光之下，隐隐然有一种光晕冉冉升腾。古人相信伟人和宝物、宝地都会发出一种常人很难辨认的"气"，所以有"望气"之说，"珠光宝气"这个词就是这么来的，"沧海"一联正好前一句讲珠光，后一句讲宝气。

戴叔伦论诗，说"诗家之景，如蓝田日暖，良玉生烟，可望而不可置于眉睫之前也"，这应该是李商隐"蓝田"一句最直接的出处（王应麟《困学纪闻》引）。"可望而不可置于眉睫之前也"很好地说明了玉气的朦胧美，就像韩愈诗中的"天街小雨润如酥，草色遥看近却无"，远望依稀似有，近观茫然全无，写境之妙，就妙在这有无之间。

我们再看一下这一联的形式美。律诗的规矩，颔联和颈联必须都是对仗，收尾两句可对可不对。"庄生晓梦迷蝴蝶，望帝春心托杜鹃"已经是非常工整的对仗，"沧海月明珠有泪，蓝田日暖玉生烟"更加工整巧妙："沧海"对"蓝田"，地名对地名，海水对高山，这还不够，而"沧"是暗绿色，恰恰和"蓝"相对，"海"又可以和"田"相对；两句之中，一水一山，一暗一明，一阴一阳，一珠一玉，处处都在对比。现在要问一个问题：这一联无论对仗如何工整，无论措辞如何绚烂，到底要表达什么呢？

的确，沧海月明、蓝田日暖，这是风马牛不相及的两个场面，被诗人这样没来由地捏合在一起，除了字面耀眼迷人之外，并不说明任何意思。——它们并不"直接"说明任何意思，这样的表现手法正是前文讲过的意象的叠印或并置。两个极具冲突色彩的意象并置在一起，就开始以一种特殊的方式来表达自己了。

虽然用到了术语，其实一点都不深奥。我们设想一下：单独给你一幅少女的图画，你会想到什么呢？单独给你一幅落花的图画，你会想到什么呢？现在，把少女的图画和落花的图画一同展示在你的眼前，你的感受是否与方才不同了呢？是否生出了"锦样年华水样流"的感触呢？这，就是最简单的意象并置。

继续用这个素材很粗略地描述一下不同诗歌流派的特点：如果我说"青春像落花一样逝去"，这是最简单的比喻手法；如果我说"啊，何等的忧伤！花儿落了，我的青春也随风飘逝了"，这就是浪漫派；如果以具象的落花来象征某种抽象的观念，这就是象征派；如果说"青春捆绑在最高枝头的花瓣上"，这就是玄学派；如果面无表情地把一幅少女的图画和一幅落花的图画并置起来，这就是意象派。

当然，真正的意象派人物在做意象主义理论阐释的时候，自然会用到高深一些的语言，比如前文介绍过的埃兹拉·庞德在一篇文论里写道："意象是在瞬间呈现出来的理性和感性的复合体。……正是这种复合体的突然呈现，给人以突然解放的感觉，不受时空限制的自由的感觉，一种我们在面对最伟大的艺术品时经受到的突然长大了的感觉。"他还不无自我恭维地说："一生中能描述一个意象，要比写出连篇累牍的作品更好。"（《回顾》）

　　我想《锦瑟》应该达到了庞德的标准，下面我还是用更通俗的语言来叙述一下意象派诗歌的审美特色。当不同的意象被诗人叠印或并置在一起的时候，读者的心理总是自觉不自觉地在做三种工作：一是寻找这些意象的共性，二是寻找关联，三是寻找冲突。"沧海月明珠有泪，蓝田日暖玉生烟"，共性很明显：都是绝美的，也都是可望而不可即的。关联，找不到。冲突，两个意象的冲突感非常强烈，这首先是律诗对偶句的普遍特点，而对仗之格外鲜明，冲突激荡，正像叶嘉莹先生所感受的那样："私意以为义山乃藉二种不同的意象来表现人生中种种不同的境界和感受，所以这两句乃处处为鲜明之对比，因为唯有在对比中才能夸张地显示出境界之不同的多种变化之可能性；如此则无论其为明月之寒宵，无论其为暖日之晴昼，无论其为寥落苍凉之广海，无论其为烟岚罨霭之青山，无论其为珠有泪的凄哀，无论其为玉生烟的迷惘，凡此种种乃都成为了诗人一生所经历的心灵与情感之各种不同境界的象喻。"（《迦陵论诗丛稿》）

　　"此情可待成追忆，只是当时已惘然"，这一联在结构上是合，要为全篇收尾。这句里的"可"借作"何"，所以"可待"就是"何待""怎待"，用法和李商隐《牡丹》诗里的"石家蜡烛何曾剪，荀令香炉可待熏"一致。"可"也可以看作反训，理解为"不可"，"此情可待成追忆"便是"此情不待成追忆"。只有这样解释，前一句的"可待……"和后一句的"只是……"才能呼应得上。这一联的意思是：此情难道要等到追忆的时候才觉得惘然吗？只在当时便已经这样觉得了。

　　"此情"有什么具体的指向吗？一点都没有，只是种种前尘往事，是庄生晓梦，是望帝春心，是沧海月明，是蓝田日暖，百感交集，无由得说。诗句里有一种浓烈的宿命感：种种往事，当时当地便已生惘然之情，如今被锦瑟勾起回忆，岂不是更加惘然吗？诗人只点出了当时的惘然，而当惘然之事成了追忆，情绪上岂不是更加强烈吗？这就是诗人的言外之意。我们评价一首好诗，一般会说它"言尽而意不尽"，而李商隐这个结尾比"言尽而意不尽"还要高明一筹，是言外之意比言内之意更深了一层，构成了一种递进的关系。

　　从"可（何）待……"到"只是……"，句子转折不是说当时惘然，以后不惘然，而是说——想想我们的一般情况，美丽而丰富的人生经历，我们在当时的感觉和在事后的感觉是不一样的，当时只道是寻常，过后回忆起来，才会生成既甜蜜又惘然的感觉，而李商隐的表达是：那些美丽而丰富的人生经历，"不必"等到成为回忆才会生出惘然之感，就在发生那些人生经历的当时便已经有这种感觉了。而这种"当时"的惘然，也就是"庄生晓梦迷蝴蝶"式的亦真亦幻的感觉。

　　对这首《锦瑟》，还有着许多种解释。孟森考证为悼亡诗，苏雪林考证为李商隐纪念曾经爱过又为他而死的宫嫔，钱锺书考证为论诗之作，各有种种的论据和道理，也各有各的趣味。这既是《锦瑟》本身的魅力所致，也为《锦瑟》增添了许多魅力。

图书在版编目（CIP）数据

直道相思了无益：李商隐诗传 / 苏缨，毛晓雯著
. — 长沙：湖南文艺出版社，2018.12
ISBN 978-7-5404-8649-5

Ⅰ.①直… Ⅱ.①苏… ②毛… Ⅲ.①李商隐（812-
约 858）—传记②李商隐（812- 约 858）—唐诗—诗歌欣赏
Ⅳ.① K825.6 ② I207.227.42

中国版本图书馆 CIP 数据核字（2018）第 068668 号

上架建议：诗词鉴赏 / 人物传记

ZHI DAO XIANGSI LIAO WUYI:LI SHANGYIN SHIZHUAN

直道相思了无益：李商隐诗传

作　　者：苏　缨　毛晓雯
出 版 人：曾赛丰
责任编辑：薛　健　刘诗哲
监　　制：于向勇　秦　青
策划编辑：楚　静
营销编辑：刘晓晨　刘　迪　初　晨
封面设计：格局视觉　Gervision
封面主图：边平山
版式设计：潘雪琴
出版发行：湖南文艺出版社
　　　　　（长沙市雨花区东二环一段 508 号 邮编：410014）
网　　址：www.hnwy.net
印　　刷：三河市中晟雅豪印务有限公司
经　　销：新华书店
开　　本：787mm×1092mm　1/16
字　　数：290 千字
印　　张：19.5
版　　次：2018 年 12 月第 1 版
印　　次：2018 年 12 月第 1 次印刷
书　　号：ISBN 978-7-5404-8649-5
定　　价：45.00 元

若有质量问题，请致电质量监督电话：010-59096394
团购电话：010-59320018